1921–2021
厦门大学
XIAMEN UNIVERSITY

厦门大学百年校庆系列出版物

百年院系史系列

厦门大学
教育研究院院史

主　编　张亚群

厦门大学出版社
XIAMEN UNIVERSITY PRESS
国家一级出版社
全国百佳图书出版单位

图书在版编目(CIP)数据

厦门大学教育研究院院史/张亚群主编.—厦门:厦门大学出版社,2021.6
(百年院系史系列)
ISBN 978-7-5615-8223-7

Ⅰ.①厦… Ⅱ.①张… Ⅲ.①厦门大学教育研究院—校史 Ⅳ.①G649.285.73

中国版本图书馆 CIP 数据核字(2021)第 102363 号

出 版 人 郑文礼
责任编辑 曾妍妍
封面设计 李嘉彬
技术编辑 朱 楷

出版发行 厦门大学出版社
社 址 厦门市软件园二期望海路 39 号
邮政编码 361008
总 机 0592-2181111 0592-2181406(传真)
营销中心 0592-2184458 0592-2181365
网 址 http://www.xmupress.com
邮 箱 xmup@xmupress.com
印 刷 厦门集大印刷有限公司

开本 720 mm×1 000 mm 1/16
印张 23.25
插页 2
字数 405 千字
版次 2021 年 6 月第 1 版
印次 2021 年 6 月第 1 次印刷
定价 72.00 元

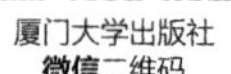

厦门大学出版社
微博二维码

总 序

厦门大学 | 党委书记 张 彦
校 长 张 荣

2021年4月6日，厦门大学百年华诞。百载风雨，十秩辉煌，这是厦门大学发展的里程碑，继往开来的新起点。全校师生员工和海内外校友满怀深情地期盼这一荣耀时刻的到来。

为迎接百年校庆，学校在三年前就启动了“百年校庆系列出版工程”的筹备工作，专门成立“厦门大学百年校庆系列出版物编委会”，加强领导，统一部署。各院系、部门通力合作，众多专家学者和相关单位的工作人员全身心地参与到这项工作之中。同志们满怀高度的责任感和紧迫感，以“提升质量，确保进度，打造精品”为目标，争分夺秒，全力以赴，使这项出版工程得以快速顺利地进行。在这个重要的历史时刻，总结厦大百年奋斗历史，阐扬百年厦大“四种精神”，抒写厦大为伟大祖国所做出的突出贡献，激发厦大人的自豪感和使命感，无疑是献给百岁厦大最好的生日礼物。

“百年校庆系列出版工程”包括组织编撰百年校史、百年组织机构史、百年院系史、百年精神文化、百年学术论著选刊、校史资料与学生名录……有多个系列近150种图书将与广大读者见面。从图书规模、涉及领域、参编人员等角度看，此项出版工程极为浩大。这些出版物的问世，将为学校留下大量珍贵的历史资料，为学校深入开展校史教育提供丰富生动的素材，也将为弘扬厦门大学“自强不息，止于至善”校训精神注入时代的新鲜血液，帮助人们透过“中国最美大学校园”

的山海空间和历史回响，更加清晰地理解厦门大学在中国发展进程中发挥的独特作用、扮演的重要角色，领略“南方之强”的文化与精神魅力。

百年校庆系列出版物将多方呈现百年厦大的精彩历史画卷。这些凝聚全校师生员工心血的出版物，让我们感受到厦大人弦歌不辍的精神风貌。图文并茂的《厦门大学百年校史》，穿越历史长廊，带领我们聆听厦大不平凡百年岁月的历史足音。《为吾国放一异彩——厦门大学与伟大祖国》浓墨重彩地记述厦门大学与全国34个省级行政区以及福建省九市一区一县血浓于水的校地情缘，从中可以读出厦门大学在中华民族伟大复兴征程中留下的深深烙印。参与面最广的“厦门大学百年院系史系列”、《厦门大学百年组织机构史》，共有30多个学院和直属单位参与编写，通过对厦门大学各学院和组织机构发展脉络、演变轨迹的细致梳理，深入介绍厦门大学的党建工作、学科建设、人才培养、组织管理、社会服务等方面的发展历程，展示办学成就，彰显办学特色。《厦门大学校史资料选编（1992—2017）》和《南强之星——厦门大学学生名录（2010—2019）》，连同已经出版的同类史料，将较完整、翔实地展现学校发展轨迹，记录下每位厦大学子的荣耀。“厦门大学百年精神文化系列”涵盖人物传记和校园风采两大主题，其中《陈嘉庚传》在搜集大量史料的基础上，以时代精神和崭新视角，生动展现了校主陈嘉庚先生的丰功伟绩。此次推出《林文庆传》《萨本栋传》《汪德耀传》《王亚南传》四部厦门大学老校长传记，是对他们为厦大发展所做出的突出贡献的深切缅怀。厦大校友、红军会计制度创始人、中国共产党金融事业奠基人之一高捷成的传记《我的祖父高捷成》，则是首次全面地介绍这位为中国人民解放事业做出杰出贡献的烈士的事迹。新版《陈景润传》，把这位“最美奋斗者”、“感动中国人物”、令厦大人骄傲的杰出校友、世界著名数学家不平凡的人生再次展现在我们眼前。抒写校园风采的《厦门大学百年建筑》、《厦门大学餐饮百年》、《建南大舞台》、《芙蓉园里尽芳菲》、《我的厦大老师》（百年华诞纪念专辑）、《创新创业厦大人2》、

《志愿之光》、《让建南钟声传响大山深处》、《我的厦大范儿》以及潘维廉的《我在厦大三十年》等，都从不同的角度，引领我们去品读厦门大学的真正内涵，感受厦门大学浓郁的人文精神和科学精神。

此次出版的“厦门大学百年学术论著选刊”，由专家学者精选，重刊一批厦大已故著名学者在校工作期间完成的、具有重要价值的学术论著（包括讲义、未刊印的论著稿本等），目的在于反映和宣传厦门大学百年来的学术成就和贡献，挖掘百年来厦门大学丰厚的历史积淀和传统资源，展示厦门大学的学术底蕴，重建“厦大学派”，为学校“双一流”建设提供学术传统的支撑。学校将把这项工作列入长期规划，在百年校庆时出版第一辑共40种，今后还将陆续出版。

“自强！自强！学海何洋洋！”100年前，陈嘉庚先生于民族危难之际，抱着“教育为立国之本，兴学乃国民天职”的信念，创办了厦门大学这所中国历史上第一所由华侨独资建设的大学。100年来，厦大人秉承“研究高深学术，养成专门人才，阐扬世界文化”的办学宗旨，在实现中华民族伟大复兴的征程上书写自己的精彩篇章。我们相信，当百年校庆的欢庆浪潮归于平静时，这些出版物将会是一串串熠熠生辉的耀眼珍珠，成为记录厦门大学百年奋斗之旅的永恒坐标，成为流淌在人们心中的美好记忆，并将不断激励我们不忘初心继承传统，牢记使命乘风破浪，向着中国特色世界一流大学目标奋勇前行！

张彦　張榮

2020年12月

厦门大学百年院系发展概述

朱水涌

100年在历史长河中只是短暂的一瞬，但对于一所中国现代大学以及这所大学的学院科系来说，则意味着经历过极不平凡的历程。百年学府沧桑、十秩院系辉煌，为迎接厦门大学建校百年华诞，学校决定编撰出版“厦门大学百年院系史”系列，梳理淬炼院系的建设发展历程，以史为鉴，彰往考来，将院系的昨天、今天与明天联系在一起，发扬踔厉，这是一件极富建设意义与厦大特色的历史性工程。

一

20世纪初的中国，正如校主陈嘉庚所言：“吾国今处在列强肘腋之下，成败存亡千钧一发。”就在这千钧一发之际，为救国而创办大学成为一道时代的特别风景。马相伯因“慨自清廷外交凌智”而创办震旦学院（复旦前身）[①]，南开大学的创办者因国家的“贫弱”是因为“教育未能发展”而创立南开[②]，唐文治执掌交通大学砥砺第一等人才，目的就是“宏济艰难，救我中国”[③]。厦门大学校主陈嘉庚则在《筹办厦门大学演讲词》中直截了当地指出：“今日国势危如累卵，所赖以维持者，惟此方兴之教育与未死之民心耳。”出自民族救亡而诞生的中国现代大学，在她向欧美学习现代大学的办学时，一开始便融入了民族救

① 《复旦大学百年志》编纂委员会：《复旦大学百年志（1905—2005）》，复旦大学出版社2005年版，第9页。

② 《南开大学校史资料选》，南开大学出版社1989年版，第12页。

③ 唐文治：《上海交通大学第三十届毕业典礼训词》，载《茹经堂文集》三编卷一。

亡图存的历史内涵和办学志向，民族振兴的需求与国家最需要的人才，成了中国现代大学初创时学科与专业设置的重要出发点，呈现出中国现代大学鲜明的中国特色。这里，当年的创办者与一校之长的救国思想与办学理念产生了重要作用。

厦门大学创校时期选择的教学体制沿用了近代英国大学学制，但在科系组成与学科设置上却没有完全按英国大学的体制与模式，与民国时期的各大学一样，当时并没有很强的专业观念，而依照时代与国家的急需人才设立科系。厦大建校初期，科系成型时的学科最初形态是文科设 8 个系，理科设 6 个系，工科归理科，其中的教育、工、商、新闻，都是那个危机时代国家急需人才的学科。

1930 年 2 月，在通过国民政府大学院立案后两年，厦门大学遵照国民政府教育部令，将"科"改为学院，设 5 个学院 21 个学系。至此，经过近 10 年的建设，厦门大学具备了较为完备的院系体制，开始以院系这样一种与世界接轨的基本单元建构教学科研体制，开展"研究高深学术，培养专门人才，阐扬世界文化"，厦大的多学科性业已形成。

1929 年，世界经济危机爆发，陈嘉庚公司每况愈下，1934 年 1 月公司被迫收盘。这期间虽然有厦大教职员的半年捐薪活动，有陈嘉庚的"出卖大厦办厦大"惊世壮举，厦门大学的办学经费还是难以为继。在此情况下，厦大及时调整院系结构，以系科合并的方式突围经济上的窘迫，推进学科的艰辛运转。至私立时期的最后几年，全校 5 个学院压缩成文学、理学、法商 3 个学院，21 个系经合并与撤销浓缩为 9 个学系。尽管这种合并是无奈之举，从数字上看办学规模是缩小了，但这次的学科浓缩却无意中为学科的整合、为打破欧美当年系科划分过细的弊端打下了基础。

建校时期厦门大学的院系建设与学科发展，按国民政府大学院调查专家的看法，在全国高校中有"方之他处，有过无不及"[①]的优势。这一时期，林文庆主持制定的《厦门大学校旨》(以下简称《校旨》)明确指出："本大学之主要目的，在博集东西各国之学术及其精神，以研究一切现象之底蕴与功用，同时并阐发中国固有学艺之美质，使之融会贯通，成为一种最新最完善之文化。"《校旨》从大学文化的建构出发，鲜明地提出厦门大学办学的理念与目标。与这个理念和目标相联系，厦大初期的院系与学科、专业的建设，有如下几个特点：

---

① 《厦门大学十周年纪念刊》(1931 年 4 月)，载《厦门大学校史》第 1 卷，厦门大学出版社 1987 年版，第 94 页。

其一是注重“功用”,“切于实用”,培养国家、民族稀缺人才。《校旨》提出教学“以切于实用,造就应用科学人才为前提”。建校初期,教育学占有举足轻重的位置,原因如《校旨》所言:“我国目下师资及教育专门人才甚为缺乏,故对于教育系特加注意,以期养成良好师资及教育界领袖,因以提高一般教育之程度。”[①]陈嘉庚的信念是“国家之富强,全在乎国民,国民之发展,全在乎教育”[②],他办厦门大学一个重要的担当就是要纠正当年教育的“偏估”与“颓风”,解决中国教育缺乏新知识新思想师资的问题,以免“国粹日稀,精神日减,必至无救药之惨痛”。厦大商学与工学的较早创设与运行,也都体现了这样一种办学理念。这个特点,奠定了厦门大学从国家需要建设专业发展学科的厚重底色。

其二是博集东西精神、阐发中国学艺之美质、“研究高深学术”的学科特色。厦大成立时,《厦门大学组织大纲》明确表明厦大的三大任务之一是研究高深学术。林文庆在《校旨》中具体指出要建设科学研究机关,厦大要“成为我国南部之科学中心点”[③];院系体制形成后,厦大各学院在其“学院学则”的第一条“宗旨”中都一致性地提出“以培养专门人才,研究高深学术为宗旨”[④],这表明厦大建校初期就具备浓厚的学科建设意识。而且,在西学东渐、中西文化激烈论争与冲突的情势下,厦大独到地提出“阐发中国固有学艺之美质”和“首重国文”的主张,这也就形成了厦门大学学科建设中注重本土资源与文化精神的中国特色。文科的国学研究与理科的生物学研究是这方面的范例。1926年创建的国学研究院被认为是“大有北大南移之势”,是当年全国国学研究的中心之一。其影响不仅在于大师云集、研究规划与实际成果,更重要的是厦大国学研究体现了五四时期“重估价值”的精神,它的学科新范畴,研究问题的新方法、新史料和新观点,代表了五四之后国学研究的新趋势。植物系与动物系同样引起全国乃至世界的关注,尤其是结合本土地理优势的海洋生物研究更是锋芒毕露。1923年厦大美籍教授莱德的论文《厦门大学附近之文昌鱼渔业》在国际顶尖科学期刊 *Science* 上发表,成为中国高校最早在 *Science* 上发表的研究成果之一,引起国际学术界瞩目。鉴于海洋生物学科的成果,中央研究院及太平洋科学学会,特别委托厦门大学建立海洋生物研究室。与此同时,

---

① 《厦门大学校史》第1卷,第26页。

② 陈嘉庚:《筹办厦门大学演讲词》,载《新国民日报》1920年11月30日。

③ 《林文庆校长报告》,载《厦门大学民国十年度报告书》,1922年。

④ 《厦门大学一览》(1935—1938年度),载《厦大校史资料》第1辑,厦门大学出版社1987年版,第66页。

厦大的动植物标本的数量与丰富多样在全国领先。

其三是开放性的院系学科构成与人才培养学制。在中国高等教育滥觞时期，中国的大学虽然学的是西方体制，但中国文化原本就缺乏精确细致的分类，对事物不那么条分缕析，而且大学刚刚兴起，很多学科、专业更是因国家需要而设置而存在，大学的一切都在尝试与践行当中，这也就带来了中国现代大学院系学科设置上的开放性。厦大私立时期四次较大的院系变动与学科设置，就可以清楚地看到这个现象。院系设置与专业、学科结构的不断变动，实际上对打破学科体制的僵化是有驱动力的，它为以后厦大百年发展中院系所面临的不断调整、不断改革奠定基础。

在人才培养上，厦门大学“虽为厦门大学，实为世界之大学”①，一开始就招收大量的东南亚华侨子女和朝鲜国学生，颇具开放性。这所地处东南沿海一隅的大学却坚持要“使本校之学生虽足不出国外，而其所受之教育，能与世界各大学相颉颃”②，除不惜重金聘任国内外特别是世界名牌大学经历的名师学者外，在教学体制上，厦门大学沿用英国近代大学学制，本科修业 4 年，以修满 150 学分(绩点)并通过毕业论文及有关实验为毕业，各院各系实行课程交叉的修课计划，注重了知识结构的多元化。打破课程的专业界限，这样一种强调博集东西学术，打通院系界限学科界限的修学制度，实际上更吻合现代大学的人才培养规律。

厦门大学建校初期 16 年间，其“切于实用”的人才培养方针，“研究高深学术”的学科特色，院系学科结构与教学体制的开放性，不仅是时代的产物，也是百年厦门大学的宝贵珍藏，在百年厦大的院系建设发展中体现了一所名校的潜在发展实力，不仅为厦大创建“世界之大学”目标打下了坚实的基础，而且在学科的发展上为一流学科的发展奠定了先天优势。

二

1937 年 7 月 1 日，私立厦门大学正式改为国立厦门大学。7 月 6 日，国民政府行政院任命清华大学萨本栋教授出任厦门大学校长。7 月 7 日，抗战全面爆发。12 月，日寇兵临厦门，厦门大学内迁山城长汀，坚持在烽火硝烟中办

---

① 《林文庆先生在中华俱乐部之演说词》，载《南洋商报》1925 年 2 月 2 日。

② 《林文庆校长报告》，载《厦门大学民国十年度报告书》，1922 年。

学，“单独担负铁路线(粤汉铁路)以东国立最高学府的全付责任”[①]，成为加尔各答以东最逼近战场的学府，肩起中国高等教育的东南半壁江山。由此开始到 1949 年新中国成立，这是厦门大学的国立时期。

抗战时期，在极其艰难困苦的条件下，萨本栋校长抱着“在艰危中”“不负嘉庚先生毁家兴学及政府将厦大收归国立之至意”的意志[②]，以自己的未雨绸缪和身体力行，推进拓展厦门大学的院系与学科建设，赢得了战争中“国魂所托的事业”[③]的重大发展。

作为坚守在战区的最高国立学府，在战争中自觉担负起为战后的祖国建设培养与储备人才的使命，这成了厦大院系与学科建设的出发点与目的地。萨本栋说：“吾人应知此次战争，关系数千年固有文化之持续，将来永固国基之奠定者至巨。”[④]置身残酷的战争中，厦大想的是战后建设所需的大量“永固国基”的人才。据当年的新闻媒体报道，厦大筹备设立水产研究室，是为了“战后东南沿海水产研究之总枢”[⑤]；增设外国文学系与法律系司法组，“以应目前全面反攻及将来建国之需要”[⑥]。

这种穿透硝烟的未雨绸缪，更体现在厦门大学工科院系的创设与发展上。厦大工科开始于 1922 年，在 1930 年科改系后，工科已悄然消失。萨本栋来自清华大学，自己又是著名的电机专家，他对工科建设既熟悉又有主见，从战后建国的急需出发，工科人才显然要比其他学科人才需求更迫切、需求量更大，萨本栋决定补齐厦大学科上的工科短板。

1938 年 7 月，厦大创设土木工程系，到 1941 年秋季，萨本栋校长就很自豪地说：“现在土木系设备，固尚未达到我们理想的境地，但教师则已充实到可以与国内任何大学相颉颃。”[⑦]这个科系，为战后中国大规模的基础设施建设培养了大批人才。1940 年秋季，在土木工程大力扩展的同时，萨本栋又创设机电工程系。机电工程系创立后，理学院扩充为理工学院。1944 年 4 月，创建航空工程系，厦大成为全国最早开办航空专业本科教育的少数高校之一，培

---

① 《萨本栋开学词》，载《厦大通讯》第 3 卷第 10 期，1941 年 10 月 25 日。

② 萨本栋：《勖勉同学词》，载《唯力》旬刊第 3 期，1938 年 4 月 3 日。

③ 萨本栋：《勖勉同学词》，载《唯力》旬刊第 3 期，1938 年 4 月 3 日。

④ 萨本栋：《“七七”二周年纪念与节约运动》，载《唯力》第 2 卷第 7/8 期合刊，1938 年 7 月 7 日。

⑤ 《母校设立水产研究室》，载《厦大通讯》第 6 卷第 1 期，1944 年 3 月 31 日，

⑥ 《厦大增设外语、司法等系组》，载南平《东南日报》1945 年 8 月 4 日。

⑦ 《萨本栋开学词》，载《厦大通讯》第 3 卷第 10 期，1941 年 10 月 5 日。

养出像中国工程院院士张启先这样一批优秀的中国早期航天航空专家。

1945年12月厦大复员厦门，汪德耀已接掌厦大。这期间院系与科建设的最大事件是1946年夏季海洋学系与中国海洋研究所的创办。海洋学科创立于天时地利人和之中：抗战胜利后海洋与海权重要性凸显，复员厦门后的东南沿海地理环境优势，校主陈嘉庚"力挽海权，培育专才"的誓言与著名海洋学家唐世凤博士的加盟，共同促成了中国第一个海洋学系诞生，同时，厦大与中英文教育基金会合办的中国第一个海洋研究所也在厦大成立，厦大的海洋观测站也获准设立。由此，厦门大学在全国率先开始了"谋中国海洋科学事业之发展""研究与教育并重"的造就培养海洋人才的行动。

国立时期文科的发展以复办法学为主要标志。厦大的法学，最早创立于1926年6月，1937年改归国立后，法律系奉命撤销，法学学科停办。到1940年，由于国民政府教育部不同意建立福建大学，并将已经开学的福建大学法学院并入厦门大学，这样，战火中的厦大法学学科就在接收福建大学法学院的契机中复办起来。

在人才培养理念与培养模式上，萨本栋取的是美国芝加哥大学的通识教育思想和从清华带过来的通识教育理念，遵循梅贻琦的"通识为本，专识为末"[①]教育思想制定校制、设置课程，实行强化通识基础与打通学科界限的修学制度，实施教授全力上课制度。他要求即使在战争中，也要坚持"未到'最后一课'的时候，应加紧研究学术与培养技能"[②]，他提出，"现在不是个推诿责任的时代"，"需一身肩负二人之重任，一日急二日之操作"[③]，以不辜负陈嘉庚先生的期待，不辜负国家事业所托。比如新成立的机电工程系系主任朱家炘教授，据统计最高一学期每周上课达81课时，每周最高达1725人时。这时期的厦大学生则"把战区当课堂，把笔杆当枪杆"，越是艰难越是坚韧学习。在1940年与1941年国民政府教育部举行的两次专科以上学生学业竞赛中，获奖总数与获奖系数的比例评定，均名列全国第一。

从抗战全面爆发到复员厦门，在极其艰危的战争环境与艰苦的复员中，厦门大学的院系建设不仅没有停顿，而且还得以有力扩充，院系规模与学科发展都有历史性的突破，多科性大学已然向综合性大学迈进，也因此开始确立厦门

---

① 梅贻琦：《大学一解》，载《清华学报》第13卷第1期，1941年4月。

② 萨本栋：《勖勉同学词》，载《唯力》旬刊第3期，1938年4月3日。

③ 萨本栋：《"七七"二周年纪念与节约运动》，载《唯力》第2卷第7/8期合刊，1939年7月7日。

大学位居全国高等教育前列的位置。更重要的是这一时期积淀下来的办学精神,那种由战争烽火淬炼出来的自强、坚韧与艰危中担当重负的使命感,为厦门大学的发展积累了一份极宝贵的精神财富。

三

1949年10月1日,中华人民共和国成立,人民当家做主的时代开始。10月17日,厦门解放,厦门大学迎来了办学史上的新纪元。1949年10月21日,中共厦门市委在厦大建立中共厦门大学支部。不久,在原有基础上设立中共厦门大学党组。1950年5月,中华人民共和国政务院任命著名经济学家、曾任厦门大学法学院院长的王亚南为厦门大学校长。

1952年6月,中共福建省委派15名党的干部到厦大,7月,中共福建省委决定程璐任中共厦大临时党委书记,党在学校的领导得以体现与加强;1953年1月,厦门大学成立校务委员会,标志着学校由“校长负责制”开始向“党委领导下的校长负责制”过渡。这一年,符合条件的科系先后成立党支部。1955年1月召开中共厦门大学第一次代表大会,成立中共厦门大学党委会,之后,各系先后建立系党总支,直到1999年校院二级管理体制改革时,党总支、党支部为厦门大学各科系的最直接领导,保证科系建设与学科发展的正确方向和健康发展。

新中国成立后,在东西方意识形态冷战的背景下,中国大学放弃对西方欧美的学习,而强调向“苏联老大哥”学习。1952年,中央提出高等教育“发展专门学院和专科学校,整顿和加强综合大学”的方针,并学习苏联高校模式,进行大规模的院系调整。从1952年到1955年底,厦门大学在调整中从多学科大学向文理科综合大学转变,被确定为华东四所综合性大学之一。

1952年8月,一年前刚刚由省立并入厦大并改名的厦大农学院奉命与福州大学农学院合并为福建农学院;9月,厦大海洋系一分为三,厦大航海专修科与集美水产商船专科合并成立福建航海专科学校,之后再分别归入大连海运学院与上海海运学院;海洋系理化组并入山东大学,与山东大学海洋学科建立海洋系,发展为山东海洋学院,即后来的青岛海洋大学;为保存厦大发展海洋学科的力量,厦大成立海洋生物研究室,将海洋生物组的骨干教师与标本留在厦大,聘郑重教授为研究室主任。1953年7月,厦大又奉命将工学院的土木、电机、机械3个系及土木专修科调整到浙江大学、南京工学院和华东水利学院,将企业管理并入上海财经学院,法学院归入华东政法学院。1954年7

月，厦大教育系调整到福建师范学院；8月俄语专修科部分师生并入南京大学。

在此调整中，厦门大学文理科也有所壮大。1951年私立福建学院的政治、法律、经济归并到厦大。1952年福州大学财经学院的会计、贸易、财金、统计、企业管理5个系并入厦大财经学院，并增加贸易专修科。1953年，福州大学文理两院的中文、外文、历史、数学、物理化学、生物学6个系也奉命并入厦门大学。1955年，厦大奉命停办统计、会计、财金、贸易4个系，改在经济系之下设政治经济学、统计学、会计学、货币与信贷、贸易5个专业。

从历史现场上看，大规模院系调整是新中国改造旧教育制度、建立新教育体制的战略措施，这是中华人民共和国教育史上一个重要事件。这场调整既为厦大文理科综合大学模式打下基础，也一定程度上削弱了厦大综合性大学的实力，厦大一些经营多年而形成厦大特色的院系、学科被调整出去，充实其他高校乃至成为新学校成立的基础。厦大在为国家做出贡献的同时，也造成基础学科与应用学科的相互分离，综合性大学学科交叉渗透的优势也受到一定的损失。

院系调整后，苏联高等教育的专业制度也随之取代了中国大学的院系体制。新中国成立之前的大学一般只设学科不设专业，学科业务范围要比专业宽阔，但专业有利于针对性培养专门人才，培养目标十分专一。为贯彻专业人才培养目的，厦门大学院级建制最后被正式撤销，实行以系为教学单位，系内设若干专业，形成按专业培养人才的办学模式。到1958年，全校设8个系16个专业，并设16个专门化科目。

这一时期，教育部确定厦门大学发展方向为“面向东南亚华侨，面向海洋”，要求各专业各教研组加强与南洋、台湾、海洋及本地特点有关的各种问题研究。王亚南校长对厦大的综合性大学也提出新的目标定位，他说：“今天我们所在的学校是个综合性大学，不是工业大学、农业大学，而是综合性大学，不同地方是培养目标不同。工农科培养工农业所需技术人才，师范培养教师，综合性大学主要是培养研究人员，科学研究人员。”他对学生说：“你们将来就是要培养成为科学家。”①这样的办学方向与文理综合性大学的形成，明确指明科学研究是厦大办学的重要任务，学科建设水平成为办学水平的重要表现。

由此，在那个以专业为主的发展时期，厦门大学依然将研究机构建设与学科建设发展当成院系建设的重要内容。

---

① 王亚南：《怎样做一个大学生》，录自厦门大学校办档案56-11。

王亚南校长抵达厦大后，首先恢复和建立研究机构，成立了经济研究所、化学研究所和南洋研究馆(1963年升格为教育部部属研究所)、人类博物馆，文科理科各学院普遍成立研究室。这时福建研究院社会科学研究所也奉命归并厦大，充实了厦大文科主要是经济学科的研究实力。

这一时期，经济学科开始成为全国的翘楚学科。从1946年王亚南的《中国经济原论》研究被誉为“中国式的《资本论》”开始，厦门大学“以中国人的资格研究政治经济学”的独特学派开始形成。1950年王亚南执掌厦大后，建立厦大财经学院，创办全国第一个经济研究所，这是当年全国高校最新经济学教学科研建制。院系调整中财经学院被撤销。1958年9月，中国经济问题研究所成立，并创办中国第一家全国性经济学刊物《中国经济问题》。这个时期，经济学各学科研究全面展开，在《资本论》研究、社会主义所有制研究、会计、统计、财政学方面的研究，成绩斐然，为全国瞩目，奠定了经济学迈向一流学科的坚实基础。

化学为厦大理科中最早的学科之一，展示着一流学科的形象。1939年，傅鹰博士受聘厦门大学并任教务长兼理学院院长，他给厦门大学带来了化学正在从经典的统计热力学深化为理论化学、结构化学的最新发展信息与理论，从而让厦大化学学科及时捕捉到量子化学、量子力学的发展，跟上世界潮流。自此，化学学科的发展呈现云帆济海之势。新中国成立后，催化的研究与应用、海洋化学分析成果显著，电化学研究、物质结构研究、有机物电极、电分析和有机物点解制备也都在学术界崭露头角。1972年，蔡启瑞教授与唐敖庆、卢嘉锡两教授联袂承担国家重大基础理论研究课题化学模拟生物固氮研究，与国际同步攻关世界理论难题，成果受到国际同行的赞赏。这个时期的厦大化学，已具备国内一流、国际具有重要影响的学科声望。

除此，海洋生物研究，生物系在金定鸭研究及北京鸭与金定鸭的杂交研究，半导体物理、半导体化学、植物生物学以及数学等方面的基础理论研究，都有全国性影响。理科各系与福建省其他单位联办建立的8个新的研究所，有效地促进了厦门大学科学研究与地方建设的紧密结合，拓宽了厦门大学科学研究的思路与途径，这也说明了成为文理综合性大学的厦门大学在学科建设上的明显进展。

从1949年新中国成立到1966年“文化大革命”爆发，厦门大学与全国高校一样，经历过“整风运动”、“教育大革命”和“大跃进”高潮，作为面对两岸对峙炮火中海防前线大学，社会主义的办学方向和党在学校中的领导地位更加明确与坚定，在人才培养与科学研究上探索前进，书写出新中国高等教育的新篇章。1963 年 9 月 12 日，教育部以〔63〕教厅秘字第 178 号文件，将厦门大学定位全国重点大学，“这是国家对厦门大学几十年来办学成就的充分肯定，从教育体制上明确地确立了厦门大学在全国教育事业中的重要地位”①。

1966 年到 1976 年“文化大革命”运动期间，厦门大学与全国高校一样，遭受空前的洗劫。这是中国高等教育发展史上一次挫折和重大教训，经历过这样的风雨，拨乱反正之后，厦门大学的院系与学科建设自有空前的发展。

四

1976 年 10 月 6 日，党中央一举粉碎“四人帮”；1977 年 9 月，全国恢复高考制度，1978 年 2 月，教育部恢复厦门大学为全国重点大学。1981 年 10 月，厦门被国务院确立为中国四个经济特区之一，身处中国经济特区的国家重点大学，厦门大学被历史推向了改革开放的前沿，学校逐渐顺利走向“党委领导下的校长负责制”的领导体制中，院系建设发展进入一个崭新的历史新时期。2000 年之后，按照校院二级管理体制改革，各学院建立学院党委，建立并逐步完善学院党政联席会议制度，厦门大学院系建设得到空前发展。

至 2020 年，改革开放中的厦门大学全校已建有 30 个学院 16 个研究院，展现出门类齐全、学科强劲、专业特色明显、布局合理的整体风貌。依据院系建设与发展的历史，以 1995 年启动“211 工程”为界，整个 42 年的改革开放可分为两个时期：1978 年至 1995 年为恢复与快速发展时期；1995 年之后伴随着国家“211 工程”、“985 工程”、创建“双一流”建设，厦门大学院系建设进入跨越式发展时期。

1978 年春天，当恢复高考制度后的第一届大学生走进厦大时，厦大共设有 10 个系 29 个专业，这些系与专业还只是集中于自然科学与人文社会科学的基础理论学科，基础雄厚，但面对世界新技术革命浪潮的兴起和新时期党与国家工作中心转移到社会主义现代化建设和改革开放上，尤其是经济特区和沿海开放城市、经济开发区的设立，原本的科系已经不能很好地适应新形势的需要，于是，学校大胆突破文理结构框架，调整学科与专业设置，大力充实、改造、复办老专业，增设一批新学科，优先创办一批涉外专业、应用科学和应用技术专业，开展边缘新兴学科研究，迈步向文理渗透、多学科组成的综合性大学

---

① 厦门大学档案馆、厦门大学校史研究室编：《厦门大学校史》第 2 卷（1949—1991），厦门大学出版社 2006 年版，第 142 页。

方向发展。

其一，以“起点要高，起点要新”的要求，创办一批新专业，集中在涉外、经济管理、新兴交叉学科与新技术专业。到1995年，全校已发展到26个系61个专业，突破长期以来保持的文理财经综合性大学格局，形成了包括智能科学、技术科学、人文科学、社会科学、管理科学、教育科学在内的多学科、结构比较合理、内容比较先进的学科体系。

其二，开始恢复学院建制。专业增多后，科、系不断发展，从管理与学科建设出发，开始逐步恢复学院建制。在20世纪80年代初期，先后成立经济学院、政法学院、全国综合性大学的第一个艺术教育学院、技术科学学院，其中技术科学学院的成立既带有复办工科的动机，更是以为国家培养急需的大量科技人才为目标，着重造就工科与理科相结合、交叉的学科的开创性人才。学院作为学校派出机构，具有一定自主权。

其三，以长远的战略眼光，充实、更新老专业。如20世纪70年代复办海洋系。在1952年的院系调整中，厦大将海洋系一分为三，用建立海洋生物研究室的名义战略性留住了海洋生物学科的骨干师资与教学标本，这使得厦大在1962年前后依然成为我国海洋科学的重要基地之一。海洋系虽然不再存在，厦大理科其他系却增设了海洋物理、海洋化学和海洋生物等新的专业、专门化，各系与华东海洋研究所密切配合，共同进行了26项海洋科学研究，成果引起国外学术界注意，《美国科学界对中国科学的看法》一书也提到厦大海洋科学研究的情况。复办后的海洋系，采取少招本科生、多招研究生、重拳科研、提高质量的策略，开展学科建设，并增设海洋水文气象和海洋地质地貌两个专业，为海洋系成为全国一流学科打下了坚实良好的基础。

1995年，厦门大学进入国家“211工程”行列；2001年，被列入国家“985工程”重点建设高校；2017年，入选国家A类“双一流”建设高校。在中国教育从教育大国走向教育强国的历史进程中，厦门大学的院系发展与学科建设，实现了跨越式发展。

1999年3月，全校深化校内管理体制改革，开始实行校院二级管理，学院建制全面铺开，各学院按照学院办大学的发展趋势，遵循“优化结构、强化内涵、扶优促新、鼓励交叉”的原则推动学科与专业建设，从1995年到2020年，全校共设置30个学院16个研究院，新增52个专业，撤销4个专业，调整18个本科专业，最终设置本科专业99个，涵盖文学、哲学、历史学、法学、经济学、管理学、理学、工学、建筑学、医学、艺术学等11个学科门类，以学科为支撑，打造一批定位明确、管理规范、改革成效突出，师资力量雄厚、培养质量一流的院系与专业群;全校有17个国家级特色专业,2个国家级人才培养模式试验区,2个国家级专业综合改革试点,3个专业入选教育部基础学科拔尖学生培养计划,24个专业13个项目入选教育部卓越人才培养计划。

这个时期,也是厦大研究生教育的大发展时期。1986年9月,国务院批准厦大试办研究生院;1996年3月,厦大正式获准设立研究生院;2018年,厦大成为全国首批20所学位授权自主审核单位之一。至2020年,全校共设有32个博士后流动站,36个一级学科博士学位授权点,45个一级学科硕士授权点。研究生院的建设与发展,推动了厦大研究生教育的空前发展,也更紧密地将厦门大学的学科建设与学院建设融为一体。

学科作为高校实施科研、教学活动和集聚人才的最基本的单元,是学校根本性的基础建设,也是院系建设发展的基础与支撑。这个时期,凭借国家"211工程"、"985工程"建设和创建"双一流"的支持,院系以学科为支撑,以学科建设为重心,凸显了学科建设的基础性与关键性。

其一,以学科建设为支撑为龙头,整合组建符合学科发展和拓展创新学科建设的学院,优化学科布局。如整合厦大早期传播和研究马克思主义与当代马克主义教学研究的资源,成立马克思主义学院,设立"985工程"重点学科"马克思主义理论"、"211工程"三期国家重点学科"中国特色社会主义理论与实践"建设项目,与中共福建省委宣传部合作共建"厦门大学中国特色社会主义理论体系研究与培训基地",加强学科建设,建设国内高水平的马克思主义理论学术创新基地。如整合全校电子工程、电子科学、微电子与集成电路、电磁声等相关学科,组成电子科学与技术学院,入选国家示范性微电子学院;整合软件学院、物理科学与技术学院、计算机与信息工程学院相关资源成立信息学院;将公共事务管理学院的社会学系与人文学院的人类学系组合成社会与人类学院,更准确对应国际学科范式;而像数学科学学院、国际关系学院、台湾研究院、教育研究院、萨本栋微米纳米科学技术学院,则是应对历史与国家的需求,在学校原本的优势或特色学科基础上建立起来的学院。其中数学与应用数学为国家级一流专业、国家一类特色专业、国家理科数学与应用数学基础科学研究和教学人才培养基地,入选国家基础学科拔尖学生培养试验计划;台湾研究院入选国家高端智库试点建设、培育单位。以教育部人文社科重点研究基地会计发展研究中心和国家重点学科工商管理为依托,整合MBA和EMBA、会计系、工商管理系、管理科学系与旅游管理专业组成管理学院,很快使管理学院成为中国最具竞争力的十大商学院之一。工商管理、会计学、财务管理和电子商务4个专业入选国家一流本科专业建设点,在2017年教育部公布的全国第四轮学科评估中，工商管理一级学科获评A类学科，经济学与商学进入ESI全球前1%行列。

其二，以大学科理念、通过国家人才培养基地和重点学科的依托带动，推进院系与学科的建设发展。1999年校院二级管理体制改革伊始，学校就开始推行大学科的学院建制理念，文、史、哲3个系6个一级学科，以国家文科历史学基础科学研究和教学人才培养基地与国家重点学科中国经济史为带动，组建人文学院，力图打通文史哲，"研究高深学问"和培养人文学科精英人才。以大医科理念，整合生命科学学院、医学院、药学院、公共卫生学院等力量，推进学科交叉融合，构建医、教、研有机融合的医科教育体系。2018年和中国卫生信息与健康医疗大数据学会共同建立医疗健康大数据国家研究院，汇聚理、工、医及社会科学十几个学院的教师与研究团队，通过自主创新和跨学科合作，产生一批国内外领先的具有良好产业转化价值的一流研究成果，凸显大学科整体的优势。

在大学科建设与学科协同创新中，由厦门大学牵头，与复旦大学、中国社会科学院台湾研究所、福建师范大学共同建设的国家协同创新中心"两岸关系和平发展协同创新中心"，由厦门大学、复旦大学、中国科学技术大学和中科院大连化物所为核心层，组建的国家级协同创新中心"能源材料化学协同创新中心"，都体现出大学科、跨学科与跨越部门、学校的创新优势。2018年12月，国家自然科学基金委依托厦门大学建设"国家天元数学东南中心"，该中心由数学科学学院牵头，联合5个省14所高校为共建单位，更是以大学科、大组合、大跨越的组织形态呈现出构建一流核心竞争力的重要举措。

其三，发挥优势，打造国内领先、国际一流的高峰学科，是这一时期厦大院系建设与发展水平最基本也是最重要的成果之一。目前厦门大学有理论经济学、应用经济学、工商管理、化学、海洋科学5个国家一级重点学科，另有25个国家二级重点学科，分布在经济、管理、化学化工、数理、海洋与地球、生态与环境、法学、高等教育、生命科学、人文等学院。另有化学、工程学、农学、社会科学、计算机科学、分子生物学与遗传学、微生物学、药物理与毒理学、地学、物理学、经济学与商学等18个学科在ESI全球排名前1%；17个学科在QS世界大学学科排行榜上有名，上榜数居中国大陆高校第12位；37个学科登上软科世界一流学科排行榜，上榜数居中国大陆高校第8位。2017年，化学、海洋科学、生物学、生态学、统计学入选国家"双一流"建设行列。

当我们对厦大100年的院系发展做出梳理后，我们会发现，厦大百年院系的历史脚步，实际上是伴随着100年来中华民族伟大复兴的风云变幻与中国高等教育的命运嬗变而砥砺行走的,它走的是一条从小到大、从少到多、从大到强的历史发展脉络,一条是院系建设与学科发展紧密融合的道路,一条是国际竞争力和整体实力不断提升的道路。百年院系不断调整不断演化的进程,也就是百年学科不断变革不断创新的历程,这里有成功的喜悦,也有挫折的教训,有起伏的艰辛,也有前进的欢笑,但无论在什么时候、在什么样的空间里,都向着校主陈嘉庚先生提出的“世界之大学”目标前行,都沿着“与世界各大学相颉颃”的意志行进,都朝着“中国特色,世界一流”的憧憬踔厉奋进。

五

“厦门大学百年院系史”系列的编撰出版,是各院系向厦门大学百年华诞献上的一份礼物,她以100年来各个学院、研究院的学科发展、专业建设、院系在时代中变动的脚步为主要内容,呈现不同历史时期南方之强的个性与风采。目的在于总结经验,传承命脉,弘扬自强不息、止于至善精神,激励“双一流”建设,为厦门大学与中国高等教育留下一份珍贵的历史叙述。全校共有35个院系、研究院及厦大出版社参加了这个规模空前的编写工程。每部院系史主要包含以下内容:

一、历史的脚步。这是全书最主要的叙述,它通过对院系的历史梳理,描述出在各个历史时期的发展脉络与特征,客观呈现各学院发展进程中的主要事件,重点叙述以学科建设、人才培养为重心的发展变化、主要特点和成就,以及行政管理、社会服务上的变更发展。

二、党政管理。叙述院系党的建设情况,行政机构的变更,历任党、政领导等。

三、学科发展。叙述院系学科建设发展的轨迹与特色、地位与成绩,包括博士授权点、硕士授权点介绍及其人才培养特色,研究基地、研究所、中心介绍及其工作特色,重点实验室介绍及其工作成就,对外交流成果等。

四、教学成果。阐述院系在人才培养与教学教育中的发展嬗变,包括专业设置、课程体系、精品课程与教改项目、教学成果奖、特色专业与创新试验区、教学团队、教材建设、人才培养基地、创新创业教育等内容。

五、学术成就。配合学科建设的发展,叙述学术上的做法与成就,包括获奖学术成果、主要著作与论文、主要研究课题。

六、附录:院系大事记。

这是一项具有长远意义且严肃的工作,学校要求各院系在编撰中坚持正确的政治导向，突出与中国共产党同龄的厦门大学教育救国、教育兴国、教育强国的历史步点；重点叙述与提炼各学科、各专业及人才培养的发展与成就，彰显学术大师和著名校友的贡献；历史须客观叙述，要求准确无误有根有据，尽可能追根溯源，填补漏缺，还原历史，强调学术传承。但历史的写作须经千锤百炼，百年院系历史的叙述需要长期的淬炼，今天打开的这个脚步，难免深浅不一，难免有疏漏之处，还有许多需要打磨甚至勘正的地方，还请各位读者批评指正。

全校的百年院系史系列编撰工作在2019年的春天启动，历时两年的时间，在厦门大学百年华诞到来之际，终于与厦大人、与各方读者见面了。当各院系的撰写者在各自的历史隧道中搜寻擭微、考辨记载而写出自己的院系历史的时候，实际上是在对一个学科、一个院系的过去与今天的研究梳理，也是与明天的一个重要联系与启示。相信经过这次院系史的研究编写，各学院各学科将会以史为鉴，以更宏伟的规划更准确的定位更实在的工作，在党的坚强领导下，向着“中国特色，世界一流”的建设方向，奋力推进厦门大学院系建设与学科发展。

2021年3月12日

序

南洋爱国华侨陈嘉庚先生创办厦门大学的初衷，着重培养两类人才：一类是商业人才，当时陈嘉庚先生的橡胶及其产品遍及全国各地，需要大批商业人才；但更重要的是培养教育人才，他在家乡办小学、中学、乡村师范、女子师范都需要许多优秀教师，所以厦门大学在私立时期，曾设置了教育学院，下设四个系。中国许多著名的教育学家，有一半以上在厦门大学任过教。厦门大学改为国立之后，教育人才按规定改为由师范院校培养，但厦大仍保留教育系。我在八十年前进入厦门大学教育系学习，我们都要选择一个副系，特别是历史系、中文系、英文系以及理工科等，这样才能到中学任教。我在厦大建立高等教育研究所，或多或少也受这种思潮的影响，在东南一隅的厦门大学建立高等教育学科。

张亚群教授这本《厦门大学教育研究院院史》，全书广集资料，精心编撰，最后还附了百年大事记，使厦门大学百年教育脉络清晰，一册在手，可读可查。

是为序。

潘懋元

2021年3月24日

目录

c o n t e n t

第一章

百年肇基：从师范学部到教育学院

第一节　私立时期教育学科建制的演变 3

一、师范学部的设置 4

二、教育学部的变革 5

三、教育学院的发展与演变 8

第二节　教育学科的师资建设 12

一、教师队伍概况 12

二、教学课程的发展 15

第三节　教育专门人才的培养 18

一、招生考试的发展 18

二、学业管理与课程建设 20

三、教学实习与毕业论文写作 24

第四节　学生的学术与教育考察活动 26

一、学生学术活动 26

二、课外文娱及毕业典礼活动 27

三、学生的教育考察活动 28

第五节　教育学科的办学成就与影响 31

一、人才培养成就 31

二、学术研究的成就与影响 36

第二章
国立时期厦门大学教育学系的办学活动

第一节 迁校办学与教育学系的演变 45
一、迁校办学过程 45
二、教育学系的办学演变 47
第二节 教育学系的师资建设 49
一、教师队伍变迁 49
二、学科恢复与赴台讲学 53
第三节 教育学系的人才培养 53
一、招生考试的演变 54
二、教育管理与课程教学 56
三、毕业论文的撰写 60
第四节 教育学系的学生活动 62
一、抗战时期的学生生活 62
二、导师制的实施及学生体育活动 64
三、学生社团活动 66
第五节 教育学系的办学成就与影响 70
一、毕业生统计 70
二、人物简介 72
三、学术成果举隅 74

第三章
新中国成立后教育学系的传承与调整

第一节 教育学系的重建与教学改革 81
一、教育学系的行政设置与专业建设 81
二、教育学教研组(室)的成立 82
三、教学计划与教学大纲的制定 87
四、课程体系的改革 88

五、教学方法的改进 89
第二节 教育学系的师资建设 93
一、师资队伍概述 93
二、教师教学与进修活动 94
第三节 教育学系的人才培养 98
一、培养人民教育工作者 99
二、学生社会服务与实践活动 100
第四节 教育学系的调出与教育机构的重组 103
一、教育学系的调出 104
二、教育学教研组(室)的教学与学习活动 106
第五节 教育学科的学术传承与科学研究 108
一、教育学教研组(室)的学术研究活动 108
二、高等教育研究的探索 110

第四章 高等教育科学研究所的创立和发展

第一节 高等教育科学研究所(室)的创立与发展 118
一、高等教育研究室创立的背景 118
二、高等教育科学研究所(室)的发展 119
三、高等教育科学研究所(室)的教育研究活动 122
第二节 高等教育学科的创立 130
一、中国第一本《高等教育学》教材的问世 131

二、中国第一个高等教育学硕士点、博士点的创建 136
三、国家重点学科高等教育学的确立 138
第三节 高等教育科学研究所的组织机构与师资发展 141
一、组织机构及其成员 142
二、党建工作及学习活动 144
三、师资发展与学术交流活动 145
第四节 高等教育学科的建设与发展 148
一、主要研究领域 148
二、主要学术成果 150
三、高等教育学硕士学科点的建设 152
四、高等教育学博士学科点的建设 154

第五章
新世纪高等教育学科的拓展（上）
第一节 高等教育学科机构的发展 161
一、厦门大学高等教育发展研究中心的设立 161
二、从高等教育科学研究所到教育研究院 163
三、附设研究机构 164
第二节 教育研究院(高教所)的组织机构与师资建设 170
一、组织机构及其成员 171
二、党建工作及学习活动 175
三、师资发展与学术交流 181

第三节 教育学科建设与人才培养的发展 190
一、硕士和博士学位授权学科的发展 190
二、教育学博士后流动站的建立 191
三、教育部文科重点研究基地的发展 192
四、“985 工程”与“双一流”的建设 195
五、人才培养的发展 196

第六章 新世纪高等教育学科的拓展（下）

第一节 教育教学实践的成果 208
一、研究生及本科教学成果 208
二、研究生科研成果奖 212
三、潘懋元高等教育基金会的创立与颁奖 213
四、研究生获得学校其他奖项与荣誉称号 215
第二节 教育科学研究的成就 215
一、科研成果 215
二、举办学术会议及对外教育合作 221
第三节 教育服务的发展 228
一、为国家和区域高等教育发展提供政策咨询 229
二、支援西部教育科研建设 231
三、心理咨询服务 232
四、校史研究的贡献 233
五、为高校及地方教育发展规划服务 234
六、各类教育培训 236
结 语 238

附录

附录 1:高教所师生获奖及学术兼职统计
(1978—1999 年) 241
附录 2:高教所研究生学位论文统计
(1981—1999 年) 250
附录 3:教育研究院教师获奖励荣誉及
兼任学术团体职务(2000—2020 年) 256
附录 4:厦门大学高等教育发展研究中心
重大项目统计(2000—2020 年) 264
附录 5:教育研究院博硕士学位论文获奖
统计(2000—2020 年) 266
附录 6:教育研究院(高教所)教师出版著作
统计(2000—2020 年) 271
附录 7:教育研究院(高教所)获省部级以上
课题统计(2000—2020 年) 280
附录 8:教育研究院(高教所)获省部级科研
优秀成果奖统计(2000—2020 年) 290
附录 9:教育研究院教师获采纳的重要咨询
报告统计(2000—2020 年) 300

大事记 305

后　记 342

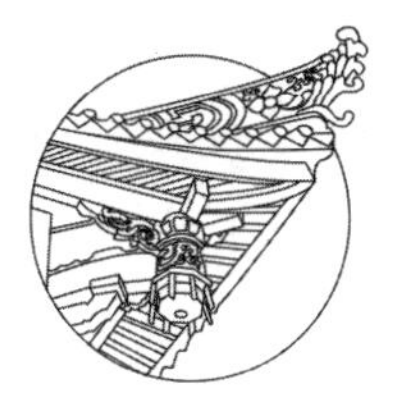

第一章 百年肇基：从师范学部到教育学院

厦门大学是由爱国华侨陈嘉庚先生捐资创办的华侨高等学府，师范学部为最早创立的两个学部之一。从最早的师范（教育）学部、教育科（系）发展到教育学院，再演变为教育学系，学科建制虽屡有变化，但办学活动一脉相承。私立时期（1921年4月—1937年7月），厦门大学教育科系适应学校的办学宗旨和教师培养的需要，重视聘任高水平师资，促进了学科建设与发展，为人才培养、学术研究和社会服务做出了重要贡献，在国内教育学科发展史上具有重要的地位与影响。①

第一节　私立时期教育学科建制的演变

我国教育学科创始于20世纪初年，它适应中小学教师培养的需要，在学科体系和课程设置上深受外来的教育影响。民国初期，随着国内教育事业的发展和中外教育交流的扩大，教育学科获得了新的发展。开设教育学科的院校数量增加，教育研究水平不断提高，培养出一批教育学科的专门人才。厦门大学师范科的创办，顺应教育变革和时代发展的要求，体现了陈嘉庚先生对教育地位与作用的深邃理解。厦门大学创立后，受国家教育政策、办学理念、办学经费、人才流动等因素影响，教育学科建制经历了三次演变，办学规模也发生相应变化。

---

① 参张亚群：《私立时期厦门大学教育学科的地位与影响》，载潘懋元主编：《大学教育质量的理论与实践研究》，广州：广东高等教育出版社2009年版，第507～513页。

一、师范学部的设置

厦门大学创办师范学部，与陈嘉庚先生的办学实践密切相连。20 世纪 20 年代的中国，尤其是福建，迫切需要创立和发展师范教育，培养大量教师人才。

1920 年 11 月，陈嘉庚先生在筹办厦大的演讲中指出："国家之富强，全在乎国民。国民之发展，全在乎教育。今就中国而论，据鄙人所知而言，鄙人家住福建同安，同安教育自废科举以来，办学二十年，而今毕业者仅二班。观此岂非愈趋于退化之境。同安如此，即就福建全省论，每年师范毕业生，不过千人。平均计之，每县每年仅得教员三人。""福建人之受教育，每百人中不过一二人耳。"① 为了改变家乡教育落后、人才匮乏的状况，陈嘉庚先生从基础教育着手，兴办了集美学村。

1913 年 2 月，陈嘉庚创办集美两等小学校。1917 年 2 月，开设女子小学。兴学过程中师资匮乏，决意兴办师范学校，"培养贫寒子弟有志献身教育者，以挽救本省教育的颓风"②。1918 年 3 月 10 日，集美师范学校、中学两部开学。改革师范招生制度，招生范围力求普遍，使所招学生，将来毕业后仍回原地工作。为此，陈嘉庚特地通告闽南三十余县教育行政机构（劝学所），请代招有志从事小学教育的贫寒学生，大县五六人，小县三四人，共一百二十余人，到校后再加以复试录取。因此，各县送来的学生基础大部分比较好。到 1920 年，生源质量比较稳定，才取消各县代选新生制度。1920 年 2 月，集美学校水产科（1922 年改称水产部）开学。1921 年 2 月，添办集美学校女子师范。此后陆续办起了其他学校，计有男子小学、女子小学、男子师范学校、男子中学、水产航海学校、商业学校、女子中学、农林学校、幼稚师范学校、国学专门学校等 10 校。这些办学活动迫切需要聘任高水平的各科教师，这成为陈嘉庚先生创办高等师范教育的重要动因。

厦门大学是陈嘉庚先生办学活动中层次最高、影响最大的一所学校。1919 年 7 月 13 日，陈嘉庚在厦门浮屿陈氏宗祠演讲中，郑重宣布创办厦门大学，并附

---

① 厦门大学校史编委会：《厦门大学校史资料》（内部资料），第一辑，厦门：厦门大学出版社 1987 年版，第 19 页。

② 王增炳、余纲：《陈嘉庚兴学记》，福州：福建教育出版社 1981 年版，第 20 页。

设高等师范学校。《申报》1919年8月7日发布《南方将有私立大学》及《厦门将设大学》两条报道，称赞此举："使南方有中国自办之最高学府。孳孳兴学，以为国家百年树人之计，诚教育界之明星。"[①]陈嘉庚先生多次发表演讲，阐明兴办大学之目的之一在于，培养基础教育的教师人才，促进福建普通教育的发展，普及现代文化，增强国民的竞争力。[②]

1921年1月，厦门大学筹设师范学部。3月，师范部订定预科课程，分文理两科。作为厦门大学首批建立的学部之一，师范学部的创设，顺应了教育变革和时代发展的要求，体现了陈嘉庚先生先进的教育理念。首任校长邓萃英，采用德国、日本的大学模式，先设师范、商学两部，师范学部之下分文、理两部。学制预科2年、本科4年。考虑到当时福建中学毕业生水准较低，首届全部先招预科生120名。4月6日，在集美学校举行厦门大学开校仪式，师范部开学，厦门大学教育学科由此诞生。

二、教育学部的变革

第一阶段（1921—1929年），从师范学部演变为教育学部、教育科（系、院）。

1921年6月下旬，林文庆出任厦门大学校长。林文庆吸收英美大学理念，借鉴英美大学分科制度，调整各部结构，致力建设高水平的综合性大学。[③] 他提出："本校原设有师范学部，其目的在养成中等学校教师，以期发达本省之地方教育。文理两学部本校向无专科，仅于师范学部内附设，殊为不合。"[④]因此，林文庆校长决定自1921年秋季起，改师范学部为教育学部，并增设文、理两学部，全

---

① 《福建陈嘉庚君倡办厦门大学附设高等师范学校演讲词》，《申报》1919年8月7日第十一版。

② 张亚群：《自强不息 止于至善——厦门大学校长林文庆》，济南：山东教育出版社2012年版，第74～80页。

③ 张亚群：《自强不息 止于至善——厦门大学校长林文庆》，济南：山东教育出版社2012年版，第137页。

④ 洪永宏编著：《厦门大学校史》，第一卷，厦门：厦门大学出版社1990年版，第35页。

校共有四学部。

林文庆立足于厦门大学的办学实际，结合人才培养的客观需要，在经费、师资等教育资源不足的条件下，确立优先发展教育、国文、英文、科学、商科和法科等重点学科的办学方略。其中以文、理科作为综合性大学的学术基础，教育、商学和法学为社会应用学科。[①] 教育学科是师范教育的基础学科，与教师培养关系密切。受陈嘉庚办学思想和教育救国理念的影响，林文庆对教育学科极为重视。主政厦大之初，他就将教育学科及教师培养作为办学的主要宗旨之一，强调："我国目下师资及教育专门人材甚为缺乏，故对于教育学系特加注意，以期养成良好师资及教育界领袖，因以提高一般教育之程度。"[②]

1922 年 9 月，欧元怀任教育学部主任。教育学部订定本科课程，分心理学、教育学说、教育史、教育行政、中等教育、小学教育、乡村教育七组。

次年 4 月，学校评议会议决，改"部"为"科"，教育科为全校六科之一，开始招收本科生。预科招收初中毕业生。原定修业年限二年，一度改为一年，后又恢复为二年。

1924 年 2 月，教育科成立心理实验室，该室位于群贤楼一侧。是年春，学校发生第一次学潮，教育科受到严重冲击。6 月，欧元怀去职。厦门大学评议会议决，将教育科并入文科，改称教育学系，但所有课程及教学方针等不变。孙贵定博士任教育学系主任。

随着学校学科建设的恢复和发展，1925 年至 1926 年间，教育学系教授及学程不断增加。1926 年 1 月，厦门大学董事会议决，将教育学系恢复为教育科。8 月，教育学系又改称教育学科，孙贵定教授任主任。教育科办公室设在生物院大楼。

1925 年夏，孙贵定为教育厦大教授及邻近居民之子女，并实行各种新教学法，以便教育学系学生研究实习起见，特向林文庆校长建议，在学校附近创设一

---

① 张亚群：《自强不息 止于至善——厦门大学校长林文庆》，济南：山东教育出版社 2012 年版，第 149 页。

② 《厦门大学布告》，第三卷第二期，1924—1925 学年度，厦门大学印刷所印，第 21 页。

所模范小学，得到林校长批准实施。8 月创办厦大附设模范（实验）小学，作为教育学科（学院）的附属教育机构。9 月 1 日开学，有学生 70 余人。至 1929 年，有教职员 11 人，学生 200 人，其中男生 133 人，女生 67 人。每二周请本院教授讲演一次，增长教育学识。

1929 年 8 月，模范小学改名为厦门大学附属实验小学。其内设主任 1 人，分设教导、实验研究和总务三部，有教职员 10 余人。附设模范（实验）小学历任主任（校长）有孙贵定（1925 年）、张祖荫（1926 年）、黄傍桂（1927 年）和毛乐楠（1935 年）。1935 年春季共有学生 252 人，其中男生 182 人，女生 70 人。先后有九届毕业生（图 1-1）。

图 1-1　厦门大学附属实验小学师生合影（1931 年）

在学科设施方面，教育科尽管经费拮据，仍努力添置必要的教学设备，其中主要包括图书及心理仪器两项。至 1927 年暑期，图书资料已有心理学及挂图 200 余种，教育学书籍 970 余种，共计 1200 余种。当年秋，利用学校划拨黄奕住先生的部分捐款，从国外购得教育及心理书籍 600 余种。1929 年秋，利用福建省教育厅补助款及新加坡华侨捐款，从欧美各国购买最近出版之教育及心理图书数百种。此后学校每年都有拨充添置图书之款项，以利教育研究工作。

三、教育学院的发展与演变

第二阶段(1930年2月—1936年秋),从教育科发展为教育学院,再改为教育学系。

1929年11月,厦门大学遵照教育部颁布之大学规程,全校拟设立文、理、法、商、教育五个学院十七个系。将教育科改组为教育学院,分设教育原理、教育心理、教育行政、教育方法等四学系。孙贵定博士任院长,兼教育原理系主任;朱君毅博士任教育心理系主任(1933年杜佐周博士继任),杜佐周博士任教育方法系主任,兼任教育行政系主任(1931年姜琦继任,1933年吴家镇代理)。

1930年1月,中央研究院院长蔡元培先生为《厦门大学教育学院概况》题名(图1-2)。内页写明“教育部立案厦门大学教育学院概况”,内容包括十四部分:

一、略史;二、大事记;三、教职员一览表;四、通则;五、课程;六、学程纲要;七、设备;八、参观教育;九、学生及毕业生;十、学生名录;十一、毕业生名录;十二、前任教职员一览表;十三、附设实验小学概况;十四、实验小学教职员一览表。

教育学院设有心理学实验室一所,分为团体实验室和个人实验室。购入大量的新式仪器设备,用于心理学实验。有心理仪器百余种,均购自英美各国,总计价值约8000余元。此外有实验用之材料及表格300余种,多系实验室自制。其设置估计各项仪器值近万元(图1-3)。至1936年,有新式设备220余种。此外,设有楚青电化教育馆。在图书资料方面,共有欧美各国教育及心理名著3000余种。

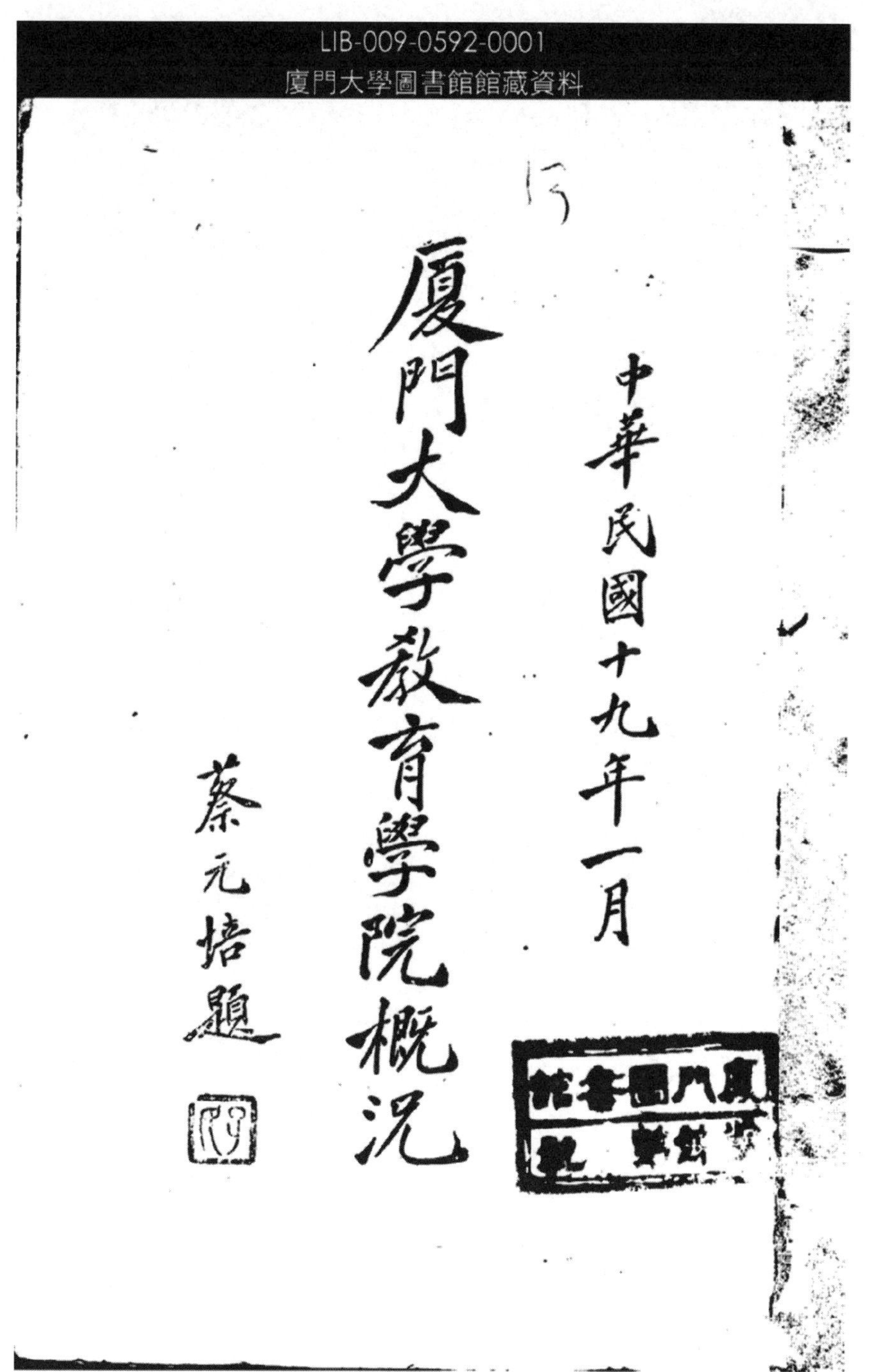

图 1-2　蔡元培为《厦门大学教育学院概况》题名

教育心理实验室

教育心理仪器室

图 1-3　教育心理实验室、仪器室(1931 年)

此外,教育学院注重与福建省教育厅合作,共同促进本省教育事业发展。计划开办暑期学校,创设教育博物馆,出版教育月刊等。

1930 年秋,按照教育部通令,厦大预科停止招生,改为附设高级中学。(图 1-4)至 1931 年,厦大已有预科毕业生 300 余人。教育学院及高中部的办公室设在生物院大楼。1934 年冬,厦大提出改进计划,附设高级中学与大学部分开管理；1935 年春，开始实施。高级中学 1933 年夏开始有毕业生，至 1935 年冬，会考合格毕业者，普通科 100 名，师范科 7 名。高级中学计有教员 17 人，薛永黍为主任。

图 1-4　附设高级中学师生合影(1931 年)

由于办学经费日趋拮据，学校逐步合并部分院系，减少学科设置。1933 年 3 月 2 日，校务会议决议：自 1934 年度起，教育学院教育原理学系、教育方法学系合并为教育学系，教育学院院长孙贵定兼任系主任。1934 年 6 月 25 日，裁并教育行政学系。至此，教育学院仅设教育学及教育心理学二系。全校教学机构缩减为四学院十二学系及附设高中部。

第三阶段(1936 年秋至 1937 年 7 月)，从教育学院改为教育学系。

1936 年，学校重新调整各院机构设置。从本年秋季起，教育学院并入文学院，称为教育学系，李相勗任系主任。全校设有文、理、法商三院九系。据厦大十五周年纪念专号记载，1936 年 4 月，学校共有教职员 101 人，其中大学部 83 人，高中部 18 人，事务员、书记 29 人。本学期在校学生 417 人，其中，大学生 321 人，高中生 96 人。女生 51 人，其中大学部女生 42 人，高中部女生 9 人。

第二节 教育学科的师资建设

教育学科作为厦门大学主要学科之一，这一时期在引进人才、课程设置、经费保障和仪器设备购置等方面，得到学校重视。为了办好教育学科，林文庆校长利用充足经费，增设相关科系，多方延揽教师，促进了教育学科的建设和发展。

一、教师队伍概况

私立时期，厦门大学教师来源广，学术水平高。在教育学科发展过程中，不断引进高层次学科人才，加强师资建设。教育学科名师有孙贵定、雷通群、钟鲁斋、杜佐周、姜琦、朱君毅、吴家镇、钟道赞等。长汀时期厦大教育学系毕业生潘懋元回顾说："教育在林文庆时代非常受重视，三十年代教育(学)家约有一半在厦大任教过。"[①]这些教育名家为厦大教育学科的教学和研究奠定了重要基础。

1.教育科教职员简况

欧元怀，心理学教授。福建莆田人，学校资助赴美国哥伦比亚大学留学，1922年获教育学硕士，9月回厦大任教。同期到校者，陈芝美，教育学教授。美国康奈尔大学教育科学士。讲授"教学法""教育概论"课程。张端珍任体育教员。

孙贵定，1923年11月来校，教育学兼社会心理学教授。江苏无锡人，爱丁堡大学教育心理学学士，英文学硕士，教育学博士，教育科研究生文凭。伦敦不列颠心理学会会员，苏格兰教育部给师范资格文凭，曾任英国纳尔逊书馆百科全书编辑员。在厦大先后任新闻科主任、教育科主任、哲学系主任，代理大学秘书兼校长室秘书。同期到校者，陈懿祝，美国锡罗印大学学士，哥伦比亚大学教育学及心理学硕士。任实验心理学教授，讲授"实验心理演讲""实习""应用心理学"课程。

冯素如，1924年9月来校，教育学讲师。美国托连图大学文学士、美国西拉

---

① 2008年7月22日下午，笔者访谈潘懋元先生的记录。

古斯大学文学硕士及教育学博士。讲授“普通心理学”“社会心理学”课程。同期，金兆钧任体育教员。1925年9月，助教郑兼三到校。

庄泽宣，1926年9月到校，教育心理学教授。清华学校毕业，美国哥伦比亚大学教育学硕士、哲学博士，1921年普林斯顿大学进修一年。1923年回国，任清华学校教育主任负责课程改革。1927年后，他转任中山大学教育学系主任，浙江大学、岭南大学、广西大学、国立社会教育学院心理学系和教育学系教授、主任等职。同期，萧恩承博士到校，任教育学教授，讲授“学校管理法”“教育测验及统计”“课程编制法”课程。

邱椿，1927年9月来校，教育学教授。江西宁都人，哥伦比亚大学哲学博士，德国明星大学研究生。曾任国立北京女子师范大学教育学系主任，北京师范大学及清华学校教授。同期前来厦大教育科任教者有：陆士寅，教育学教授。江苏武进人，沪江大学文学士，芝加哥大学教育科哲学士及硕士，巴黎大学研究院肄业。曾任巴黎《华工》周刊社主任，直隶沧州华洋义赈会干事，内务部签事，沪江大学教育科主任兼附中校长，光华大学中学教育教授兼附中主任。张恒，体育教员兼斋舍员。浙江杭州人，东南大学毕业，曾任浙江省立第二中学体育主任、生理卫生学教员，上海中国公学大学部体育主任。

陈华庚，1928年2月来校，教育科教员。清华学校毕业，美国克拉克大学学士、硕士，哈佛大学教育硕士，克拉克大学教育学及学校卫生学学侣。曾任东陆大学教育学教授。同期到校，唐守谦，教育科教员。哥伦比亚大学教育硕士，曾任福建教育厅教育特派员。

据媒体报道，“其教授原有孙贵定、邱椿、陈懿祝、陈芝美等四人。助教骆文彪、黄傍桂等二人。本年度内，科主任孙贵定君力求该科学程之完善，复向各地罗致专门人才，延聘前北京清华大学教育学系主任朱君毅为教育测验及统计正教授，前武昌中山大学教育学系主任杜佐周为教育行政正教授，前暨南大学校长姜琦为教育史正教授。刻朱、杜两教授均已到厦授课，姜因膺国府之委任留日学生监督，荐美国司坦福大学教育硕士雷通群君以自代，不日亦可抵厦。”①

朱君毅，兼任本大学秘书、教育心理学系主任。浙江江山人，美国约翰·霍布金斯大学学士，哥伦比亚大学硕士、哲学博士。历任美国纽约大学讲师，国立

① 《厦门大学教育学科之近况》，《申报》1928年10月4日。

东南大学教育科教授，清华学校教育心理学主任、教授，国立北京大学、北京师范大学兼任教授。

杜佐周，教育行政学系主任，兼教育方法学系主任。浙江东阳人，国立武昌高等师范学校毕业，美国爱俄华州立大学教育学硕士、博士。历任前国立武昌师范大学、国立武昌大学(一度改名为武昌中山大学)教授，文科主席兼教育学系主任，江西教育厅秘书，兼儿童智力测验局局长及编审处总指导员。

同期来校还有：王书凯，教育科教学法教授。福建闽侯人，美国南加州大学教育科硕士，斯坦福大学教育科研究生。曾任沪江大学教育科教授，福建建设厅秘书兼总务科科长。薛天汉，教育科助教兼模范小学教学法指导员。江苏吴江人，江苏优级师范毕业，曾任清华学校教育学系助教，北平女子师范大学、江苏第一女子师范、第八师范教员及第八附属小学主任。

雷通群，1929 年 2 月来校，中国教育史教授。广东人，日本东京高等师范毕业，美国斯坦福大学、加利福尼亚大学教育硕士。历任教育部视学兼编审，前大学院华侨教育委员会秘书。同期，有助教黄至元、叶国庆和体育教习彭文余。彭文余，东吴大学体育专修科毕业，曾任本专修科助教。

2.教育学院(系)教职员简况

据 1930 年 1 月《厦门大学教育学院概况》记载，全院有教授 9 人，助教 2 人。另据《厦门大学十周年纪念刊》记载，1931 年教育学院教职员有 9 人。除了前述之孙贵定、陈懿祝、朱君毅、杜佐周、雷通群 5 名教授，还有下列 2 名教授：

姜琦，1930 年 3 月来校任教，任西洋教育史教授。浙江永嘉人，日本东京高等师范毕业，美国芝加哥大学教育学士，哥伦比亚大学教育硕士。曾任国立东南大学教授，浙江省立第十师范、第一师范校长，国立暨南大学校长，浦东中学校长兼大夏大学教授。后任西北联大教授兼教务长，遵义浙江大学训导长，社会教育学院及中央大学等校教授，教育部训育委员会专任委员及参事。

钟道赞，任职业教育教授。美国哥伦比亚大学职业教育博士。历任北京高师图工科主任、福建教育厅第二科兼第三科科长。

1931 年 8 月底、9 月初，李相勗、钟鲁斋先后到校，分别担任教育学教授、中学教育教授。

钟鲁斋，沪江大文学学士、硕士，美国斯坦福大学教育学博士。曾任梅县广益中学教导主任，协助创办梅县嘉应大学；沪江大学教授兼中文系主任；清华大学文学院院长。后任中山大学教育研究所教授。1938 年 10 月创办南华学院，1950 年历任香港九龙南华中学校长、九龙崇基学院中文系主任兼教授。

1936 年 6 月，教育学院教职员有教授 5 名：孙贵定，杜佐周，陈懿祝，李相勗（兼训育主任），钟鲁斋；特约教授 2 人：吴家镇，王骏声；助教 2 人：蓝洪瑞，茅乐楠。同年 7 月，陈友松博士到校，任教育学系教育行政教授。陈友松，湖北京山人，1934 年获美国哥伦比亚大学师范学院博士学位，1935 年归国，曾任教上海大夏大学教育学院。1938 年离开厦大。

教育学院教授积极参加校内及全国举办的高等教育研讨活动。1933 年 5 月 17 日，厦门大学组织高等教育问题讨论委员会，聘请孙贵定（主席）、毛常、张希陆、沈家诒、王世富、杜佐周、朱君毅、陈振骅、薛永黍诸教授为委员。7 月 15 日，孙贵定出席上海高等教育问题讨论会。8 月 8 日，姜琦出席职业教育社社员大会。

二、教学课程的发展

随着师资队伍的发展，厦大教育科的教学科目和课程不断增加。1924—1925 学年教育学系本科课程包括：第一学年开设必修课程国文、英文、心理学、西洋通史；任选学程，每周 6～9 学时，合计 18 至 21 学时。第二学年设必修课程英文、社会学原理、论理学、实验心理学、伦理学；任选学程，合计 17 至 20 学时。第三学年设必修课程泰西哲学、经济学、社会心理学；任选学程，合计 18 至 20 学时。第四学年设必修课程教育学、实验教育、教育制度、教育社会学、教学法；任选学程，合计 18 至 21 学时。

1926—1927 学年教育学系本科课程略有增加。1927 年秋季，孙贵定讲授普通心理学、社会心理（一）；庄泽宣讲授教育史、教育心理（一）、中国教育状况；萧恩承讲授学校管理法、教育测验及统计（一）、课程编制法；陈芝美讲授教学法、教育概论；陈懿祝讲授实验心理学演讲、实习、应用心理。冯素如讲授儿童心理学。

庄泽宣教授重视比较教育研究。1926 年在厦大率先开设“中国教育状况”课程，1928 年出版《各国教育比较论》。1930 学年度，教育学院教育行政学系设置必修课“比较教育”，由朱君毅讲授。1932 年钟鲁斋开始任该课的主讲教师，在整理课堂讲义的基础上，编撰、出版《比较教育》一书。钟鲁斋撰《小学各科教学新法之研究》《两性学习差异之调查》等。他指出：“前清之末，国人仰慕日本之维新自强，则实行采取日本式的学制。其实吾国留学生往日本者特众，日本的教育思想与制度，遂直接影响于吾国。民国成立之后情形忽变，国人以为日本强盛原是效法欧美。我们果欲图强，不如直接去学欧美。”1931 年冬季，钟鲁斋完成“文纳特卡制个别教学法之实验”，并在厦大附属实验小学实行单复混合编制。

在学科建设方面，教育学科的主干课程均有专任教授承担，并增设新课程。据校刊记载，1929 年春季，“举凡教育学系心理系各课程，如教育哲学，教育测验，及统计，教育行政，教育史，实验心理学等，均有专家分任。将来如经费充裕时，拟再添初等教育，变态心理学，动物心理学等各科专家”[①]。1929 年 4 月，教育科新增课程有雷通群教授主讲的“中国教育状况”“乡村教育”“中国教育史”。

为了保证教学质量，厦大各学院多由教授主讲基础课程和专业课程。以 1930 年秋季和 1931 年春季为例，各学院一半以上主干课程由教授承担，教育学院课程由 6 位教授任教，包括教育学教授、院长孙贵定，教育测验及统计教授、大学秘书朱君毅，教育行政教授杜佐周，西洋教育史教授姜琦，中国教育史教授雷通群和实验心理学教授陈懿祝等（参表 1-1、表 1-2）。

表 1-1　1930 年秋季教育学院教授任教课程统计

姓名	教授科目
孙贵定	普通心理学、变态心理学
朱君毅	教育统计学、比较教育
杜佐周	学科心理、教育心理学、普通教育法、教育实习
姜琦	教育哲学、公民教育、师范教育、学务调查
雷通群	教育概论、教育社会学、训育问题、教学法发达史
陈懿祝	实验心理学、心理实验、青年心理学、特殊儿童心理学

资料来源：《厦大周刊》第 242 期、243 期，1930 年 11 月 1 日、8 日。

① 《厦门大学八周年纪念特刊》，“教育科概况”，1929 年 4 月 6 日。

表 1-2 1931 年春季教育学院教授任教课程统计

姓名	教授科目
孙贵定	普通心理学、变态心理学
朱君毅	测验概要、教育史
杜佐周	学校行政、小学教育、课程编制
姜琦	三民主义教育、现代教育思想、中等教育史、公民教育
雷通群	乡村教育、幼稚教育、中国教育状况、中国教育制度史
陈懿祝	实验心理学、心理实验、儿童心理学、职业心理学

资料来源：《厦大周刊》第 256 期、257 期，1931 年 4 月 18 日、25 日。

因教师人事变动，1934 年教育学院课程及任教者略有调整（参表 1-3）。

表 1-3 1934 年度春季教育学院教授任教学程一览

姓名	任教学程
杜佐周	学校行政、小学教育、测验概要、测验研究
李相勗	中学教育原理及行政、课程编制、师范教育
钟鲁斋	各科教育法、比较教育、教育心理学、教育之科学研究
吴家镇	教育哲学、教育史、教育社会学、中国教育状况
孙贵定	普通心理学、变态心理学
陈懿祝	实验心理学、实验演讲、儿童心理学、职业心理学

资料来源：《厦大周刊》第 364 期，1935 年 3 月 7 日。

教育学院的主干课程，不同时期任教者虽有变动，但课程设置及讲授内容具有继承性。各任教教授学术造诣高，富有教学经验与工作阅历，对于教育学院的学科建设、人才培养、教育研究产生重要影响。据校刊记载，1937 年春季，文学院教育学系本学期开设教育实习学程，由陈友松教授担任。授课期间，他借厦门大学附属中学高三下年级国文课进行示范教学，由教育学系修习科学生前往听讲。所讲教材为楚辞《离骚》，每课55分钟，已讲授2次。该年级学生对于其教学方法“甚感兴趣”[①]。

第三节　教育专门人才的培养

厦门大学创校伊始，陈嘉庚立下远大目标，以高起点、高水平和严要求办学。为了培养高质量专门人才，林文庆校长在招生、培养、毕业诸环节制定严格标准，规范学业管理，持之以恒。他主持制定《学生通则》、本科及预科《学则》、各科之学程纲要、课程设置等规章，在教育实践中不断修订与完善。此外，特别重视学校卫生防疫工作，积极开展体育活动，保障和增进学生健康；举办丰富多彩的课外活动，营造良好的校园文化。[②] 这些举措为教育科（院系）的办学活动与人才培养创造了有利条件。

一、招生考试的发展

厦门大学制定严格的招生标准，实行单独考试、自主招生，宁缺毋滥。其招生简章要求，报考预科者，须旧制中等学校毕业，或高级中学肄业一年以上，且品行端正；报考本科者，须具有本大学预科毕业程度，如各大学预科、各专门学校毕业或高级中学毕业。考生除参加学科考试外，须受体格检查。《学生通则》明确规定：“凡请求入学之学生，如品行恶劣，经本大学查处者，无论录取与否，本大学得随时取消其投考或入学之资格。”[③]

1921年3月1日，厦门大学在厦门、福州、新加坡举办招生考试，招收师范

---

① 《陈友松教授到部举行示范教学》，《厦大校刊》第一卷第13期，1937年4月15日。

② 张亚群：《自强不息 止于至善——厦门大学校长林文庆》，济南：山东教育出版社2012年版，第229页。

③ 《厦门大学布告》，第三卷第二期，1924—1925学年度，厦门大学印刷所印，第26页。

部预科新生73名。8月,厦大在上海、厦门举行第二次招生考试,录取师范部预科生32名。前后共计105名。师范部学生所需一切学膳宿费,概行豁免,以示优待。初期招生,林文庆校长亲自对学生进行英语口试。由于选拔严格,厦大学生数量并不多。1922年9月,教育学部预科生81名,升为本科第一年级学生。

厦大入学考试科目,不同时期略有变化。1926年7月,厦门大学规定,本科入学须考:(1)国文(作论文一篇、分析句读);(2)英文(作文、文法、翻译);(3)数学(高等代数、平面及立体几何、平面三角);(4)化学、物理或生物(三科选二),受科学试验时,须缴验实验室之记录簿;(5)历史(中外近世史)。若遇必要时,得增试其他科目。预科入学须考:(1)国文(作短篇论文一篇、分析句读);(2)英文(作文、文法、翻译、读本);(3)数学(初等代数、平面几何、平面三角);(4)史地或科学,分为两部,拟入预科文部者考史地(中外近世史、世界地理),入预科理部者考科学(物理、化学、生物,三科选二)。各科试卷,除国文、中国史专用中文答写,英文专用英文答写外,其余中文英文均可;凡新加坡投考学生,如不能用中文答写,得免试国文及中国史,于入校后补习之。对于后二项考试科目要求,1928年7月《本校入学试验简章》调整为:(4)物理、化学、生物(投考文、法、教或商科者,上列三科选一,投考理科者,三科选二);(5)中外近世史、哲学概论、论理学(投考文、法、教或商者,上列三科选二;投考理科者,上列三科选一)。①

1930年,厦大教育学院《通则》规定入学资格如下:

(一)凡具有下列资格之一者,得入本院为正式生。(1)本大学预科毕业生;(2)公立或已立案之私立高级中学或同等学校毕业生,通过本大学本科之入学试验者。

(二)高级中学或同等学校毕业生,经本大学入学审查委员会审查合格者,得入本院为特别生。此类学生得于第一年内补受入学试验,倘能及格,即准改为正式生。

(三)初级中学以上学校毕业生现有职业者,经本院院长特别核准时,得入本院为选科生,惟所修之课程不得参与试验,亦不计给绩点。

① 张亚群:《自强不息 止于至善——厦门大学校长林文庆》,济南:山东教育出版社2012年版,第233页。

入学试验科目：(1)党义；(2)国文(作论文一篇，标点)；(3)英文(作文、文法、翻译)；(4)算学(高等代数、平面及立体几何、解析几何初步、平面三角)；(5)物理、化学、生物(任选一科，并须缴验实验之记录簿)，受科学试验时，须缴验实验室之记录簿；(6)中外近世史、哲学概论、论理学(任选二科)。

从上述招生考试科目可见，厦门大学招生虽实行分科选考，但注重考生文理知识平衡，尤其重视中外近代史。国文、英文、数学为各科必考，预科分科选考史地或科学。此外，本科招生还必考文、理科内容，只是科目选择有所差异。在考试方式上，理科重视实验。这种招考导向，有利于促进学生知识平衡，更好地培育人才。①

二、学业管理与课程建设

在学业管理方面，厦大《学生通则》详细规定了学生入学注册、升学、转学、转科、退学、成绩评定、图书馆管理、请假、惩戒、毕业标准等管理办法。学生学业成绩评价采用绩点制。每学期内，本科学生每周授课 1 小时，兼自修 2 小时者，为 1 绩点，但实验实习及作文等，以 2 至 3 小时为 1 绩点。本科生每学期限修 18～20 绩点，但遇特别情形经各该主任认可，得减少至 14 绩点，或增至 21 绩点。②1922 年教育学部订定本科课程，分为心理学、教育学说、教育史、教育行政、中等教育、小学教育、乡村教育七组。

教育学院成立后，学科建设和教学管理不断完善。1930 年教育学院《通则》规定：

一、普通必修课程

甲、教育原理系：合计 69 绩点。

乙、教育心理系、教育行政系、教育方法系：合计 63 绩点。

---

① 张亚群：《私立时期厦门大学自主招生透视》，《河北师范大学学报》(教育科学版)2013 年第 5 期。

② 《厦门大学布告》第三卷第二期，1924—1925 学年度，第 37～38 页，厦门大学印刷所印。

二、主课必修学程：教育原理系37绩点，教育心理系33绩点，教育行政系27绩点，教育方法系29绩点。

三、辅课学程：本学院各系学生可各就性之所近，任选本校文理商法等学院之一系，或在本学院所选定之主系外其他一学系为辅课，惟至少须选修满24绩点。

四、选修学程：本学院各系学生除修习以上规定之各种学程外，得自由选修本校各学院所开班之学程，以补足150绩点为限。

选修学程要求：(一)本院正式生每学期至少须修习18绩点(其所修绩点将满150者，不在此例。)特别生每学期至少须修习10绩点。(二)本院各种学生每学期至多以修习21绩点为限。惟第三年级第二学期或第四年级正式生，前学期成绩优良，并经本院院长核准者，可多选数绩点，但至多不得超过24绩点。超过此数者，仅作24绩点计算。(三)学生选修学程，须经本院院长核准，方生效力。

各项实验实习等工作，以2至4小时为1绩点。

教育学院各系课程虽有侧重，但总体上基本相同。在课程类型上，分为一般必修、主修、辅修、选修四类。以教育、心理两系为例，其课程均分为普通必修、主课必修、辅课、选修四种学程。第一种学程为研究学术之工具，第二种为本科基本知识之学程，第三种为准备毕业后服务中小学校之学程，第四种学程纯为发展个人学力而设。

教育学院《通则》还规定了学生毕业标准：

(一)本院学生具备下列各项资格者，即准毕业，由本大学发给毕业证书，并得受教育学士之称号。(1)修业期限满四年，并修完本院所规定之课程150绩点。(2)通过毕业试验及毕业论文。(二)毕业试验即最后一学期之学期试验，但试验科目须在四种以上，至少须有两种包含全学年之课程。(三)毕业论文须于最后一学年之上学期开始时，由学生就主要科目，选定研究范围，受该课教授之指导，自行撰述在毕业试验期前，提交毕业试验委员会审定。惟毕业论文得以译书代之。

1930年10月，学校公布各学院毕业考试规则，规定毕业考试报告应由校长院长签名后，转呈校董备案；大学秘书应汇齐各项考题，编成专刊。[①] 1931 年 5 月，文、理、法、教育、商五院及高中部分别推举本届毕业考试监考员 3 名，共计 18 名；监考员均由教授担任，如文学院的余謇、陈定谟、王芙生，理学院的陈子英、钟心煊，教育学院的朱君毅、杜佐周、姜琦，等。毕业考试监考规定，各院监考员不得由本院教授担任；每次考试出席监考者 2 人。这些规则的制订及其严格实施，表明学校对毕业考试的重视。

三十年代初，教育学院课程建设获得较大发展。据 1931—1932 年度厦门大学《教育学院一览》记载，四个学系课程设置如下：

第一学年设 10 门（教育原理系、教育心理系）或 11 门（教育行政系、教育方法系）课程：党义、国文、英文一、第二外国语、教育概论（或原理）、普通心理学、生物学、社会学大意（教育原理系、教育行政系、教育方法系）、英文修辞学及作文（教育心理系、教育行政系、教育方法系）、军事训练、辅课或自由选修。

第二学年设 9 门（教育原理系、教育心理系）、10 门（教育行政系）或 12 门（教育方法系）课程：除了国文、英文二、第二外国语、军事训练、辅课或自由选修 5 门课程，教育原理系增设哲学、社会心理学、教育史、教育社会学，教育心理系增设教育统计学、实验心理学、教育心理学、社会学大意课程，教育行政系增设教育史、教育心理学、教育社会学、比较教育、乡村教育，教育方法系增设教育史、教育心理学、教育社会学、小学教育、儿童心理学、青年心理学、中学教育。

第三学年设 6 门（教育原理系）、8 门（教育心理系）或 5 门（教育行政系、教育方法系）课程：除了辅课或自由选修课，教育原理系设教育心理学、现代教育思潮、小学教育、学校行政、普通教学法，教育心理系设教育史、测验概要、学科心理、儿童心理学、青年心理学、教育之科学研究、教育社会学，教育行政系设教育行政、学校行政、教育统计学、普通教学法、测验概要，教育方法系设测验概要、普通教学法、课程编制、学科心理。

第四学年设 5 门（教育原理系、教育心理系）或 4 门（教育行政系、教育方法系）课程：除了论文、辅课或自由选修课程，教育原理系还设中学教育、教育行政、教育哲学，教育心理系设特殊儿童心理学、测验研究、高等教育心理学，教育行政系设课程编制、教育行政问题研究，教育方法系设各科教学法研究、教学观察及

---

① 《公布各学院毕业考试规则》，《厦大周刊》第 242 期，1930 年 11 月 1 日。

实习。

这一时期，教育学院所设主干课程多，内容新，教学规范。各门课程均有《学程纲要》，介绍课程目标、教学内容、课时(学分)及参考书目等。随着厦大办学条件的变化及人才培养的需要，教育学院修订、调整办学宗旨、组织结构和教学、学业管理规章。据1935—1936年度《厦门大学一览》记载，[①]教育学院制定如下学则：

一、宗旨："以研究教育学术，造就教育行政人员、各级学校师资及教育专门人才，以求实现三民主义教育为宗旨。"

二、分系：本院分为二系：教育学系和教育心理学系。

三、学分：本院学生以修满141学分为毕业。凡一学期中每授课一小时兼自修二小时者为一学分，但各项实验实习等工作以二小时至四小时为一学分。前两年每学期至少应修18学分(修习军事训练及军事看护者，至少须修19个半学分)，至多以20学分为限(修习军事训练及军事看护者，至多以21个半学分为限)。后两年每学期至少须修习15学分，至多以18学分为限。

四、年级：凡具有本大学所规定之本院入学资格者，得编为第一年级生；修满36学分者，得编为第二年级生；修满72学分者，得编为第三年级生；修满108学分者，得编为第四年级生。

此外还规定，在总学分中，本系必修约占67学分，副系必修约占27学分，其余系公共必修及自由选修学程。

五、毕业年限及学位：凡修满本院所规定之课程，经考试及格并在校肄业满四年者，由本校发给毕业证书及教育学士学位。

1936年规定本院各系课程均分为：(1)普通必修，(2)主系必修，(3)辅课必修，(4)选修四种学程。辅课必修学程又分为：(甲)数理化组，(乙)生物组，(丙)算学组，(丁)英文组，(戊)国文组，(己)史地组，(庚)史地公民组等。各系学生，除修习普通及主系必修学程外，须各就性之所近，加选上述一组学程为辅课。该

① 厦门大学校史编委会：《厦门大学校史资料》(内部资料)，第一辑，厦门大学出版社1987年，第66页。

项辅课，至少预修满 27 学分，方得毕业。同年秋，教育学院并入文学院后，教育学系学程数量减少。全校学程有 159 种，每周授课总时数减为 424 小时。

三、教学实习与毕业论文写作

在办学过程中，教育科(学院)不仅重视学理，尤重实际，还进行参观教育。本科各系除课堂教学外，还组织不同形式的教学实习。如教育学系学生，均须于第四年级时，实行各科教学，以期理论实施无扞格之弊。为配合教学法及中国教育状况等学程，本学院商请林文庆校长批准，每年资送学院四年级学生若干名，派赴国内教育名区参观，参证所学，弥补平时在校研究之不足。

1925 年 8 月，厦大兴建附设模范(实验)小学，作为教育科附属教育机构。其目的在于："用科学方法，研究小学教育，以辅助地方教育之改进；便于本大学教育学院学生之研究实习。"[①]11 月，陈芝美教授偕同第一届第四年级学生 28 人，赴厦鼓及集美各种小学校，参观及实习教学。1926 年 10 月，陈芝美先生偕同第二届四年级学生 9 人，赴厦门同文书院、十三中学、双十中学及模范小学等校，参观及实习教学。1927 年 11 月，陈芝美先生偕同第三届四年级学生 7 人，赴厦门岛内及鼓浪屿各中小学校，参观及实习教学。

1928 年 11 月，王书凯先生偕同第四届四年级学生 7 人，赴集美集美中学、鼓浪屿英华书院、毓德女子中学、厦门同文书院、十三中学、双十中学、大同中学、华侨女子中学等校，参观及实习教学。1936 年 10 月，陈友松教授率学生作学务调查活动。调查机关为本市市政府及第二科、公安局、财政局等机关，调查结束后，提交调查报告[②]。1937 年 3 月 12 日下午，陈友松教授带领教育学系学生，到厦门双十中学，"参观教学，历三时许"[③]。

在毕业论文方面，各学院按照统一要求，结合本学科特点，制定毕业论文审查细则。1930 年 10 月 28 日，教育学院院务会议议决《本院四年级生毕业论文审查办法》。其中规定：

---

① 厦门大学校史编委会：《厦门大学校史资料》第一辑，厦门大学出版社 1987 年(内部资料)，第 116 页。

② 《文学院教授两种调查》，《厦大校刊》第一卷第 3 期，1936 年 10 月 15 日。

③ 《厦大教育系学生到校参观教学》，(厦门)《双十月刊》1937 年第 6 期，第 44 页。

各科目论文审查委员会成员3人，并以该科目负责指导之教授为主席；论文审查委员会审完后，将审查结果报告院务会审查；“毕业论文每篇至少须在一万字以上，惟如有实验及应用统计图标等者，不在此例”；毕业论文须于毕业考试前一个月呈缴院办公室[①]。四年级学生撰述毕业论文时，应特别注意以下各要点：

(A)择题之标准

1.所拟题目之范围，须求切合实际，力避空疏；

2.其内容尚未经他人充分研究者；

3.在本校可得相当之参考资料者；

4.对于教育之研究确有价值者。

(B)内容之组织

1.命题之规定及解释；

2.已有材料之收集；

3.个人意见之陈述；

4.结论。

(C)文字之格式

1.不拘文言白话；

2.概用新式标点；

3.须用本校规定之论文用纸缮写；

4.须用正楷缮写。[②]

上述细则对学生选题、写作具有重要的指导作用。1931年5月30日，各学院呈交本届毕业论文题目，共计25篇。其中教育学院6篇，包括陈师尹《中国社会经济与社会改造》、蓝洪瑞《训政时期的农村教育》、陈元泮《英法德美中学教育发达之程序及其最近之趋势》、吴崑崙《中国青年教育问题》、黄式厚《中国学生生活指导问题之研究》、李勗《最近英美德法四国职业教育状况的比较》。

---

① 《教育学院第五次院务会议记录》，《厦大周刊》，1930年11月1日，第242期。

② 《教育学院第五次院务会议记录》，《厦大周刊》，1930年11月1日，第242期。

第四节 学生的学术与教育考察活动

这一时期，教育科（学院）学生除了努力研究学术，还遵循厦大办学宗旨，提倡学生自治组织，组织教育学院同学会，以砥砺品行，养成高尚人格。此外，教育学院同学会举行教育论文比赛，邀请学院教授及校外教育专家，做学术讲演，以增长学识；开办平民学校，以教育幼年失学之民众。

一、学生学术活动

学校积极组织各系开展丰富的学术活动。每周四课余举行的师生周会，是校内一项重要的学术活动。周会以学术演讲为主，辅以娱乐，生动活泼，深受师生欢迎。此外，还举办纪念周及各科学术演讲活动。演讲者包括校长、各科教授和外来学者、名师。演讲主题广泛，演说情形及内容，校刊及时报道，产生重要的教育影响。

1926 年教育学系同学会邀请、组织多场学术报告：5 月 7 日，王孝泉演讲，题目为《收回领事裁判权之纲要》；5 月 13 日，林雨霖演讲，题目为《止于至善》；5 月 24 日，萧达演讲，题目为《中国今日之需要》；6 月 3 日，陈芝美报告厦大教育考察团赴上海、苏州、南京、杭州各处考察状况；等。1928 学年度全校举办各类课外演讲 25 次，其中教育科同学会组织的学术演讲 4 次（参表 1-4）。

表 1-4 厦门大学第八学年度（1928 年 4 月—1929 年 4 月）部分学术演讲简况

时间	演讲者	题目	组织者
1928 年 11 月 6 日	孙贵定	最近心理学之趋势及其与教育之关系	教育科同学会
1928 年 11 月 24 日	朱君毅	美国教育之批评	教育科同学会
1928 年 12 月 11 日	邱椿	教育哲学之唯物的解释	教育科同学会
1928 年 12 月 27 日	杜佐周	你能欺骗自己么？	教育科同学会

资料来源：《厦门大学八周年纪念特刊》，厦门大学，1929 年 4 月 6 日，第 8～14 页。

1936年10月26日上午10时，厦大全体学生齐集群贤楼大礼堂，举行第七次总理纪念周活动，教育学系教育行政教授陈友松博士作演讲报告，讲题为《教育与国民经济建设》。①

教育学院学生组织教育学会和教育心理学会，利用课余时间，进行各种研究及活动。教育学会成立于1933年11月30日，主要工作有：(1)编著《今日之教育》，每周一张，在厦门《星光日报》印行；(2)编著《心理月刊》；(3)敦请教授和校外教育专家讲演；(4)举办实验民众学校；(5)其他各种专题研究。1933年教育学院部分同学组织厦大心理学会。1934年4月出版《心理论文集》第一集，汇集各会员新近所著的心理论文多篇。在《〈心理论文集〉序》中，孙贵定指出："厦大教育学院创办之始，即备心理图书仪器多种，开设心理学程，并延聘专家主持心理实验室，致力于实验工作。"②

优良校风成为凝聚校友的精神力量，激励毕业生支持母校发展。在厦大十五周年校庆前夕，上海媒体称赞："厦门大学为闽南最高学府，自来学风纯正，教管严格，亦全国私立大学中之佼佼者。自去岁校董会成立，校务愈见进展，内部更行充实。本年四月六日为该校成立第十五周年纪念，上海方面校友数十人，现正发起同学会，先行筹备庆祝，并联络感情，已定本星期日（十六日）正午假新闸路胶州路口滨海中学开首次会议，并设宴欢送杜佐周博士回厦掌教。"③

二、课外文娱及毕业典礼活动

学校每年举办校庆纪念和毕业典礼活动。1926年校庆期间，教育学系学生陈梦韶把《红楼梦》编为十五幕（含"序幕"）剧《绛洞花主》。他回顾说，该剧"前后两次在厦大礼堂和市区中华戏院，分别由厦大同学和厦门市学生联合会演出。每次都联演三个晚上，每个晚上只演出五幕。那时开纪念庆祝会，不单单表演话剧，还有其他节目，如唱歌、跳舞和各种乐器演奏等等"④。缪子才教授称赞："其

---

① 《陈友松教授演讲》，《厦大校刊》第一卷第5期，1936年11月15日，第7页。

② 厦门大学校史编委会：《厦门大学校史资料》（内部资料），第一辑，厦门：厦门大学出版社1987年，第134页。

③ 《厦大同学会定期欢送杜佐周返厦》，《申报》1936年2月12日第十三版。

④ 陈梦韶：《鲁迅为〈绛洞花主〉剧本作〈小引〉》，载厦门人民广播电台编辑部编：《天风海涛》，第七辑，厦门：厦门日报社1983年印，第157页。

味无穷,发人深省!”①

除了学校学生会开欢送毕业同学大会,各系还举办欢送会。《厦大周报》记载教育学系欢送毕业同学活动。1926年6月5日(星期六)下午二时,在大礼堂开会欢送。“是日到会者林校长暨诸教职员及学生一百余人。洪玉琼女士主席,宣布开会宗旨。朱斐君致欢送词。该系主任孙贵定博士因事未能到会,由陈芝美先生代表演说。”其大旨,一方面为毕业学生庆贺,另一方面勉励其余诸学生努力进取。毕业生中公举郑江涛出席致答辞,并表示谢忱。“继以吟诗奏乐以及女子公学之麻雀舞等。皆足以动人视听。凡历两小时之久,始茶叙摄影而散。”②

三、学生的教育考察活动

教育学院组织教育考察活动有声有色。每届学生毕业前夕,由指导教师带队,外出考察教育,不仅能够增长学识和才干,也加强了厦大与省内外教育同行的交往与联系。

1.教育科首届毕业生的教育考察

1926年4月14日至5月25日,教育科首届毕业生考察团赴江浙考察教育,为厦门大学之创举。此次考察以刘湛恩为名誉指导员,指导员陈芝美任团长,团员共有21人。历时41天,考察了上海、苏州、无锡、南京、杭州、福州六城市大中小各校38所,包括大学及专门学校9所,中等学校23所,小学及幼稚园6所。考察方法包括三类:特别参观、普通参观和教学法实验。考察首重中等教育,兼及大学小学。参观各校注重六方面内容:(1)行政及组织;(2)建筑设备与卫生;(3)课程教材及教学法;(4)训育设施及学生课外作业;(5)教员之待遇;(6)职业指导之实施。在考察总结报告中,陈芝美教授列举了各地教育优点及存在的共性问题,如上海中华职业学校、上海澄衷中学校、苏州东吴大学生物材料处、东南大学教育科、金陵大学农林科、福州华南女子大学等的办学经验。

这次教育考察报告正式出版。1926学年厦门大学教育科第四年级学生考

---

① 陈元胜:《梦境谁能住:〈绛洞花主〉涅槃晬语》,《书屋》,2006年第12期。

② 《校闻·教育学欢送毕业同学》,《厦大周刊》第154期,1926年6月12日。

察团编辑《民国十五年厦门大学教育科第四年级学生考察团报告》，由厦门大学教育科发行，1926 年 12 月出版，蔡元培题写书名（图 1-5）。

图 1-5　蔡元培为《民国十五年厦门大学教育科第四年级学生考察团报告》题名

林文庆校长作“叙言一”，指出此次考察，“在本大学事属创举，先期预定考察问题、计划行程，及筹备其他一切，颇费手续，不可不记载之，使后之有志考察者，得利用此次考察之经验，而考察所及各地教育之近况，及教育界领袖之言论，尤不可不记载之，以为研究教育之资料，俾实施教育时，得斟酌地方情形，取长补短，以谋改进，并以征他年各地教育之进步，及教育界领袖思想之变迁，此本报告付刊之微意也”。孙贵定作“叙言二”，指出：“林校长仰体校董陈嘉庚先生之意，对于培植教育人材，素具热忱，当承采纳施行。”事先做周密策划，安排该团四名团员按日轮流，录成斯册，供吾人从事教育者参考之资料。陈芝美作“叙言三”，摘要介绍本次考察之方法、要点、考察团之组织、各地教育之优点以及普通之感想。

2.第二届至第四届毕业生教育考察活动

1927 年 6 月 9 日至 7 月 8 日，庄泽宣教授指导第二届教育科毕业生 6 人赴宁沪一带参观教育。参观时注重初等学校，对于上次已考察之中等教育，留意其进步与变迁。先后参观大学及专门学校 5 所，中等学校 9 所，小学及幼稚园 11 所，共计 25 所学校，包括沪江大学、中华职业等名校。

此后，第三届、第四届部分毕业生在指导老师姜伯韩、孙贵定教授等带领下，先后参观考察江苏、上海、杭州等地学校教育。1928 年 5 月 10 日至 6 月 6 日，教育科主任孙贵定博士代表福建出席全国教育会议，偕同第三届四年级学生 7 人，赴宁沪等处参观教育，并请上海浦东中学校长姜伯韩任指导员。先后参观教育行政机关 2 个，大学 5 所，中学 19 所，小学 16 所，幼稚园 8 所，图书馆 5 个，生物研究所 1 个，共计 56 所(个)，对于教育新设施尤为注意。1929 年 5 月 10 日至 6 月 16 日，孙贵定教授带领第四届部分毕业生，参观考察江苏、上海、杭州等地学校教育。先后参观大学 7 所，中学 19 所，小学 16 所，幼稚园 2 所，教育局 1 个，图书馆、天文台、报馆、博览会等有关教育之机关 10 个，共计 55 所(个)，尤其注意教育行政、学校行政、乡村教育、职业教育及设计教学之问题。

上述教育考察活动，在上海《民国日报》《申报》和天津《大公报》等报纸都有及时报道[①]，扩大了厦大教育学科的影响。

---

① 厦门大学校史编委会：《厦门大学校史资料》(内部资料)，第一辑，厦门：厦门大学出版社 1987 年，第 122～126、131～132 页。

第五节　教育学科的办学成就与影响

这一时期，教育科系的机构设置虽屡有变动，但学科建设始终没有停止。在办学过程中，教育科（学院）管理者和教师精心培养教学和教育管理人才，重视教育科学研究，取得突出的教育成就和丰硕的学术成果。1938 年 5 月，校友许荣度在回顾抗战前厦门大学学科状况时说："本校各科在学术上最有贡献者，首推生物学，次为教育学。"他指出："当民国十九年，国内教育名流在此执教者，有雷通群、孙贵定、钟鲁斋、杜佐周、姜琦、朱君毅、吴家镇、钟道赞等。各教授除尽力教导学生，促进闽省之文化，与夫提高教育程度，其对于中国教育极贡献之名著，亦多在此著作。"[①]历史表明，教育科（学院）的办学活动，不仅积淀了优良的教育与学术传统，奠定教育学科的发展根基，也显著扩大了厦门大学的教育影响。

一、人才培养成就

1.毕业人数统计

16 年间，教育科（学院）培养了大批教育专门人才。厦大前三届毕业生，以教育科学生为最多。据《厦门大学教育学院概况》记载，厦大自开办至 1930 年 2 月，先后肄业教育科（学院）之学生，计 300 余人。其隶属之籍贯，除福建、江苏、浙江、广东、广西、四川、江西、湖南、安徽、山东、河南、奉天等省外，尚有自韩国负笈来游者。[②] 至 1937 年 6 月，教育科（学院）共毕业十二届学生，总计 511 人（图 1-6）。

---

① 厦门大学校史编委会：《厦门大学校史资料》（内部资料），第一辑，厦门：厦门大学出版社 1987 年，第 364～367 页。

② 厦门大学校史编委会：《厦门大学校史资料》（内部资料），第一辑，厦门：厦门大学出版社 1987 年，第 119～120 页。

图 1-6　教育学院十周年师生合影(1931 年)

教育科(学院)毕业生以服务教育界为最多,其次为商界,再次为政界等,为福建及其他省份基础教育发展作出了重要贡献。如:1926 年 6 月至 1929 年 6 月,教育科四届毕业生共 49 人,其中 5 人留校服务;任福建省教育厅督学 1 人、福建省立中学校长 1 人、县立中学校长 4 人、中学教务主任及训育主任 6 人、县教育局局长 4 人、福建省立实验小学校长 2 人,其他毕业生亦多服务于国内或南洋之教育界。

厦大教育学院还承担全国教育培训、教育研究等工作。1930 年,“中央训练部指定本校教育学院为资助升学党员投考学校之一。廿年六月,中华教育文化基金会董事会通过,自二十年八月起,补助本校理学院及教育学院每年三万元,以三年为限。同年,中英庚款补助本校教育学院举办实验教育讲座,当时所开设者有教育的科学研究,及实验心理学之研究等。廿七年七月,中华教育文化基金会,继续通过廿三年度补助费三万元,本校教育学院之得此种补助费,在中国教育界所居之地位,由此可见一般”①。

① 厦门大学校史编委会:《厦门大学校史资料》(内部资料),第一辑,厦门:厦门大学出版社 1987 年,第 364～367 页。

2.人物简介

五四运动后，全国范围内掀起了轰轰烈烈的爱国运动。其中，厦门是福建传播马列主义和建立党、团组织的主要发源地之一。厦大学子积极参加民主革命活动和解放事业，其中包括教育学系学生。

罗扬才(1905—1927)，号希欧，广东大埔人。1921年转学集美学校师范部，1924年9月考入厦门大学预科，1925年12月毕业，升入教育科。1925年6月参加共青团，同年11月，加入中国共产党，1926年2月，负责创建中共厦门大学支部，任书记，成为厦门地区共产主义的先行者。他历任中共厦门特支学委、共青团厦门特支书记、国民党福建省党部工人部长、中共厦门市委和闽南部委组织委员、厦门总工会委员长等职。

罗扬才曾领导厦大学生联合厦门各界，兴起反帝爱国运动，领导开展“五九”国耻纪念日活动，抗议“工部局”逮捕学生。1926年11月到1927年3月，领导全市工人掀起声势浩大的“二五”加薪运动。1926年冬，厦大党支部在罗扬才领导下，由挽留鲁迅而掀起民主改革校政为目的的第二次学潮。正当北伐军节节胜利的时刻，以蒋介石为首的国民党右派，发动了反革命政变。罗扬才同志在1927年厦门“四九”反革命政变中不幸被捕，英勇就义。罗扬才就义前留下致同志的遗言：“为革命而死，我们觉得很光荣，很快乐；不革命无以救中国！我早已视死如归，准备牺牲。不必为我悲伤，应踏着我们的血迹前进！”[①]

1928年夏，中国共产党在莫斯科召开六大会议期间，周恩来、瞿秋白、王若飞、蔡和森、邓中夏等党的领导人，组织编写《革命烈士传记》，记录罗扬才的光辉事迹：“福建最先受白色恐怖……牺牲了许多战士，罗扬才同志便是其中主要的一个。”传略还传颂他是“学生领袖”“工人领袖”。[②] 他是闽南地区党团与工会、

---

① 陈炳三：《厦门大学革命史画册(1921.4—1949.10)》，北京：中央文献出版社2007年版，第45页。

② 陈炳三：《厦门大学革命史画册(1921.4—1949.10)》，北京：中央文献出版社2007年版，第52页。

学联会的主要创始人和领导人之一，是福建学生运动与工人运动的杰出领袖。罗扬才开辟了以厦门为中心的人民革命基地，其革命精神被无数厦大人、厦门人、福建人所铭记，如今成为厦门大学的“四种精神”之一（图 1-7）。

图 1-7　教育研究院师生开展党史教育：凭吊罗扬才烈士

教育学科（系）毕业生大多从事教育、文化、科学研究工作，在各自岗位作出了突出贡献。

首届教育科教育学系毕业生：

张祖荫，晋江人。留校任教育科教育学系助教，兼附属模范小学主任。

叶国煌，晋江人。留校任教育科心理系助教。

叶国庆，福建龙溪人。留校任教历史系，曾任人类博物馆馆长，研究先秦史和福建地方史，为人才培养和地方文化古迹保护作出突出贡献。

郑江涛，福建龙溪人。在漳州倡议成立“嘘风学社”，激励革新除弊，创办《嘘风》刊物，获蔡元培先生亲笔题签。历任省立八中（漳州一中前身）校长、莆田教育局局长、厦门教育局局长兼任厦大预科国文教师。

彭传珍，福建闽侯人。任福建省教育厅督学、福建省立龙溪中学校长。后留学美国哥伦比亚大学师范学院，获硕士学位。归国后任福建省立师范专科学校校长（1946—1948），国立海疆学校校长（1948—1949），对本省教育发展多有贡献。

陈梦韶（1903—1984），原名陈敦仁，福建同安人。1921年考入厦门大学教育学系，后在中学及师范学校任教，1945年回厦门大学中文系任教。在中文教育、鲁迅研究方面有突出贡献。

第二届教育科教育学系毕业生：

陈义，浙江高登人。1922年夏，考入厦门大学商科，一年后转入教育学系学习。1925年冬，他师从秉志教授学习动物学。毕业后，在秉志先生引荐下，任教南京中央大学，后留学美国，成为出色的动物学家、教育家。编著《动物学》《普通生物学》《无脊椎动物学》等多种大学教科书。历任中央大学理学院教授等职。

第三届教育科教育学系毕业生：

王枞，字雪桥，又名晴柱，安徽潜山人。历任《皖报社》主编、潜山县立农业职业学校校长、《皖报社》社长、安徽学院教授等职。1950年赴台湾，任台湾师范大学教授等职。

第七届教育行政学系毕业生：

杨慎宜，湖南长沙人。赴德国科根廷大学留学，专攻社会学。抗战胜利后，她主持省立长沙女子中学（原名湖南省立第一女师，习称"稻田中学"）复校筹备工作。

第八届教育心理学系毕业生：

侯国光，上海人。在校读书期间参与教育实验调查。毕业后事业有成，在厦大设立"国光奖教奖学金"，奖励厦大从事高等教育理论与实践研究的师生。

第九届教育行政学系毕业生：

杨思杰，惠安人。留学菲律宾大学教育研究院。返校后，曾与杜佐周教授合撰《江浙两省各县地方教育经费的调查和比较》。

第十届教育心理学系毕业生：

虞愚，原籍绍兴，生于厦门。历任厦大附中教员，贵州大学、中国佛学院教授，中国社会科学院哲学研究所研究员。著《因明学》《中国名学》《印度逻辑》《书法心理》《北山楼诗集》等。其墨迹遍及国内、南洋、日本各地。厦门南普陀寺名联:“喜瞻佛刹连黉舍,饱听天风拍海涛”,厦大上弦场前台石壁题诗:“自饶远势波千顷,渐满清辉月上弦”,均出自其手笔。

第十二届教育学系毕业生:

王诚,广东潮安人。历任新加坡《星洲日报》、吉隆坡《中国日报》、槟城《星槟日报》总编辑,任教槟城钟灵中学、新加坡南洋大学。后移居泰国,任四披耶路太平洋旅店总经理等。以《中西诗学比较研究》(英译本)论著荣获“国际桂冠诗人”称誉。①

高时良,历任福建省新教育研究所、中央教育科学研究所、福州大学、福州师范专科学校、福建师范大学研究员、教授,兼任全国教育史研究会、中华孔子学会、中国陶行知研究会理事等职,在中国教育史领域取得颇多研究成果。

二、学术研究的成就与影响

厦门大学注重学术研究,创办多种学术刊物,开辟学术研究园地。1933 年,教育学院创办《厦门大学教育学院研究丛刊》(图 1-8)。1936 年出版刊物分为《厦门大学教育学院研究丛书》与《厦门大学研究丛刊》二种。前者由上海商务印书馆承印,后并入《大学丛书》,出版六种。后者为学院教授研究之专著,由厦大印行,出版五种。教育学院各教授发表了众多研究成果,产生较大学术影响。

《厦门大学学报》自 1931 年 12 月创刊,至 1936 年 7 月,共出版 7 期,发表论文 57 篇,其中,教育学院教师 13 人(含教育学系毕业的文学院教师 1 人),发表论文 15 篇,约占该刊论文总数的 26.3%;包括教育学 7 篇、心理学 3 篇、教育史 2 篇,语言文字学、历史地理、哲学史各 1 篇。相关统计参见表 1-5。

---

① 张亚群:《自强不息 止于至善——厦门大学校长林文庆》,济南:山东教育出版社 2012 年版,第 433 页。

图 1-8　《江浙两省各县地方教育经费的调查和比较》封面

表 1-5　私立时期《厦门大学学报》发表教育学科相关论文统计

卷期（本）/篇数	作者	论文名称	所属学科
1—1(第一本)/13 篇	姜琦	中国教育哲学底派别及今后教育学者应取底态度及观察点	教育学
	朱君毅	中国历代人物之地理的分布	历史地理
	薛永黍	近代催眠术之神秘	心理学
	雷通群	各种教学法简评	教育学
1—2(第二本)/9 篇	姜琦	论嬗变与突变	教育学
	钟鲁斋	两性学习差异的调查与研究	教育学
2—1(第三本)/5 篇	李相勗	课程编制的基本原理	教育学
	杜佐周、蒋成堃	儿童与成人常用字汇之调查及比较	语言文字学
2—2(第四本)/8 篇	钟鲁斋、侯国光	文纳特卡制实验报告	教育学
	杜佐周、杨思杰	江浙两省各县地方教育经费的调查和比较	教育学
3—1(第五本)/8 篇	吴家镇	我国古代教育之二级制论	教育史
	吴家镇	我国哲学家所见之“止于至善”	哲学史
第六本/6 篇	茅乐楠	心理建设与小学教育	心理学
第七本/8 篇	陈梦韶	孔门教育之教材与设备	教育史
	虞愚	书法心理上一个重要的问题	心理学

资料来源：编者根据《厦门大学学报》各期目录整理，厦门大学 1931—1936 年出版。

教育学院教授致力于教育推广事业。如：编译厦门大学教育学院丛书，传播西方教育学说；开展教育实地调查，撰写研究报告。1932 年教育学院院长孙贵定统计，由上海商务印书馆承印出版的厦大教育丛书有：杜佐周著《教育与学校行政原理》，雷通群著《教育社会学》，钟鲁斋著《小学各科新教学法之研究》，姜琦与慎宜合译《视学纲要》等著作数册。“各书内容充实，切合国情，国内各大学多采为课本，或指定为参考书。至印行研究丛刊，以出版者，有朱君毅博士之《历代人民之地理分布》；钟鲁斋博士之《两性学习差异之调查与研究》；杜佐周博士之《常用字的调查》，《闽省教育经费之调查》。此外尚有《学习迁移问题的实验》，及《厦门各中小学卫生的调查与研究》等数种。”①

据1934年10月《厦门大学教育学院研究丛刊》记载，学院同学侯国光女士，选读《教育科学研究》，同时又在附属实验小学兼任教员，将平日研究所得的学理，于可能范围内进行实验，在教师的帮助和合作下，完成了“文纳特卡制”实验，并写成实验教学社会科的报告——《文纳特卡制实验报告》（图1-9），得到学院教师肯定。其摘要被编入钟鲁斋教授的《教育之科学研究方法》一书附录，作为教育科学研究的示例。②

另据1937年6月《厦大校刊》第1卷第16期报道，教育学系李相勗、孙贵定、王倘先、陈友松四教授著作，仅就教育与心理两门，重要著译成书者达十二种之多。据编者不完全统计，1929—1937年6月，教育学院（科）教授出版的主要著作、论文③如下：

（1）孙贵定著作5部：《教育学原理》（商务印书馆）；《伦理学》（商务印书馆）；*Ancient Chinese Parables*（Commercial Press）；*Group—consciousness with Special Reference to Educational Application*（Edinburgh University Library）；《服装心理学》（合译，商务印书馆）

（2）朱君毅著作、论文12部/篇：《教育统计学》；《教育统计学纲要》；《统计与测验名词汉译》；《心理与教育之统计法》；《教育心理学大纲》；《教育测验与统计》；《历代人民之地理分布》；《成人的学习》（桑代克著，与杜佐周合译，商务印书馆）；《普通心理学》（葛芝著，与杜佐周合译，大东书局）；*Chinese Students in America*：*Qualities Associated with their Success*；*Normal school Education in China*；等。

---

① 厦门大学校史编委会：《厦门大学校史资料》（内部资料），第一辑，厦门：厦门大学出版社1987年，第364～367页。

② 厦门大学校史编委会：《厦门大学校史资料》（内部资料），第一辑，厦门：厦门大学出版社1987年，第133页。

③ 限于篇幅，这里仅列举部分论文，教育科（学院）教授其他论文从略。

图 1-9　《文纳特卡制实验报告》封面

(3)杜佐周著作、论文 94 部/篇:《麦柯尔教育测量法》;*Effects of Different Arrangements upon Speed and Comprehension of Silent Reading*;《小学教育问题》(儿童书局);《苏俄的教育》(译著,Nearing 原著,民智书局);《成人的学习》(合译);《普通心理学》(合译);《教育与学校行政原理》(商务印书馆);《小学行政》（商务印书馆）；《麦柯尔教育测量法摘要》（编译，民智书局）；《普通教育》（与姜琦合著，商务印书馆）；《性教育指南》（与钱亦石合译，中华书局）；《爱的教育》（良友书店）；《南昌九江学童智力测验报告书》（江西教育厅单印本）；《横行排列与直行排列之研究》（《教育杂志》第18卷第11、12号）；《普通考试之科学化》（《教育杂志》第19卷第11号）；《职业指导所用的测验》（《教育杂志》第20卷第3号）；《一个应用智力测验的实例》（《教育杂志》第20卷第11号）；《厦门大学与全闽文化》（厦门大学九周年纪念刊）；《测验与考试》（福建第三届暑假学校讲演集）；《儿童中心教育与考试》（《儿童教育》第4卷2期）；《考试与工作机会均等》（《福建教育周刊》第83期）；《测验运动与中国教育之改进》（《东方杂志》第31卷）；《根据施行廖氏团体智力测验的结果讨论国内各种测验之应修订的必要》（《测验》第4期）；《常用字的调查》；《闽省教育经费之调查》；"Educational Guidance as A Phase of Equalizing Opportunities in A Democracy"（in *Educator—journal*, vol. XXII, No. 5.）；*A Comparison of Rate and Comprehension of Silent Reading between Two Languages*（University of Iowa, U.S.A）单印本；等。

（4）姜琦著作10部：《西洋教育史大纲》；《中国新教育行政制度研究》；《欧战后之西洋教育》；《福勒伯尔》；《三民主义与教育》；《三民主义课程论》；《高中师范教育史》；《教育哲学》；《公民教育》；《视学纲要》（合译）。

（5）雷通群著作3部：《孟氏幼稚教育法》；《经济学说史》；《教育社会学》。

（6）李相勖著作、论文12部/篇：《中学课外作业》（华通书局），《训育论》[①]（大学丛书，商务印书馆）；《美国乡村教育概况》（人生教育）；《中学课外活动的组织与行政》（合译，商务印书馆）；《课外活动》（合著，商务印书馆）；《中学训育心理学》（合译，商务印书馆）；《训育之改进》（《中华教育界》21卷7期）；《大学教育之目的》（《厦大周刊》11卷1期）；《国难期间的教育方针》（《民众教育季刊》2卷3号）；《课外活动之价值及其实施之步骤》（《思明教育》1卷1期）；等。

（7）钟鲁斋著作、论文51部/篇：《小学各科新教学法之研究》（商务印书馆）；《近代中国民治教育发达史》（英文，商务印书馆）；《教育之科学研究》（商务印书

---

① 本书体现作者根据历年在苏皖各地办学的经验及平日研究心得，约20万字，材料丰富，内容充实。1939届毕业生林鹤龄撰《一本〈训育论〉的介绍》，载《厦大图书馆报》1936年第5期。

馆)；《比较教育》；《华虚朋与文纳特卡制》(《教育杂志》23 卷 2 号)；《近年来美国教育进步之几方面》(《教育杂志》23 卷 3 号)；《科学的教育学对于吾国教育之改进几个可能的贡献》(《中华教育界》21 卷 6 期)；《实验教育与吾国教育之改进》(《中华教育界》21 卷 7 期)；《中日教育之比较》(《民族杂志》1 卷 5 期)；《中苏两国之社会背景及其教育问题》(《民族杂志》1 卷 9 期)；《最近英美教育之比较及其改进之趋势》(《民族杂志》2 卷 3 期)；《英文教学法和测验》(《沪大月刊》12 卷 5 期)；《老子哲学对于吾国民族思想上之影响》(《民族杂志》2 卷 2 期)；《列子生物进化论》(《沪大月刊》10 卷 9、10 期)；《嘉应大学与岭东人》(《嘉大光或教会季报》)；等。

(8)吴家镇著作、论文 35 部/篇：《欧美教育发达史》(译著)；《日本教育史》(合译)；《职业教育之我见》(《福建教育厅周刊》第 184、185 期)；《公民教育之研究与批评》(《民族杂志》)；《血液型气质及民族性之研究》(《河南教育月刊》第 2 卷第 6 期)；《美国三都市教育》(《河南大学文科季刊》第 1 期)；《中国教育行政之改造》(《中华教育界》第 21 卷第 7 期)；等。

(9)王倘著作 1 部：《短期小学混合课本》(合编，商务印书馆)。

(10)陈友松著作 3 部：《中国教育财政之改进学》(英文本，商务印书馆)；《教育财政学原理》(商务印书馆)；《有声电影教育》(商务印书馆)。

此外，也有教育科(学院)教授任教期间的研究成果，离校后才发表。如庄泽宣教授研究中国教育问题，任教厦门大学期间，开始提出“新教育中国化”。他回顾说：“我的《如何使新教育中国化》实胚胎于六年前(1926)在厦大授中国教育状况的时候。”[①]

上述学术成果，代表了教育学院师生的教育研究水平，反映了本学院的治学精神与学术风气，产生广泛的积极影响。这一时期教育科(学院)的办学成就，奠定了此后教育学科建设与发展的重要基础。

---

① 庄泽宣：《我的教育思想》，上海：中华书局 1934 年版，第 322 页。

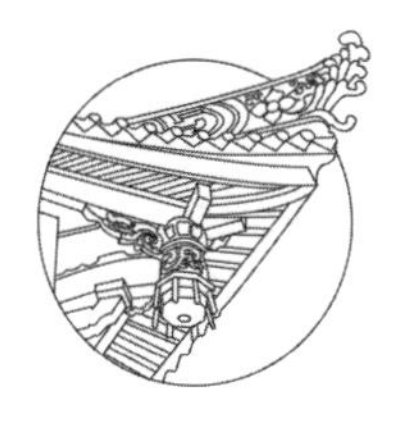

第二章 国立时期厦门大学教育学系的办学活动

1937 年 7 月 6 日，厦门大学改为国立大学。因日本发动全面侵华战争，中国东南沿海地区被日军占领，厦门大学被迫西迁长汀办学。国立时期厦门大学，经历了两个重要阶段，其中，1937 年到 1945 年在长汀办学；1946 年至 1949 年复员厦门办学。抗战时期，在极其困难的条件下，厦门大学始终保留教育学系，坚持培养教育人才，培养了诸多优秀人才，为我国教育事业发展做出了突出贡献。

第一节　迁校办学与教育学系的演变

萨本栋校长就职后不久，日军大举入侵福建。9 月 3 日，敌舰、敌机轰炸厦门。为谋师生安全，厦大于翌日迁鼓浪屿，以闽南职业学校楼屋一栋为办公处。未几，金门失守。学校决定迁往闽西长汀办学。抗战胜利后，1946 年迁回厦门办学。

一、迁校办学过程

面对日寇的入侵，厦大事先预防，将图书、仪器、标本及重要文件迅速装箱他运，两度派员赴长汀察勘，布置一切。同时，赶办招收新生、延聘教授诸校务。9 月 17 日至 28 日，学校在鼓浪屿招收借读生。9 月 30 日，秋季学期开始注册。10 月 11 日，假英华中学大礼堂补行开学仪式。利用英华中学校舍为教室，照常上课。10 月 25 日，教育部批准厦大组织大纲。

厦大迁校长汀之初，校舍仅有原有的县文庙及长汀饭店两处。既而前专员办公署全部让出，三年之间，设法经营，陆续建筑，复接管官地，租赁民房，凡十六处。“于是礼堂、办公室、教室、实验室、自修室、图书馆、阅览室、体育场、医院、宿舍、饭厅，凡大学校舍所应有者，咸具备焉。其图书、仪器、标本等，以早经装箱，随校迁移，分批运汀，损失尚微。”[①]

改归国立之初，厦大仅设三学院九学系。在办学过程中，萨本栋校长带领师生克服重重困难，重视师资队伍和学科建设，逐渐扩大办学规模。1940 年秋，奉教育部令接办福建大学之法学院，并添设机电工程学系，遂改理学院为理工学院。1944 年秋，又奉令将机电学系增加一班招生，并于理工学院内增设航空工程学系及筹设水产研究室，由汪德耀教授负责筹备。1945 年秋，呈准恢复文学院之外国语文学系，并增设法律学系司法组。又奉令筹设海洋学系。至 1946 年，厦大共有文、理工、法、商四学院。文学院下设中国文学、外国语文学、历史、教育等四学系；理工学院下设数理、化学、生物、土木工程、机电工程、航空工程等六学系；并决定下年度将理工学院分设为理、工两学院。法学院下设政治、经济、法律等三学系；商学系下设银行、会计等二学系，共十五学系。初迁汀时厦大学生仅 240 余人，至抗战胜利 1026 人，增长数倍。这些成就的取得，凝聚着萨本栋校长的心血和广大师生的汗水。《国立厦门大学廿五周年纪念特刊》对这段艰辛办学历程做了详细回顾：

1944 年 5 月，萨校长应聘赴美讲学，由汪德耀代理校长职务。至 1944 年冬，粤汉路东敌军蠢动，遂□机场及赣州相继陷落。盟国空军撤退至长汀时，适在 1944 年上学期将结束之际，厦大因时局动荡，长汀局势紧张，遂作应变之各种准备。同时因东西各银行筹码奇紧，教育部无法支付应变费。汪校长乃于 2 月初赴永安，向闽省府及各国家银行商借应变费三百万元，于是决定下学期延迟四周开学，以俟时局演变，并利用寒假期间，将图书、仪器等贵重校产，加紧疏散，存上杭、濯田两处，员生亦作有计划之疏散。同时筹设上杭、武平两地分校，拟订详细计划及预算，呈请核准，以备万一。不久战局比较稳定，敌人虽仍在赣州，厦大全部仍照常在长汀开课。含辛茹苦，八年如一日，蔚为东南唯一之最高学府。

1945 年秋，萨校长报聘约满，因体力关系，未能返校，屡向教育部辞职。经

---

① 《国立厦门大学廿五周年纪念特刊・历史演变》，载《厦大校刊》1946 年第 5 期，1946 年 4 月 6 日。

行政院核准通过后，汪德耀博士接任校长。1945年8月，抗战胜利，厦大首先请准复员。其间，汪德耀校长赴平沪一带，延揽大批名教授。四院十六学系，其中文学院四系。

1945年8月，成立复员会，负责迁返厦门工作。新生在鼓浪屿设复员处，由文学院院长周辨明教授主持，决定一年级在厦门上课。12月17日，新生在鼓浪屿正式注册入学。此地原为厦大1937年自厦迁鼓办公之旧址。学校对于新生采取大类培养，未区分专业。在鼓浪屿福民小学附近开课，另在厦门设立复员办事处，负责修缮及筹备全校复员事宜，聘彭传珍总务长主持。1946年2月，学校开始接收、修缮校舍。秋季，从长汀复员本部。教职员共计300人，学生总数1300余人。

1948年7月30日至31日，厦大在厦门、福州、上海、广州、新加坡同时举行招生考试。正取395人（不包括台湾及江西两省保送生各50名），备取75人，从宽录取菲侨10名。9月8日正式放榜，10月18日之前，前来学校办理注册手续。

二、教育学系的办学演变

国立时期，厦大教育学系设于文学院之内，文学院院长几经变化，但教育学系主任始终由李培囿教授担任。1937年7月6日，学校聘李培囿博士代理教育学系主任，并聘陈友松、彭传珍为教授。1938年4月，李培囿正式担任教育学系主任。文学院院长原聘教育学系沈有干教授担任，但未到校；主持院务者为教育学系刘天予教授。1939年，文学院院长改为余謇教授。1940年之后，文学院院长为周辨明教授。1940年秋，傅鹰担任教务长。刘天予担任训导长，彭传珍担任总务长。

迁校长汀之初，教育学系为文学院第一大系，有教员37人，超过文学院总人数的三分之二。教育学系设立之目的有三：一是培养中等教育之优良师资，二是培养地方教育行政人才，三是培养钻研教育学术之专门学者。

1940年11月9日，校主陈嘉庚一行抵达长汀，学校举行隆重的欢迎仪式。陈嘉庚发表演讲，提出教育学系应当扩充为师范学院，引起了广泛而热烈的讨论。《厦大通讯》第二卷第九、十期“欢迎陈嘉庚专刊”，围绕这一问题发表多篇讨论文章。

教育系教师积极参加校内外教育活动。1941 年 4 月 1—15 日，福建省教育厅召集全省公私立中等学校现任校长在永安讲习会，特邀萨本栋校长演讲《科学教育》，李培囿主任演讲《中学教学法之改造及升学就业指导》，张文昌教授演讲《学校行政、中学课程的研究及中学教育新趋势》。7 月 11 日—9 月 10 日，学校开办暑期进修班，李培囿被聘为七位英文指导教师之一。

1943 年秋，重庆国民政府鉴于师范教育为建国之本，乃将发展师范教育作为国家施政中心，教育部据此订立专科以上学校学生公费待遇标准，并通令教育学系学生与一般师范生均得享受公费待遇。抗战后期，教育学系课程益见充实，学生逐渐增多。1944 年、1945 年先后聘倪其崈、吴学信任教育学系教授。长汀办学期间的艰苦条件和困难境遇，锤炼了教育学系教师的精神。这种独特的精神被概括为“亲爱精神”与“一团和气”。①

复员厦门办学后，学校重视教育学科的恢复与建设。在《国立厦门大学校舍之兴毁与复兴之计划》中，提出加强教育人才培养。《中央日报》福建特约记者陈仲鸣指出：“嘉庚先生创立厦大，旨在培养经济、建设、教育三方面之人才，以为开发南洋各种事业之准备。”②同年 4 月，在学校第二十六周年校庆会上，校友代表陈村牧对母校提出三点希望，其中第一点与教育系办学直接相关：“尽量培养中等教育师资，把教育系扩充成师范学院，增加该系招生名额，并负起辅导本省及南洋各地中等教育的责任。”

为了加强师资培养，保障教育学系学生教学实习，1946 年，教育学系获教育部批准，恢复附属实验小学，更名为“国立厦门大学附属小学”，作为教育系学生的实习地。学校聘教育学系助教潘懋元兼任校长，后聘汪养仁继任校长。12 月 23 日，厦大附属小学开学上课。该小学设六级四班，招收学生 88 人。其中，员工子弟 56 人，占 63%。

次年 2 月，教育学系拟定厦大附属小学春季学期教导方针，助教郭佩玉任教

---

① 《国立厦门大学廿五周年纪念特刊·教育学系概况》，《厦大校刊》1946 年第 1 期，第 20 页。

② 陈仲鸣：《华侨最高学府 东南文化引擎——国立厦门大学概观》，《国立厦门大学校舍之兴毁与复兴之计划》，1947 年 3 月 1 日，第 23 页。

导主任。附小指导委员会名单为：汪西林（主席）、李培囿、郭一岑、陈景磐、陈朝壁、古文捷、潘懋元。指导委员会辅导教员进修，附小校务蒸蒸日上，各校参观者交相赞誉。7月12日，附属小学有12名毕业生，其成绩优良者，可保送至本市各中等学校升学。

1946年度教育学系招收新生22人，1947年度录取新生30人。春季学期，教育学系有四班，学生共96人，其中男生74人，女生22人。秋季学期，教育学系学生计有：一年级26人，二年级38人，三年级27人，四年级16人，华侨特别生4人，合计111人，约占全校学生数1373人的8%。1948年秋季学期，教育系学生统计：一年级33人，二年级23人，三年级33人，四年级28人，共117人，约占全校学生总数1379人的8.5%、文学院学生总数295人的40%。

第二节　教育学系的师资建设

在学校发展过程中，教师和学生是重要环节。国立厦大时期，虽然受抗日战争局势影响，大学迁徙过程中，学校机构及教师队伍变动频繁，但始终注重聘任名师。这一时期，教育学系师资队伍流动性较大，但所聘任的教授始终兢兢业业，在极端艰难的环境下，坚持办学。现分为两个阶段简述教育学系师资演变及教育活动。

一、教师队伍变迁

抗战时期，教育学系教师人数少而精。教授主要包括李培囿、陈友松、彭传珍、王衍康、阮康成、张文昌、刘天予、陈景磐、倪其毖和吴学信等。

李培囿，字文甫，福建古田人，福建协和大学哲学系毕业，美国南加利福尼亚大学教育博士。历任美国圣地亚哥师范大学讲师，苏州东吴大学教育系教授，杭州之江大学教育与哲学教授。1937年9月到校，任教育学系教授、系主任（1937—1949），讲授课程有中国教育史、外国教育史、教育哲学、比较教育、教育行政学、教育视导、教育心理学、普通心理学。此外，还指导教育实习。

彭传珍，厦大首届教育学系毕业。1937年7月到校，任教育学系教授，兼任学校总务长。1941 年讲授教育统计课程。抗战胜利后，任福建省立师范专科学校校长；1948 年 7 月，继任国立海疆学校校长；1949 年初赴中山大学，后转赴台湾，参与创建新竹清华大学。

王衍康，安徽铜陵人，1938 年入职厦大，任教育学系教授(1938—1939)。毕业于南京高等师范学校，历任江苏省立第一中学训育主任，南京安徽公学教务主任，安徽教育厅省视学，安徽省立第七师范校长，沈阳冯庸大学训育主任兼社会学教授。[①] 1936 年任福建省立民众教育处处长。1945 年任国立边疆学校校长，苦心筹谋迁址南京[②]，次年被教育部解聘。

阮康成，广东新会人，1939 年入职厦大，任教育学系教授。岭南大学学士，燕京大学硕士。留学美国密歇根大学、哥伦比亚大学师范学院，获博士学位。在教育学系工作期间(1939—1943)，讲授教育概论，为人才培养做出了重要贡献。[③] 1948 年担任南京国民政府教育部督学，先后赴私立广州大学和私立海南大学等校视察。

张文昌，浙江嘉兴人，1941 年入职厦大，任教育学系教授。沪江大学教育科学士，副科修读国文[④]，1937 年赴美留学。长期在浙江之江大学工作，与李培囿教授友谊深厚。1943 年秋离校。在职期间，关注教师问题研究。

刘天予，安徽六安人，南京高等师范学校毕业。1941 年入职厦大，任教育学系教授。专任兼文学院院长。讲授国文(一)、哲学概论、中等教育等课程。同年 1 月 12 日，政治学会举行学术公开演讲，刘天予教授应邀作《由政治家谈到政治教育》演讲报告。1943 年秋离校。

陈景磐，福建古田人，1942 年 8 月到校，担任厦大教育学系教授。讲授课程有教育行政、西洋教育史、普通教学法、美国教育政策与视导。1934 年毕业于私立燕京大学，获硕士学位，后担任河南开封私立豫中中学校长[⑤]；1940 年毕业于加拿大多伦多大学，回国任私立福建协和学院教员。1947 年离校，任教私立福建协和大学，1949 年任该校教务长。新中国成立后，陈景磐先后任教燕京大学

---

① 《作家小传》,《教与学》,1935 年第 2 期。

② 《王衍康来京筹迁校》,《中央日报》1945 年 12 月 6 日。

③ 厦门大学教育研究院现设立阮康成奖学金，奖励优秀研究生。

④ DJANG Wen Chang,《沪江年刊》,1926 年第 11 期，第 123 页。

⑤ 陈景磐:《万世师表:拿撒勒人耶稣》,《河南中华圣公会会刊》1935 年第 1 期。

和北京师范大学。他对孔子、太平天国、教会学校和杜威等均有研究,“在海内外都享有盛誉”[①],是改革开放后国内教育学科早期博士生导师之一。

吴学信,1944 年入职教育学系。大夏大学教育学院毕业,曾任浙江兰溪实验县社会教育巡导及教席等职;1934 年留学日本早稻田大学及研究院,专攻社会教育。1936 年夏归国,担任大夏大学教授。抗战中西撤贵州贵阳,1942 年在国立社会教育学院担任教授。

倪其崧,1944 年入职厦大教育学系。

陈本铭,广东潮安人,厦大教育学系毕业。1944 年 8 月到校,专任教育学系助教,讲授课程:国民教育。

1945—1949 年间,教育学系教师主要有:李培囿、彭传珍、陈景磐、吴学信、林砺儒、汪西林、郭一岑、吴江霖等教授,陈本铭、潘懋元、郭佩玉、王兆奎等担任助教。

1946 年教育学系有专任教师 8 人,其中教授 5 人,助教 3 人。除了上述李培囿教授、陈景磐教授、陈本铭助教之外,还有新入职教师 5 人:

汪西林,湖南涟源人,私立金陵大学文学院毕业。美国麻省斯宾塞大学研究院毕业,获教育硕士学位。原任教湖南大学文学院教育学系(抗战时期改为国立师范学院)教授,为该学院创建者之一,担任公民训育系教授,兼任该校社会教育推行委员会成员、图书委员会成员,在公民训育研究获得重要成果。他受汪德耀校长之聘,任教育学系教授。讲授课程为训导原理及实施、青年指导。

郭一岑,江西万载人,1946 年 8 月任教育学系心理学教授。毕业于北京文汇大学,后参加五四运动,发表多篇文章。1922 年赴德国留学,先后入柏林大学、图宾根大学攻读心理学,1928 年获心理学博士。回国后历任中央大学,暨南大学,国立师范学院教授、系主任等职,积极参与中国心理卫生协会和中国心理学会的筹备工作。其“著作甚丰,在心理学界,极负盛名”[②]。任教 3 门课程:发展心理学、实验心理学、普通心理学。1948 年离校。1951 年任中山大学教育学院院长;后因院系调整,赴北京师范大学任教。

沈灌群,江苏人,专任教授。据厦大 1946 学年度教员名册记载,未注到校时

① 鲁海蒙:《陈景磐先生诞辰百年纪念会在京举行高师教材〈中国近代教育史〉第三版面世》,《课程·教材·教法》,2005 年第 2 期。

② 《新聘心理学教授郭一岑先生到校》,《厦大校刊》,1947 年第 1 期。

间。讲授3门课程：中等教育、比较教育、教育概论。

潘懋元，广东揭阳人，厦大教育学系毕业，教育学学士。1946年8月到校，专任教育学系助教，兼附属小学校长。

郭佩玉，江西万载人，1946年10月来厦大，任教育学系助教。

1947—1948年入职教育学系的教员有：林砺儒、李式金、萧孝嵘、杜佐周、艾伟、吴俊升、吴江霖、史家棋教授等。

林砺儒，广东信宜人，日本东京高等师范学校毕业，历任国立北平师范大学教授兼附中主任，国立中山大学教授兼教务长，教育学院文理学院等院校校长，广西教育研究所导师，著有《伦理学要领》《文化教育学》《教育哲学》《教育危言》等书。汪德耀校长"秉承他所敬仰的蔡元培思想，广开人才大门，聘请了著名的进步人士林砺儒到教育系任教"。[①] 1947年6月到校，林砺儒担任教育学系教授(1947—1949年)。1948年4月24日，为鼓励教师进修，促进教学研究，厦门市教育会特敦请林砺儒教授在该会礼堂作题为《中国国民教育之前途》的专题演讲[②]。1949年，林砺儒由厦门经香港，转赴北京参加新政治协商会议，担任中央人民政府教育部中等教育司司长、副部长，兼北京师范大学校长。

李式金，广东东莞人，1947年8月任教育学系教授。

王兆奎，江苏宝应人，1947年8月任教育学系助教。

黄玉树，福建莆田人，1948年3月任教育学系教授。

吴江霖，福建晋江人，1948年8月任教育学系教授。1936年厦大教育学院毕业。由本科导师钟鲁斋先生引荐，赴国立中央大学教育实验所，随萧孝嵘攻读研究生。抗战时期赴美国雪城大学研究社会心理学，获博士学位。离开厦大后，赴广州国立中山大学任教。新中国之初院系调整，赴中国科学院心理研究所工作，为《心理学译报》(北京)和《心理学报》第一届编委之一。1960年代支援广东师范学院建设，担任广州师范学院心理学教授。

史家棋，河南卢氏人，1948年9月任教育学系教授。1949年1月，新聘教育学系兼任教授周彧文、心理学教授敦福堂。

---

① 潘懋元：《指引我人生道路的教育系李培囿主任》，载李建发主编：《我的厦大老师：百年华诞纪念专辑》，厦门：厦门大学出版社2021年版。

② 《林砺儒教授到厦门市教育会作专题演讲》，《汇声报》编辑部1948年4月24日。

二、学科恢复与赴台讲学

抗战期间，学校迁居闽西，受办学条件限制，加之缺乏专门学者领导，原有心理学研究被迫中断。复员厦门后，教育学系逐步恢复心理学实验室建设及教育研究活动。《厦大校刊》1947 年 2 月 28 日报道，经助教杨雨卫整理，计实验方面仪器 90 余种，测验方面仪器 120 种，每种包含数件至数百件，其仪器数量、种类、素质，在全国居重要地位，尤以研究情绪研究方面的仪器更为珍贵。汪校长允添大量心理仪器及图书。1 月 20 日，已开始了实验心理学和发展心理学实验。"近筹设心理研究所，预料将来在心理学术上当有一番惊人之贡献。"[①]同年秋，学校敦聘郭一岑博士担任心理学教授，讲授发展心理两学程，主持心理实验室工作。

1948 年 3 月 8 日，教育系心理学研究会成立会议召开，李培囿主任、郭一岑教授、杨雨卫助教等莅会指导。大会通过了会章、工作计划大纲及会员公约等重要议案，并选出常务干事一人、理事二人。该会以探讨心理学之原理及激励心理学之科学研究为宗旨，为纯学术研究组织，经费由会内募捐，每月一次常会，工作范围分为四大部门：专题研究、问题讨论、读书报告、学术讲演。指导员为吴江霖，参加人数有 14 人。同年 8 月 15 日，成立教育问题研究会，以研究现代教育问题为宗旨，经费自筹，设常务干事 1 人、干事 2 人，处理研究会事宜。李培囿任指导员，每月开两次座谈会，有成员 22 人。

这一时期，教育学系教师有李培囿（系主任）、彭传珍、陈景磐、吴学信、郭一岑教授，助教陈本铭。同事间感情融洽，和衷共济。台湾光复后，厦门大学在两岸的文化教育交流中扮演着举足轻重的角色，发挥着不容忽视的作用。李培囿、陈景磐和郭一岑教授等利用暑期赴台讲学，并发表不少相关教学研究论文。

第三节　教育学系的人才培养

这一时期，教育学系承袭原有培养目标，以培养中等教育师资和教育行政人

---

① 《国立厦门大学校舍之兴毁与复兴之计划》，1947 年 3 月 1 日，第 20～21 页。

才为主。李培囿认为,教育学科的重要目的在于:“一则培养中等教育之优良师资;二则培养地方教育行政人才;三则培养钻研教育学术之专门学者。”[①]为了培养高水平师资,教育学系在招生考试、课程教学、教育管理等方面严格要求,调整和完善规章制度,促进人才培养。

一、招生考试的演变

受抗日战争和招生考试政策变革等因素影响,国立高等院校调整招生考试制度,经历了从单独招生考试到统一招考、再恢复单独招考的变化过程。抗战期间,厦大继续坚持“重质不重量”的招生政策,1937 年共录取 147 人。

为提高大学程度,1938 年 9 月,教育部开始实施国立各院校统一招生考试。当时在国统区设立 12 个招生处,离福建长汀较近的招生处有吉安、广州、武昌、长沙等处。1939 年、1940 年统一招考规模逐渐扩大。[②] 后因战事严峻及交通更加困难,高校统一招考被迫中止。据教育学系 1941 级学生潘懋元回忆:“当时国立大学的招生考试,考九门:国文、英文、历史、地理、数学、物理、化学、生物和三民主义。”九门科目连考三天,“但是报考教育学系还要加口试。口试是在第三天下午进行的,主要考综合表达能力”[③]。

1939 年 10 月 16 日,《唯力》第三卷第五期报道本年招生情况,文学院招生 14 人,其中教育学系 11 人,占比 79%。

为了适应大量失学青年的求学需要,厦大与同期其他高校一样,制定并实施转学生招考制度。1939 年 8 月发布《国立厦门大学招考转学生简章》,其中规定:

一、招考学生类别

本大学廿八年度拟招收后列各学院各学系第二及第三年级转学生,名额约

① 《教育学系概况》,《国立厦门大学廿五周年纪念特刊》,1946 年第 1 期,第 19 页。

② 刘海峰等:《中国考试发展史》,武汉:华中师范大学出版社 2002 年版,第 229～230 页。

③ 潘懋元:《潘懋元教育口述史》,北京:北京师范大学出版社 2007 年版,第 56 页、第 61 页。

三十名。(列的包括文学院教育学系)

二、投考资格

凡在公立或已立案之私立大学,或独立学院肄业一年或二年以上者,得转入本大学第二或第三年级;但须先经转学考试,录取后,再审核其转学成绩,编入适当年纪肄业。

三、考试科目

(甲)党义　(乙)国文　(丙)英文　(丁)中国通史

(戊)算学:(1)高等算学　(2)初等微积分

(己)自然科学:(1)大学普通物理学(2)大学普通化学(3)大学普通生物学

以上(戊己)两项下五门,转文商学院者,应选试一门;转理学院者,戊己两项下均应选试一门。

(庚)社会科学:(1)政治学概论(2)经济学概论(3)社会学概论

以上三门,转文商学院者应选试一门,转理学院者免。

(辛)伦理学(转文商学院者必试,转理学院者免)

四、报名手续

报名书;高中毕业证书及修业证明书或转学成绩单;最近二寸半身相片七张;报名费国币二元。

五、报名日期

八月一日起至八月四日止。

六、考试日期

八月七日起至十日止。

七、报名考试地点

福建长汀本校;南平剑津中学

八、开学及上课

九月廿五日开始报到注册,十月一日开始上课。

九、入学手续

(略)

十、应缴各费

学费每学期十元;宿舍费每学期四元(寒暑假在校寄宿者,须另缴费);体育费每学期二元。普通赔偿准备金每学期五元。实验赔偿准备金每学程每学期三元至十元。制服费约十八元。

十一、免费生及嘉庚奖学金

本大学设免费生约六十名,凡家境清寒、学行优良,身体强健之学生,均得请求免费,凡经本大学审查核准之免费生,得免交学费、宿舍费及体育费等全部。

本大学为纪念陈嘉庚先生对本大学之功绩起见,本年度设嘉庚奖学金十五名,每年领受国币二百元,分二次发给,凡领受此项奖学金之学生,除同时为免费生者外,仍须缴纳其应缴一切费用。奖学金名额之分配,由本大学就在校成绩或入学成绩特优之学生中选拔后,提出本大学咨询委员会决定之。

1941 年 7 月 21 至 24 日,厦门大学举办入学及转学考试。除正常录取外,教育学系录取转学生 3 人,林素端、陈奕尚、沈瑶珍,编入二年级。另据《潘懋元教育口述史》记载,有一名转学生许虹,插班教育学系三年级学习。

二、教育管理与课程教学

(一)学则规章及教育学系课程设置

教育学系按照《文学院学则》进行教育教学管理,主要内容如下[①]:

一、宗旨:本大学文学院以培养专门人才,研究高深学术为宗旨。

二、分系:本院分文学系、历史社会学系、教育学系三系。学生在第二学年注册前,应就其志愿及性质所近,认定一系为主系,一系为辅系。

三、学分:本院学生应修满 141 学分,始得毕业。凡于一学期中每周授课一小时者,为 1 学分。但各项实验、实习等工作,以二小时至四小时为 1 学分。前两年每学期至少须修 18 学分,至多以 20 学分为限。后两年每学期至少须修 15 学分,至多以 18 学分为限。男生军事训练学分,女生军事看护学分,不在其内。

四、年限:凡具有本大学所规定之入学资格者,编为第一年级生。修满 36 学

① 《文学院学则》,《厦门大学文学院一览》(民国二十五年至二十六年),厦门大学 1936 年 9 月刊行,1936 年第 1 期,第 5～6 页。

分者，编为第二年级生，修满 72 学分，编为第三年级生。修满 108 学分者，编为第四年级生。

五、毕业年限及学位：凡修满本院所规定之课程，经考试及格，并在本校肄业满四年者，由本校给予毕业证书及文学士或教育学士学位。

六、课程：

普通必修课程：党义、军事训练（女生改修军事看护）、国文（一）、国文（二）、英文（一）、英文（二）、第二外国语。此外，第四学年，学生需撰写毕业论文一篇，经审查及格后，作 3 学分计算。

文学院各系必修学程：49 学分；本系必修学程：60 学分；辅系选修学程：26 学分；自由选修学程：6 学分；共计 141 学分。

按学程类型划分，教育学系主修生应修学程及学分如下①：

（一）本院各系必修学程计 49 学分

国文（一），全年，6 学分，第一年级；国文（二），全年，6 学分，第二年级；

英文（一），全年，10 学分，第一年级；英文（二）全年，6 学分，第二年级；

党义，半年，3 学分，第一年级；

军训（女生改习军事看护），全年，3 学分，第一年级；

第二外国语，两年，12 学分，第一、二年级；

毕业论文，3 学分，第四年级。

（二）教育学系必修学程计 60 学分

第一年级：教育概论、普通心理学、生物学、社会学原理。

第二年级：教育统计学、儿童心理学、青年心理学、教育史、教育社会学。

第三年级：教育心理学、测验概要、小学教育原理及实施、中学教育原理及行政、普通教学法、比较教育。

第四年级：各科教学法、教育行政、教育哲学、课程编制。

（三）辅系选修学程计 26 学分

① 《厦门大学文学院一览》（民国二十五年至二十六年），《厦大校刊》1936 年第 1 期，第 21～22 页。

(四)自由选修学程计6学分

1938学年教育学系开设的必修课包括:中国教育史(王衍康)、中等教育(王衍康)、教育哲学(李培囿)、测验概要(李培囿)、教育心理(李培囿);选修课包括:民众教育(王衍康)、儿童心理(杨希纯)。1939学年8月,教育学系公布本学年上学期课表,必修课包括:教育心理学(李培囿)、教育哲学(李培囿)、西洋教育史(李培囿)、教育行政(王衍康)、教育概论(王衍康)、普通教学法(王衍康);选修课包括青年心理(杨希纯)。

为了帮助学生选课,学校训导处于学期注册时,举办新生修学指导,由各系主任及各关系部分主管人员担任演讲。如:1939年3月21日、1941年2月18日、1942年2月23日、1948年3月4日,李培囿主任指导学生选课,介绍教育系概况。

在培养过程中,教育学系以造就师资与教育行政人才为宗旨。依据教育部1944年8月颁布的大学师范学院教育必修科目表及1945年教育部修订改进师范学院办法十二条,加强培养师范人才。兹选录其大要如下:

(一)师范生无论其主科属于文理工农或教育体育系者,均应于入学时填具师范生志愿书,履行登记手续。

(二)他系学生(指文理工农各院系)得志愿为师范生,及享受师范生公费待遇,惟他系师范生之分系必修科目,均照文理工农学院分系必修科目修习,但各系专为研究工作而设之科目与中等学校教学关系较少者,应予免修。另应修习教育某本科目(包括"教育概论""教育心理""中等教育""普通教学法"四学程)22学分及"分科教材教法""教学实习"8学分(如志愿师范生之主系为理学院生物学系,则其"分科教材及教学法"为"生物教材及教法",其他历史、地理、数学、化学等科亦同)。

(三)本系学生在校修业年限定为四年,经考试合格,并于实习期满,证实教学成功者,给予学士学位,并由教育部给予中等学校某科教师合格证书,在实习教学期间支中等教员初级薪俸。

(四)师范学生均应于主系之外选择两辅系,以适应中等学校教学之需要。

按照厦门大学毕业标准，教育学系学生共应修习143学分，始得毕业。其中除修习文学院共同必修之普通基本科目50学分外，尚须修教育学系与辅系必修科目93学分。①

（二）学业考试管理及参加全国专科以上学校学业竞试

厦大原设有教务处，后因院系增设，乃废教务处而分设各院长办公室，办理各院事务。改为国立时，乃依国立大学组织法，增设教务处，负责办理全校教务行政事宜。教务处设注册组、出版组及图书馆，馆组主任秉承校长、教务长之名，办理该馆组各项事宜。在前任教务长周辨明、傅鹰及时任教务长谢玉铭指导下，教务日有进展。

1939年，鉴于学生英语、国文程度需要提高，曾有语文特殊考试之规定，在校学生若不能于毕业前通过此项考试，即不能毕业。行之数载，卓有成效，甚得教育部视察员赞许。后因学生功课过于繁重，而英语、国文程度已相当提高，两科特试才免除。

自1942年起，福建省政府为鼓励学生注重中文、历史、数理、化学、生物等基本学科，曾在厦大设置基本学科奖学金，由教务处遴选该五系优秀学生，送请教育厅核发奖金，推动学生研习基本学科。

教务处对于学生成绩考核异常认真、严格。考试分为平时考试、学期考试、应届学生毕业通考及毕业生考试四种。平时考试由注册组编定座次，在总考场举行。除担任本科教员莅临监试外，并由校长另聘监考委员若干人，会同监视。学生多数用功，成绩优良者亦复不少。参加教育部举办全国专科以上学校学业竞试，经教育部录取第一届甲乙类学科竞试决选生者五名；丙类毕业论文竞试决选生者三名。第二届甲乙类毕业竞试决选生者六名；丙类毕业论文竞试决选生者二名。第三届学业竞试及毕业论文竞试决选生者十三名。厦大学生成绩之优，可见一斑。

在厦大学生参与教育部举办全国专科以上学校学业竞试中，教育学系学生

---

① 《国立厦门大学廿五周年纪念特刊·教育学系概况》，《厦大校刊》1946年第5期，1946年4月6日。

取得佳绩。1940 年第一届全国专科以上学校学业竞试中，教育学系学生林绍贤、余丽华被学校选为代表，分别参加乙类(各科系主要科目竞试)、丙类(毕业论文竞试)竞试，取得优异成绩。1941 年，教育学系学生林绍贤参加教育部第二届学业竞试，再次获选为厦门大学代表，以毕业论文参加第三类竞试，获得第一名。

三、毕业论文的撰写

国立时期厦门大学继续实行原定毕业论文制度。《文学院学则》第七条“论文”规定：“本院学生于第四学年之上学期开始时，须就所学主系科目选定研究题目，在各该系教授指导之下，自行撰述毕业论文一篇，经审查及格后，作三学分计算。”①

1935 年秋，厦大实行导师制，一直延续到国立时期。“每位导师负责指导 7 至 8 名学生的日常学业，到最后一学年，该导师就自然成为这些学生的论文指导教师。”②以教育学系陈景磐教授为例，在 1945 届毕业生中，共指导 5 篇学士学位论文，分别是潘懋元的《劳工教育的理论与实施》③、欧阳义的《乐育小学学生留级问题的研究》、陈启典的《初中图画教学法》、黄婉仙《各国青年训练的比较研究》和吴学英的《女子师范教育问题的研究》。这里试以潘懋元的毕业论文为例，简介教育学系毕业论文的选题、写作过程和管理特点。

这篇学士学位论文的选题始于 1944 年秋季，正值抗日战争最后阶段，民众物质生活条件异常艰苦。普通劳工由于缺乏基本安全知识和职业技能训练，自我保护意识较差和工作效率低下，在生活与经济待遇等方面都存在着亟待改进的问题。④《潘懋元教育口述史》曾记述及其本科毕业论文的选题缘由：

“从专业来讲，我们所学的教育理论知识还是比较系统的，虽然主要是一些

---

① 《厦门大学文学院一览·文学院学则》(民国二十五年至二十六年)，1936 年第 1 期，第 5～6 页。

② 2014 年 2 月 24 日上午，潘懋元先生接受党亭军访谈的记录。

③ 该论文现存厦门大学图书馆特藏部；另收入潘懋元：《潘懋元文集》(卷七·昔年作品及其他)，广州：广东高等教育出版社 2010 年版，第 3～104 页。说明：潘懋元，证件用“茂”字。该论文原署名潘茂元。本书除原文引用外，统一用“懋”字。下文同，不再另注。

④ 党亭军：《中国近代大学本科毕业论文制度研究》，武汉：武汉大学出版社 2019 年版，第 171 页。

美国的东西,但为我打下了比较扎实的理论基础。同时我也更清楚地认识到,这些理论与中国的教育实际没有很好地结合。所以在写毕业论文时,我就结合中国实际,写了《中国的劳工教育》。之所以选择这个题目,一方面与我的出身有关,我对劳工比较有感情;另一方面也与我在文学上一向关注大众化的问题有关。我觉得要实行大众化,就必须让劳动者受教育。"[①]

在绪论中,潘懋元阐述了写作该文的目的:"作者在大学中是以教育为主系,经济为副系,平时对于劳工问题颇感兴趣。因此试图利用所学教育知识,配合对于劳工问题的理解,写成劳工教育专篇。虽不敢希望有何特殊见解,但或者对于教育原理与劳工问题,能够兼顾并重。不致偏于教育理论,以至成为高调,或迁就劳工情形而违反教育精神。柔合两者,使劳工理论做劳工教育的指针,用教育理论指导劳工教育的计划。劳工理论与教育理论,能相互渗透。这就是本文写作的目的。"[②]

在写作过程,作者下苦功夫,查阅、抄录大量相关资料,并拟定写作大纲:"本文动手写作,至今为时约九个月。前七个月时间,大率用在搜集材料方面。因可资参考的书籍不多,不得不亲自在杂志报章中寻求。每有所得,无不亲自笔录,集成卡片 280 余张,并随时将心得录存,以为备忘用。在搜集材料过程中,又一面确定研究范围与拟大纲初稿。"[③]近 65 年之后,潘懋元先生接受教育研究院博士生访谈时,详细描述其制作卡片的情形:"卡片的大小如 64 K 纸,各有编号,摘录资料的主要内容和具体出处。"[④]

该论文约 4 万字左右,共分四章,探究劳工教育的重要性,分析劳工教育理论,重点探讨劳工教育的实施问题,劳工教育问题研究的"结论"。首先,确定正确的劳工教育目标和方针;其次,劳工教育组织系统化,由教育部统筹一切;第三,劳工教育的监督权应归政府,而管理权应归工会;第四,劳工教育的经费在政府方面应该确定,在工会方面应该宽筹,在工厂方面应依厂税的比例交纳一定的

---

① 潘懋元口述,肖海涛,殷小平整理:《潘懋元教育口述史》,北京:北京师范大学出版社 2007 年版,第 76~77 页。2014 年 2 月 24 日上午,潘懋元先生接受党亭军访谈,再次强调此点。

② 潘懋元:《劳工教育的理论与实施》,厦门大学本科毕业论文,1945 年,第 18~19 页,厦门大学图书馆保存。

③ 潘懋元:《劳工教育的理论与实施》,厦门大学本科毕业论文,1945 年,第 19 页。

④ 2014 年 2 月 24 日,潘懋元先生接受博士生党亭军的访谈记录。

数目;第五,设立研究机关,随时建议各种劳工教育应改进事项。

这篇学士学位论文达到了很高的学术水平,它从一个侧面反映了厦门大学和教育学系培养人才的严格规范和高质量。此外学校规定,毕业论文提交须有导师、系主任、教务处、图书馆等相关人员的签字盖章,论文末页依次注明收到日期。潘懋元的《劳工教育的理论与实施》论文,记录了指导老师陈景磐教授、主修系主任李培囿教授的签字盖章及日期:1945 年 6 月 18 日、7 月 5 日。[①]

第四节　教育学系的学生活动

抗战时期,厦大师生在极为艰难的条件下坚持办学活动,丰富校园文化。教育学系学生活动,以教育学会为中心,组织生活教育团,分组举行活动,包括集体研究和参加校内外教育活动。

一、抗战时期的学生生活

物价高涨,家乡沦陷,“食”事为多数学生之难题,学校竭力济困纾难。据校刊记载:“七年前(1939 年)吾人已察及此,即毅然由训导、总务二处人员与各级学生代表共同组织膳食委员会,开办一所大膳厅,员生工役,均可自由缴费参加,由校陆续拨出节余款项,储存大批柴、米、油、盐,每次所购数量,常敷一、二年之用。直至今日,犹较廉于市价三成以上之膳费,此对于同学之安定生活与专心向学,有相当之效力。”[②]进入膳厅,首触眼帘者,为正堂上之“用膳公约”九条,乃当时全体员生所签订。七年来膳厅秩序之良好,此公约之功。

训育处所办理贷金生与公费生之办法[③]:

---

① 党亭军:《中国近代大学本科毕业论文制度研究》,武汉:武汉大学出版社 2019 年版,第 179 页。

② 《国立厦门大学廿五年周年纪念特刊·训导处概况》,《厦大校刊》第 5 期,1946 年 4 月 6 日,第 12 页。

③ 《国立厦门大学廿五周年纪念特刊·训导处概况》,《厦大校刊》第 5 期,1946 年 4 月 6 日,第 11 页。

六年前(1940年)施行贷金办法,分战区生贷金与自费生贷金二种,前者贷给全部膳食费与零用金,后者贷给一部分。此外更有制服贷金。公费办法已施行两年,供给全部膳费,名额照所修科系分配:工科、教育学系与司法组占百分之百,理科与法律系占百分之八十,文、法、商各占百分之四十,目前贷金与公费两法并行。

1943年度以前入学者,适用贷金办法;1943年与1944年度入学者,适用公费办法;1945年度入学者则根据新颁办法,分为全公费与半公费二种,不分院系,全公费占全人数百分之四十,半公费占百分之四十,现在厦门之一年级学生即适用此种办法。

厦大依照教育部令,设一公费贷金审查委员会,专司其事。每学期开始,以学业操行成绩及家庭经济状况为分配之标准。1945学年下学期全校学生1042名,领贷金者276名,占26%强。全公费者537名,占51%强;半公费者147名,占14%强。完全自费者仅82名,占8%。此项巨额之支出,虽然加重国家负担,但就国家前途观之,实有价值之事业。此外,厦大设有闽西学生救济金,与公读学生,亦以补救济苦努力之学生。

在艰苦的教育环境下,教育系老师不仅克服困难,做好教学工作,还极力为学生的学习生活提供帮助。潘懋元回忆说①:

早在大学学习期间,李培囿教授就指定我负责厦门大学学生社会教育服务处的工作,平时开设书报阅览室供市民阅览,暑假期间为附近居民的孩子办补习班;他支持我担任厦门大学教育学会(学生组织)主席;在我四年级毕业论文写作期间,他又推荐我兼任长汀县立中学的教务主任。这样的半工半读,既增长了我的实践经验,又提高了我的生活水平。

① 潘懋元:《指引我人生道路的教育系李培囿主任》,载李建发主编:《我的厦大老师:百年华诞纪念专辑》,厦门:厦门大学出版社2021年版。

这一时期的学习生活给教育系学生留下了难忘的记忆。(图 2-1)

图 2-1　2005 年潘懋元先生带领教育研究师生重游厦门大学长汀时期旧址

二、导师制的实施及学生体育活动

厦大导师制,按照部颁训育纲要实行。导师制规定,由校聘请讲师以上教员与训导人员为导师。每学年开始,由训导处根据院系,分配学生 5 人至 20 人为一组。每组由导师指定正副组长各 1 人,协助导师办理各种联络工作。每月举行组会一次或二次,作专题讨论,或外出散步、野餐、通讯、刊物等。此外,导师与学生应有个别谈话接触,凡此均为导师组经常活动。厦大设立训导会议,由全体导师与训导人员组成,校长任主席,每学期开会二次,讨论训导问题,与有关全校之各种活动问题。学期终结时,举行末次会议,主要议题为学生操行成绩之评定。其评定方法,先由导师与训导处,各据一定标准,分别拟定分数,然后提会唱名决定等第，态度非常严正①。学校公布《国立厦门大学学生操行成绩评定办法》，内容如下：

一、本大学学生操行成绩之评定依照本办法办理之。

二、学生操行成绩每学期评定一次。

三、学生操行成绩之评定以思想、性情、服务、处世、治学五项为标准。

四、学生操行成绩以导师及训导处拟定之分数为据，由训导处平均计算分数后，依照操行等第标准评定，提请训导会议决定之。

五、学生操行等第成绩如下：

（一）最优——九十分以上；

（二）优——八十分以上；

（三）中——七十分以上；

（四）劣——七十分以下。

六、学生操行成绩采用各项条列式，不用总平均办法。

七、学生操行成绩只有一项劣等者为及格，超过一项者为不及格。应予退学处分。

八、学生操行成绩优良者，依照本大学教务通则第八章之规定办理之。

1938年11月20日，李培囿参加在长汀校舍图书馆召开的全校第一次训导会议。

教育学系导师制分组实施。如第二十一组，导师陈景磬教授，导生包括14人：沈工节、龚延娇、黄婉仙、丘晋芳、曾七贤、林素端（副组长）、吴学英、陈本铭、吴春鉴、陈奕尚（正组长）、陈启典、黄清益、王齐、潘懋元。

教育系学生计有60余人，为文学院各系之冠。师生间时有小组聚会，观摩心得，沟通感情，宛如一家人。1939年12月31日，全体导生公宴全体导师。事前由萨本栋校长拨付津贴费，将全校37组导生分为五单位，各单位少者四五十人，多者六七十人。

---

① 《国立厦门大学廿五年周年纪念特刊・训导处概况》，《厦大校刊》第5期，1946年4月6日，第12页。

在学习过程中，教育系学生积极参加学校开展的文化体育活动。据《唯力》第四期（1938 年 4 月 13 日）所载《国立厦门大学十七周年纪念会体育表演总记录表》，在学校越野赛跑中，教育学系学生叶淑仁荣获女子组第一名，成绩为 7 分 26 秒。由陈聊芬先生颁奖，奖品为银盾一个；余丽华获女子组第五名，奖品为手巾面布。1940 年元旦节，学校举行登高比赛，3 月 20 日举行长途越野赛跑，教育学系叶淑仁获女子组登高第二名、越野第二名，黄美德获女子组登高第四名。

三、学生社团活动

抗战时期，厦大各院系学生成立多种学生社团，开展抗日宣传、救亡活动及学术活动。1937 年 10 月 11 日，成立厦门大学学生救国服务团。[①] 1938 年 3 月 13 日，厦门大学学生救国服务团发行《唯力》旬刊第 1 卷第 1 期。该刊主要刊发抗战动态、厦大动态及师生各种题材的作品。教育学系学生社团积极组织民众教育活动和其他抗日宣传工作。教育学系学生林亨嘉在《唯力》第 1 期发表《民众抗战的心理建设》。3 月 23 日，教育学系学生黄冠文在《唯力》第 2 期发表《动员民众的先决问题》。潘懋鼎发表《民族斗争的教育哲学》一文。《唯力》编辑部以《明耻教战求杀敌 教育学会设民校》为题，报道了厦大教育学会民众教育简况和民众训练课程安排。

本校教育学会战时教育工作初步报告[②]

厦门大学教育学会

（1938 年 3 月 20 日）

查本会战时教育工作推行委员会成立以来，原拟筹设战时民众教育施教区，业经决定种种推行办法，借以推行战时教育工作。一面发起联络本省各县区共同组织福建省战时教育巩固走推行团，以谋全省战教工作之推展。第以施教区范围广泛，同时为决心以本会战教工作先从长汀县出发，由民训入手，得到实地

---

① 1938 年 4 月 18 日，厦门大学学生救国服务团召开大会，因统一国内大中学校抗敌团体名称，决议改名为战时后方服务团。

② 厦门大学校史编委会编：《厦大校史资料》第二辑，厦门：厦门大学出版社 1988 年，第 159 页。

工作效果及经验后，再行扩大联络起见，爰就本会力量所及，于施教区工作中先行举办战时民众训练班，训练期限三个月，施教对象为一般壮丁。至设班宗旨及训练目的工作计划等项，仍依照施教区原定之宗旨与目的，以为将来工作推进之张本。现该班已确组织，勘定班址，积极编订课程，定期开课。兹先将本会战时教育工作推行委员会所拟定之《战时民众训练课程纲要》刊于后，为初步之报告，并求正于国内教育的同志。

国立厦门大学教育学会启
廿七年三月廿日

1939 年 3 月 23 日，《唯力》旬刊报道厦大教育学会民众教育简况和民众训练课程负责人安排。6 月 1 日，《唯力》第 2 卷第 5 期发表了教育学系王衍康教授的《论戏剧教育》、刘天予教授的《我所见的新女性》。6 月 21 日，《唯力》第 6 期发表教育学系学生郑锡光的《论教育应战》。7 月 7 日，《唯力》第七八期，发表王衍康的长文《二年来的中国教育》、郑锡光的《抗战后日本国内革命的洪流》。8 月 16 日，《唯力》第三卷第 1 期发表王衍康的《战时教育设计的重要性》。10 月 1 日，《唯力》第三卷第三四期合刊发表陈友松的《论抗战建国的第一保障——教育》。

1938 年 5 月教育部颁布《各级学校兼办社会教育办法》后，教育学系原有教育学会(图 2-2)重新登记、恢复教育活动。12 月 7 日，教育学系提交国立厦门大学学生团体申请登记表(图 2-3)，拟定学会宗旨为“联络感情，研究教育学术及努力教育事业”。此后，教育学会开始举行多项社会教育和学术活动。

图 2-2　1938 年厦门大学教育学会会员合影

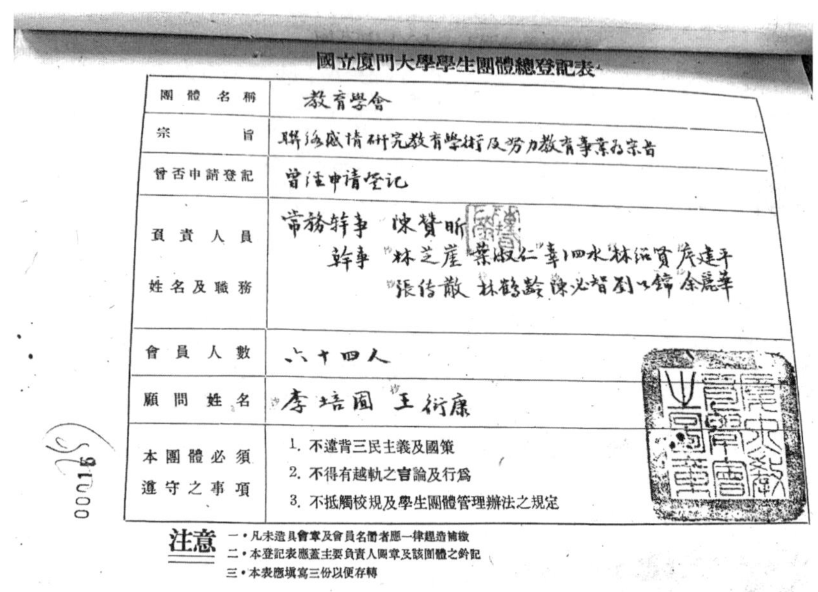

國立厦門大學學生團體總登記表

團體名稱	教育學會
宗旨	聯絡感情研究教育學術及努力教育事業為宗旨
曾否申請登記	曾經申請登記
負責人員姓名及職務	常務幹事　陳贊昕 幹事　林芝崖　葉淑仁　辜四水　林紹賢　龐建平 張信散　林鶴齡　陳必智　劉[illegible]錦　余麗華
會員人數	六十四人
顧問姓名	李培囿　王衍康
本團體必須遵守之事項	1. 不違背三民主義及國策 2. 不得有越軌之言論及行爲 3. 不抵觸校規及學生團體管理辦法之規定

注意　一·凡未造具會章及會員名冊者應一律趕造補繳
二·本登記表應蓋主要負責人圖章及該團體之鈐記
三·本表應填寫三份以便存轉

图 2-3　国立厦门大学学生团体总登记表

资料来源：厦门大学档案馆——厦大学生团体申请登记表，档案号 004-2

1939 年 2 月 25 日，教育学会附设民众学校——兴华职业学校举行开学典礼。此后数年间，先后主办社会教育服务处、民众夜校、暑期补习学校和家庭教育班，并经常出版壁报，举行通俗演讲等活动。3 月，教育学会举行学术报告，邀请王衍康教授演讲《中国教育之新趋势》。[①] 1941 年 11 月 10 日，社会教育推行委员会举办的民众学校开学。该期民校由该会总干事李培囿遴选的教育系 18 名学生共同办理，招收成年男女及失学儿童共 180 人，分设成人两班、儿童班、妇女班三级。

1942 年 3 月 6 日，社教推行委员会附设民众学校开学，教育系 13 名学生担任教员，学校设在学校集思堂。3 月 29 日，社会教育服务处进行第二次下乡宣传。社教推行委员会与青年团合办暑期民众补习学校，给当地初中高小学生以

① 《国立厦门大学廿五周年纪念特刊·教育学系概况》，《厦大校刊》1946 年 5 月，第 22～23 页。

补习机会。该校设初中三年级一组、初中一二年级甲乙丙三组，初中升学班二组，高小一二年级各二组，初小一二三四年纪分组及教职员子弟班二组，计十六组，学生500多人。尤以初中高小两班最拥挤。教师90多人，全由暑期留校学生担任，并由教育系沈瑶珍担任校务主任，范祖仁担任教务等。8月，社会教育处举办家庭妇女讲习班。

1942年5月，教育学会邀请教育部视察员姜伯干教授作《教育部本年度工作中心及其意义》；教育学会召开座谈会，讨论“中学毕业会考”问题。1944年3月，英国纽凯索大学英国文学系教授雷立克氏来长汀专访厦门大学，作五次演讲，其中一次受教育学会之邀，演讲《儿童的心理》。4月5日，教育学会同政治学会、经济学会、法律学会合办座谈会。

复员厦门后，教育学会学术活动内容丰富。为增加学术研究风气，根据会员兴趣，教育学会组织七个研究小组，分别是心理问题研究组、心理实验研究组、青年指导组、学校参观组、演讲组、读书报告组、中国教育研究组。

1947年春，教育学会召开会员大会，邀请毕业校友返校报告工作经验，各研究小组交流学术成果，介绍“美国哈佛、耶鲁、普林斯顿三大学战后课程改革方案”。出版部复办《萤光》双周刊，针对现行教育制度发表专论，如李培囿教授的《男女之差别与教育》、陈景磐教授的《谈谈男女同学问题》、汪西林教授的《怎么样把小学教育从传统的枷锁中解放出来》等。教育学会举行读书报告会；演讲组会联合青年会演讲组，邀请汪西林教授主讲《演讲之重要性及其技术》。青年指导组举行座谈会，讨论中学生升学与就业问题。

1948年3月，社会教育服务处在校本部设立平民夜校一所，中旬开学，7月底结束，共毕业学生99人。该处教育内容，以识字教育为主，还包括养成卫生习惯、礼貌及各种公德行为。除平民夜校外，还在同文路设立民众阅览室及民众代笔处。开办暑假补习班，共有学生112人，分为四组教育。由于经费有限，其中三组由学生公社负责。6月12日下午，社会教育推行委员会决议暑期内举办社教服务工作，主席汪德耀校长、委员李培囿、汪西林、陈朝壁、林励儒、王亚南等6人出席。

第五节 教育学系的办学成就与影响

国立时期厦大教育学系培养出许多优秀专门人才，大多服务于学校或教育机关。“近数年来，教育学系毕业生多服务于闽省中等学校，且大半为学校之主持人，或教务主任，训育主任等职；各能本其所学，恪尽职守，发挥教育专业之精神”①。也有少数毕业生留学深造。如1946年度录取自费留学生，厦大有8名学生被录取，包括教育学系毕业生邬荣杭。

一、毕业生统计

全面抗战爆发后，厦门大学成为唯一一所坚持东南沿海办学的国立大学。受抗战等影响，不少学生面临生活困难，无法完成学业；一部分学生在贷学金资助下才能顺利毕业。厦大学生包括退学生、肄业生和毕业生。1937—1949年，教育学系毕业生170人，约占全校毕业生总数1755人的9.69%；其中男生128人，女生42人。具体来看，各学年度毕业生人数及名单如下：

1937年，国立厦门大学教育学系毕业生有26人：王永载、王景琛、叶德荣、叶大年、朱兆藻、吕纯、吴师孔、陈启肃、陈荫岩、李文轩、李锦昌、何士宽、林寅、林涵、林源、林作瑜、徐馨、徐璧华、高时良、黄宗翔、谢廷增、谢绍朴、曾克同、温建之、徐君梅和谭文哲等。男生23人，女生3人。

1938年，国立厦门大学教育学系毕业生有12人：方碧珠、叶济川、叶佩兰、刘淑娴、陈云英、陈漫真、杨熙川、郑开泰、林亨嘉、徐君藩、高文显和温仕驹等。男生7人，女生5人。

1939年，国立厦门大学教育学系的毕业生有14人：王宝祥、毛皋虔、朱立诚、刘淑容、岑志生、杨芳信、邬荣杭、郑雄谋、郑其准、林怀海、林鹤龄、骆玛珐、黄亦灿和潘懋鼎等。男生12人，女生2人。

1940年，国立厦门大学教育学系的毕业生有7人：刘大业、余丽华、陈赞昕、

① 《国立厦门大学廿五周年纪念特刊・教育学系概况》，《厦大校刊》1946年第5期，第22～23页。

李学岳、张传瀫、张妈恩和詹建平等。男生 6 人，女生 1 人。

1941 年，国立厦门大学教育学系的毕业生有 6 人：叶淑仁、陈必智、林绍贤、林芝崖、郭茂沂和辜泗水等。男生 5 人，女生 1 人。

1942 年，国立厦门大学教育学系的毕业生有 16 人：叶士俭、卢郁蕴、吴国梁、陈祖泽、陈晓波、陈达三、李善庆、杨希宁、张乃东、林春生、邹钖光、黄冠文、黄美德、康誴、颜金钟和魏承驹等。男生 14 人，女生 2 人。

1943 年，国立厦门大学教育学系的毕业生有 10 人：王齐、王要川、吴仁坤、林寰、周智、范祖仁、柯咏仙、黄宜福、黄珊梅和蔡景春等。男生 5 人，女生 5 人。

1944 年，国立厦门大学教育学系的毕业生有 11 人：丘晋芳、孙一尘、孙维亨、陈奕尚、陈本铭、沈瑶珍、林素端、周佩玱、席金城、黄清益和曾七贤等。其中，男生 8 人，女生 3 人。

1945 年，国立厦门大学教育学系的毕业生有 7 人：吴学英、陈启典、李武忠、欧阳义、黄婉仙、龚延娇和潘懋元等。男生 3 人，女生 4 人。

1946 年，国立厦门大学教育学系的毕业生有 9 人：叶显祺、宋德章、吴厚沂、吴枝润、陈可贞、陈学画、郑瑞云、邵循道和彭奔涛等。男生 7 人，女生 2 人。

1947 年，国立厦门大学教育学系的毕业生有 14 人：王兆基、韦顺起、刘秀谦、陈旺火、李启桢、沙炽光、张儒为、金在钊、罗嗣蕃、徐彬、桂迟生、袁玉英、温策违和赖淮等。其中，男生 12 人，女生 2 人。

1948 年，国立厦门大学教育学系的毕业生有 13 人：王道明、吴越飞、吴崇澄、陈世义、李华清、何耀如、郑锡炎、金惠媛、饶培勋、黄文昭、黄炳超、黄起寮和谢雪如等。男生 11 人，女生 2 人。

1949 年，国立厦门大学教育学系的毕业生有 25 人：刘柏苍、刘文华、刘藻文、陈磊、陈世箴、陈素贞、陈炎官、陈俊秀、何婉瑜、吴佩莲、吴翠微、邹永贤、苏柑、林锡祺、洪文炳、龚文京、黄金铿、梁文通、程文显、曾慎华、曾六雍、蔡碧娥、雷臻惠、潘达夫和黎明等。男生 15 人，女生 10 人。

上述毕业生，福建省籍共计 109 人，约占毕业生总数的 64.12%；其次，广东、江西籍学生亦较多。

二、人物简介

长汀时期，教育学系培养出一批杰出的教育专门人才。如1945届教育学系毕业生潘懋元，在厦门大学任教至今，为教育学科建设、人才培养和高等教育学科的创立、发展做出了重大贡献。限于材料，以下仅从1946届和1947届校友通讯录及网络资料，选介14名毕业生的教育业绩。

张传瀫：教育学系1940届毕业生。毕业后赴浙江省立温州师范学校任教，1941年到浙江省立衢州中学任教。1943年在江山县政府主管教育行政工作。1946年秋赴台湾省立嘉义女子中学任教。先后任台湾省长官公署教育处督学，创办台湾省立台南补习学校。1949年秋任台湾省教育厅督学。1954年春，任南投中学校长。1958年任台北市工业专科教授。

陈本铭：教育学系1944届学生。毕业后留校任教。1954年调福建师范大学。长期从事中国教育史的研究，发表大量学术论文。曾任中国教育研究会、福建省高教学会理事，福建师范大学教育史研究室主任等职。

王兆奎：1946届教育学系学生。任厦大助教兼大学训导员并负责心理卫生门诊疗务。1949年赴台湾，历任海军官技校教官，国防医学院、东吴、淡江、兴大教授，讲授犯罪心理、工商心理、哲学、理则学等课程。曾受聘教部心理卫生中心顾问，首创心理诊疗所。著作达廿种。

吴厚沂：1946届教育学系学生。毕业后任教育学系助教，厦门双十中学校长。1949年8月，获英国THE BRITISH COUNCIL奖学金，赴伦敦大学教育学院进修，1951年秋起，在香港教育署服务，历任督学、成人教育官、教育学院讲师、在职教师训练班主任。1976年移居美国从商，曾任旅美校友会第一任至第三任理事长(1984—1990)、名誉理事长。

宋德章：1946届教育学系学生。毕业后先后任教于南安师范学校、福州几所中学。1950年初，自闽侯第二中学调福州市水上区人民政府工作。1956年返回学校任教。后任教于福州第六中学。

邵循道：1946届教育学系学生。1948年1月赴美国留学，获得硕士学位。1950年回国任教于西安医学院(现为西安医科大学)，先后任外语系讲师、教授，教研室主任、外语系主任、卫生部英语培训中心主任。著作10多种，曾任浙江医科大学客座教授、海南医学院客座教授。

陈学画：1946届教育学系学生。毕业后，先后在福建仙游师范学校、台湾高雄中学、冈山中学任国文教员、主任，后任福建莆田南塘中学校长。1949年后赴复旦大学短期学习政治经济学，1953年到中国人民大学马列主义研究班学习政治经济学，两年毕业。先后在福州大学、福建师范学院、闽侯师范学校、福建农学院担任政治经济学教学工作，后为福建农学院农业经济系硕士研究生讲授“资本论”选修课。

郑瑞云：1946届教育学系学生。1946年在厦门鼓浪屿怀仁女中任教务主任。1948年去新加坡，在南侨女中、南洋女中任教。1950年回国。在杭州江苏纺织厂工作。1953年调杭州女中教书。1960年调浙江衢州化工厂业余大学工作。

徐彬：1947届教育学系学生。毕业后到侨民师范任教。1948年到蒲城任农业职校教务主任。1949年夏，任蒲城军管会宣教部长。后调建阳县民政、文教科长，闽北干部学校中队长。1950年起任中共崇安县委秘书。1952年任建阳地区农村合作部秘书。1956年任南平地委办公室副主任、专署财办副主任。

韦顺起：1947届教育学系学生。毕业后到苏南中学任教。1949年后任教屏南县中、南平二中、南平一中，曾任校长。

桂迟生：1947届教育学系学生。毕业后先后在厦门市立中学、江西临川桂桥中学任教，后转入上海纺织工业学校任教，60年代该校升格为大学。80年代初改任该校《专利文献通报——纺织》编译。

温策违：1947届教育学系学生。毕业后先后在福建晋江、广东梅县等地中学任教，后至广东梅州市人民银行工作。

刘秀谦：1947届教育学系学生。毕业后赴平远县多所中学任教。

罗嗣蕃：1947届教育学系学生。先后在江西省信丰县中、湖口师范学校、奉新县中任教。1959年秋赴宜春师专任教，曾被选为高安县人民代表。1975年春为江西省教材组借调，编写中学教材。1975年秋，恢复高安师范学校，调回该校任教。

陈庚申，又名林子敏，福建晋江人。1948 级学生。1948 年 10 月，加入中国共产党，任党支部委员。1949 年 5 月，参加解放安溪县城战斗，由于敌军反扑不幸被捕，为建立新中国而英勇就义。①

三、学术成果举隅

这一时期教育学系教师人数较少，但始终坚持教育教学研究，取得了不少高水平的研究成果。限于资料，以下所列为教育学系教员发表的部分论文和著作。

(1)李培囿：论文 16 篇、译著 2 部(含合译 1 部)

《怎样使教学发展创造的能力》，《教育杂志》第 27 卷，1937 年第 9/10 期；

《科学的研究方法在教育上的应用》，《生力》半月刊第 4 卷，1941 年第 1—12 期；

《现代教育哲学综览》，《厦大学报》1943 年第 1 期；

《国家应如何培育青年领袖人才》，《福建青年》第 1 卷，1945 年第 5 期；

《世界和平与教育》，《教育与文化(福州)》1945 年创刊号；

《领袖人才与教育》，《教育与文化(福州)》第 2 卷，1946 年第 2 期；

《怎样增进阅读的效率》，《教育与文化(福州)》第 1 卷，1946 年第 2 期；

《青年之情绪发展与教育》，《教育与文化(福州)》第 1 卷，1946 年第 5 期；

《学校与品性教育》，《教育与文化(福州)》第 2 卷，1947 年第 5 期；

《教学法的意义》，《台湾训练》第 5 卷，1947 年第 2 期；

《进步主义的教育哲学》，《台湾训练》第 5 卷，1947 年第 4 期；

《传统主义或要素主义的教育哲学》，《台湾训练》第 5 卷，1947 年第 5 期；

《学校应如何促进训育》，《台湾训练》第 5 卷，1947 年第 12 期；

《男女之差别与教育》，《中华教育界》复刊 2，1948 年第 10 期；

《小学教学的原则和方法》，《国民教育辅导月刊》(台北)第 2 卷，1948 年第

① 郑文贞：《不息的浪涛——厦门大学解放前革命斗争风貌》，厦门：厦门大学出版社 1986 年版，第 245 页；陈炳三：《厦门大学革命史画册(1921.4—1949.10)》，北京：中央文献出版社 2007 年版，第 128 页。

4/5 期；

《文化生长与教育》,《灯塔》月刊第 3 卷,1948 年第 1 期。

《经验与教育》(译著,美国约翰・杜威著),中正书局 1942 年出版。该书是杜威近期教育哲学论著之唯一、权威译本。

《教学视导原则》(译著,与阮康成、张文昌合译),获教育部奖励四千元。①

(2)陈友松:论文 13 篇(含合作 1 篇)

《世界著名教育杂志摘要:美国电影教育的展望》,《教育杂志》第 27 卷,1937 年第 7 期；

《世界著名教育杂志摘要:教师的人格》,《教育杂志》第 27 卷,1937 年第 7 期；

《世界著名教育杂志摘要:测验与考试的演进》,《教育杂志》第 27 卷,1937 年第 8 期；

《教育上的科学方法》(与张铁群合作),《教育杂志》第 27 卷,1937 年第 8 期；

《新著介绍:鲁耳著小学教育原理》,《教育杂志》第 27 卷,1937 年第 11/12 期；

《世界著名教育杂志摘要:中小学电影教学试验的几种结论》,《教育杂志》第 27 卷,1937 年第 9/10 期；

《世界著名教育杂志摘要:学校职业指导工作的分析》,《教育杂志》第 27 卷,1937 年第 11/12 期；

《世界著名教育杂志摘要:美国儿童的夏令活动》,《教育杂志》第 27 卷,1937 年第 8 期；

《教育学是否科学》,《是非公论》1937 年第 43 期；

《苏联电影的转变》,《千字文》1938 年第 1 期；

《推动全国青年团的事业以达到抗战必胜的目标》,《教育杂志》第 28 卷,1938 年第 7 期；

《世界著名教育杂志摘要:美国教育议会对教育电影的工作》,《教育杂志》第

① 《李培囿等三人译著获教育部奖金》,《厦大通讯》1944 年 2 月 29 日。

28卷,1938年第1期;

《论抗战建国的第一保障——教育》,《唯力》第三卷第3~4期合刊,1939年10月1日。

(3)王衍康:论文8篇

《俘虏访问记》,《民教指导》1938年第6/7期;

《战时民众教育的新路》,《教与学》第3卷,1938年第8期;

《从民众抗敌宣传大会谈到大众艺术教育》,《民训指导》1938年第18期;

《社会式教育实施概要》,《闽政月刊·教育辑》第1卷,1938第11期;

《邓铁梅:(五幕抗敌史剧)》,《新闻杂志》第1卷,1938年第2期;

《邓铁梅(续第一幕完)》,《新闻杂志》第1卷,1938年第3期;

《中国民众教育的本质(待续)》,《教与学》第4卷,1939年第5期;

《中国民众教育的本质(续)》,《教与学》第4卷,1939年第6/7期。

(4)阮康成:论文4篇

《评部颁三十一年度各省市教育设施计划》,《生力》(半月刊)第4卷,1941年第1—12期;

《现代教师对于教学应有之认识》,《活教育》第1卷,1941年第1/2期;

《现代教育行政者的意义与职权》,《活教育》第1卷,1941年第6期;

《现代教师对于教学应有之认识》,《活教育》第1卷,1941年第9/10期。

(5)陈景磐:论文2篇

《教育视导思想的演变(附表)》,《厦大学报》1944年第3期;

《谈谈男女同学问题》,《萤光》双周刊新1期,1947年5月。

(6)汪西林:论文4篇

《我们的时代与适应的途径》(汪西林演讲,卢鼐、汪宗淑整理),《厦大校刊》第1卷,1946年第8期;

《我国训育之改造及其原理》,《灯塔》月刊第1卷,1947年第4期;

《近代训育趋势及其基本原理》,《中华教育界》复刊1,1947年第4期;

《心理健康的重要及其促进的原理与方法》,《中华教育界》复刊2,1948年第5期。

(7)郭一岑:论文2篇

《心理学与教育》(郭一岑、俞诗炘)第5卷,《台湾训练》1947年第3期;

《类型学的现状及其问题》,《教育研究(广州)》1948年第110期。

(8)林砺儒:论文1篇

《从"教育救国"说到"救救教育"》,《中华教育界》1948年第9期。

(9)潘懋元:论文8篇[①]

《勿以苏联中学男女分校例中国》,《星光日报》1947年5月25日;

《初小国常合教的理论与教法》,《星光日报》副刊《荧光》1947年8月11日;

《中国地理的特色》,《星光日报》副刊《荧光》1947年第11期;

《小学低年级应否学算术?》,《星光日报》1947年10月6日;

《一年来中国教育的回顾》,《星光日报》1948年1月6日;

《中国历代学生公费考》,《大公报》(上海版)1948年7月6日;

《困难重重的国民教育经费问题》,《星光日报》1948年9月19日;

《教育!教育!——一年来中国教育的回顾》,《星光日报》1949年1月5日。

这一时期教育学系学生在学期间,也参与教育研究活动,发表不少论文,限于篇幅,不能备举。

---

① 此据《潘懋元文集》卷七所列,未包括其学士学位论文。

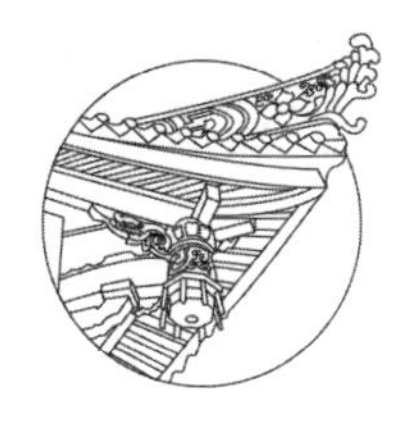

第三章 新中国成立后教育学系的传承与调整

1949年10月17日，厦门解放，厦门大学迎来了新生。学校抓紧进行复课复校工作，重建各组织机构，逐步推进教育教学改革。为了适应国家经济、文化建设和师资培养的需要，教育学系开始实行学科建制和教学课程的改革。在全国高校院系调整中，1954年厦门大学教育学系大部分教师和学生被调至福建师范学院，仅保留教育学教研室。以此为依托，教育学教研室开始进行高等教育研究的探索，并取得重要进展，为改革开放后教育学科的恢复和高等教育学的创立与发展奠定了重要基础。

第一节　教育学系的重建与教学改革

新中国建立之初，厦大仍设文、理、工、法、商五个学院，教育学系为文学院四系之一。王亚南校长主政后，推动学校机构改制，将法学院法律系和政治系合并为政法系，与文学院合并为文法学院。教育学系隶属于文法学院，在全国教育改革背景下，开始进行机构重建与教学课程改革。

一、教育学系的行政设置与专业建设

新中国建立后，至1954年院系调整期间，除了短暂变动外，李培囿一直担任教育学系主任。其中，1950年上半年、1953年第二学期，杜佐周曾任教育学系主任。[①] 潘懋元(1950年)、赖昌贵(1952年)、潘协和(1953年)先后担任教育学系

① 刘正坤等编：《厦门大学院系馆所简史：1921—1987》，厦门：厦门大学出版社1990年版，第328页；厦门大学档案馆教务档53-56。

秘书。

新中国极为重视师范教育的发展。1951年8月27日—9月11日召开第一次全国师范教育会议，确定为培养百万人民教师而奋斗的目标。马叙伦部长提出："师范教育是整个教育建设中的中心环节，师资问题如不解决，文化建设的高潮就很难到来，甚至会影响经济建设。因此，我们要求一切教育工作者与各级领导者重视这一问题。"①

在新的教育方针指导下，厦门大学开始试点设置专业。教育学系因其特殊的师范教育性质，且作为我校历史最为悠久的学系之一，学科基础扎实，师资力量雄厚，率先进行教育教学改革。在已有学科基础与师资力量的基础上进行改组，设置学校教育专业；根据课程性质和内容分设教育学教学研究组、心理学教学小组。全体教师共同参与教学计划、教学大纲的制定，课程进度和授课安排严格按照全国教育学科的专业要求，统一组织学生进行教育实习；学生毕业后服从国家统一分配，大多投身基层文化教育建设。

二、教育学教研组（室）的成立

1950年代初，我国高校教学制度改革中，教学组织改革是一项主要内容。教学计划的制定、教学活动的开展，都需通过教学组织而实现。在学习苏联教育经验的基础上，1950年6月第一次全国高等教育会议通过的《高等学校暂行规程》规定，教研组为教学的基本组织，由一种课目或性质相近的几种课目之全体教师组成。厦大根据华东教育部《关于教学研究指导组织暂行纲要草案》的规定，推动各学系组织教研组。教育学系率先在全校成立教育学教研组，成为全校的重要试点单位。教育学系助教潘协和在校刊介绍了相关情况。兹摘录原文如下②：

① 《马叙伦部长在第一次全国初等教育与师范教育会议上的开幕词》，载于何东昌主编：《中华人民共和国重要教育文献(1949—1975)》，海口：海南出版社1998年版，第108～109页。

② 潘协和：《教育学系教育学教学研究小组的介绍》，《新厦大》第7期，1950年12月1日。

教育学系教育学教学研究小组的介绍

解放一年来，教育学系在厦大所有院系中，是一个比较活泼而富有生气的一系。这由于同学们与教师们精诚有爱的结果，无论在思想上或行动上，都能紧紧团结一致，全心全意为新教育而努力，而这对于教育学系本身来说，也是从所未有的。

在这一年来，同学们和教师们做过了许多教学改制的事情，如精简课程、教学观摩、调查研究、搜集教育资料、办夜校以至现在的职工夜校等等；在成绩上虽说没有显著而突出的表现，但有许多地方却大大发扬了集体的创造性和积极性。在今年暑假，高教会议明确了高等学校的课程教育改革中应设教育研究组之后，这一朝着新教育前进的方向，教育学系的教师们是非常重视的，因此先选上一年级的教育学为重点，组织教育学研究小组，并希望由此获得经验，以全面推广。在这里我愿意把这个教研小组在实行几个月来的经验介绍出来，希望由此引起大家的注意，提出批评和讨论，使我们的教研工作能够提高一步。

首先这个教研组是由五位先生组成的，由大家共同讨论教学进行，拟定教学计划及教学大纲，然后根据这个教学大纲进行分配工作。每位先生担任一个教学单位，一学期的课程完全按照每人所长，由这五位先生平均合理地就材料分配好。又在这一课中选出二位同学为课代表，经常与教研小组取得密切联系，并反映同学们的意见，在每一个教学单位结束之后，就开一个会，这个会的内容是：一、检讨对这个单元的教学方法的优缺点，与同学们对这个教学单元的教学内容与教学方法的意见。二、讨论下一单元的教学内容。在这个时候，是需要我们以非常细心、实事求是、认真负责的精神进行检讨的，这样才能集思广益，才能很好地加以修改。去除不必要的部分或必须增加的部分。

教育学每星期有三个钟头的课，每讲一课大家都必须做教学观摩，平均起来，每上一课，至少有四位旁听的先生，他们平常缺席的很少。有些先生和同学一样记笔记，做摘要。对教学的内容及教学方法，除在教研小组会上提出讨论外，并经常及时地向担任该单元的先生提出意见，这样就使担任教学的先生能及时纠正缺点，改进错误。

同学们向先生们说：教育学系一年级的同学感到有兴趣的功课有三门，一是社会发展史，二是俄文，三是教育学。在这三门中又以教育学最有兴趣。在起初因为同学根底浅，不大习惯，以后慢慢地就分外感到有兴趣了。这个理由很简单,就是担任这一课的先生都能认真地教,每过一段时间,每一单元完了,轮流调换,每个先生有每个先生的教学方法,使同学们能吸收各种教学方法的长处,而不致枯燥乏味。

通过这个教研小组,无论是先生或同学对思想上的帮助很大,在每次讨论会上都能开诚布公,坦白地展开批评与自我批评,用团体的智慧来增进各人的不足,同时这门科学又是新的,这种组织方式也是新的,更需要大家的共同努力。按:这一学程直到现在已完成五个单元,即:第一单元什么是教育学?第二单元教育的本质,这二单元由潘懋元先生担任。第三单元教育的目的与任务,第四单元教育的方法,这二单元由陈汝惠先生担任。第五单元教育学的生物基础,由杨尔衢先生担任。尚有九个单元,将继续在下学期分期完成。

这个教研组也是有缺陷的,即每一单元的教材,除担任教师外,其他教师们还不能做充分的准备或很少准备,这一缺点正在力求改进中。

1950 年下学期,学校把原有的教研组加以调整或重组,成立 9 个教研组,其中教育学系有教育学教研组、教育实习教研组。[①] 教育学教研组教师有李培囿(组长)、潘懋元、陈汝惠、杨尔衢、汪养仁;1952 年该教研组教师调整为:李培囿、汪西林、潘懋元(组长)、陈汝惠、潘协和、陈本铭[②]。根据课程开设情况,还成立了心理学教学小组、教育史教学小组。心理学教研小组成员包括杨尔衢(组长)、杜佐周、熊文敏、赖昌贵;教育史教学小组成员包括李培囿(组长)、潘懋元。1953 年度第一学期,教育系有教育学教研组和心理学教研组,教育学教研组成员:李培囿、陈汝惠(组长)、潘协和、杜佐周、潘懋元、杨尔衢、汪西林、陈本铭。心理学教学小组成员:杜佐周、杨尔衢(组长)、赖昌贵。[③]

教育学系教研组经过一段时间的摸索实践,试点工作取得了成效。学校教研部检查了全校十七个教研组,认为教育学教研组的收获是最重要的。根据教研组集体意见,由潘懋元执笔,在校刊介绍和推广教育学教研组的工作经验。兹

---

① 厦门大学档案馆,教务档 50-8。

② 厦门大学档案馆,教务档 52-22。

③ 厦门大学档案馆,教务档 53-68。

摘录原文部分内容如下[①]：

教育学系教育学教研组工作总结

(一)教育学教研组是怎样组织起来的?

1950年8月,厦大成立了教学计划研究部。教研部成立之后一件重要的工作,就是号召全校各系,有重点地组织教学研究指导组。教育学系响应这一号召,在8月26日开系务会议,决定试行组织一个教研组。当时提出来拟组织的学科有政策法令、教育学、群众教育等,最后选定教育学,原因有二:(一)这门学科范围较广泛,差不多可以让全系教师参加。这样,就可以集中力量,搞好一个小组的工作,以后再根据这个小组的经验,分开去搞其他学科的教研组。(二)这门学科所以探究的是教育上最基本又最一般性的理论,通过教研组的集体研究,可以建立我们对教育的基本观点和方法。

学科决定之后,我们就开始进行学习和草拟关于建立教研组的重要报告,如北师大历史系教学小组的调查报告,苏联阿尔辛节夫的关于苏联高等学校的教学研究指导组问题等,并吸收了前月的思想酝酿与工作准备。到9月15日,开第一次教研会议。在会议上首先交换各人的学习心得;确定了教育学教研组的目的与任务;并通过三份教学计划,教学大纲、教学方法和教学进度。同时分配各教师的工作,并推李培囿教授为组长。这样,教育学教学研究指导组是组织起来了。

(二)教学计划

教学计划包括了教学大纲、教学方法和教学进度这三部分。这三部分的内容简单介绍如下:甲、教学大纲:教育学为全年课程,六学分,内容共十四章。上学期拟授七章,为教育原理或总结部分。下学期七章为分论部分。上学期七章的章次和主讲教师分配如下:

第一章　什么是教育学 潘茂元

第二章　教育的本质 潘茂元

第三章　教育的目的与任务 陈汝惠

---

① 教育学教研组,潘懋元执笔:《教育学系教育学教研组工作总结》,《新厦大》第12期,1951年3月25日。

第四章　教育的方法 陈汝惠

第五章　教育的生物学基础 杨尔衢

第六章　教育的社会学基础 汪养仁

第七章　教育的哲学基础 李培囿

乙、教学方法：原则是“集体教学、小组讨论”；具体的教学方法有：演讲、讨论、检讨、考查。

丙、教学进度：本学期一年级学生的上课时间原定为实足十六周。每周演讲三小时，应为四十八小时。除了一小时举行期中考之外，应有四十七小时。分配于七章，计二、五、七章各九小时，一、六章各六小时，三、四章合八小时。讨论会和教研会议，另行规定在每个星期五下午交替举行。这个下午全体师生不排其他课程。……

（三）教学实施的情形

由于教育学教研组在组织之前经过一定时间的酝酿，又由于教学计划是经过大家共同考虑讨论而后决定的。所以大体上颇能按照计划进行工作。

这篇文章还总结了教育学教研组的改革成就与收获。最重要的收获是：开始探索应用马列主义的立场、观点和方法来考虑教育上的问题。教研组的成立，不仅有助于搞好教学，更成为教师们的业务学习组织。听课制度和教学检讨的认真执行，使得各位教师在教学技术上颇有改进，更重要的收获是通过教研组的集体工作，各位教师取得了密切的合作。

同时，教研组也存在一些困难与缺点。如：教材的重复与不统一，导致教学过程中出现难以衔接；授课内容重复、教师任务繁重以及态度上存在懈怠等问题。为此，教研组提出了改进意见：一要加强工作领导和详订工作计划，从而确保工作统一；二要做好教学准备工作，教师共同选定教材并进行明确的教学分工；三是教师要更加认真地执行计划，齐心协力共同完成工作，充分发挥集体工作的效能。

在教学工作中，教育学教研组教师不仅负责制定教育学系教学计划与教学大纲，讨论教学进度，编写教材，集体改进教学方法等，还需负责为汉语言文学、历史、动物、植物、数学等专业讲授教育学、分科教材教法等课程。如 1953 年该教研组教学任务做如下具体分工：

教育学教研组的潘懋元、李培囿、陈汝惠、杨尔衢负责教育学系教育学课程；教学原理与方法这门课由陈汝惠、汪西林负责讲授与编稿，陈汝惠、汪西林、潘协和负责课堂讨论与学生辅导；杜佐周、陈本铭负责中文系教育学课程；潘协和、汪西林负责历史系教育学课程；汪西林负责组织教育见习。儿童心理学教学小组负责教育学系二、三年级的儿童心理学课程。

三、教学计划与教学大纲的制定

教学计划和教学大纲的实行，是新中国初期学习苏联教育经验的典型产物。教学计划是为各专业培养又红又专的人才而制定的法律性文件，它规定了某一专业学习的年限，必须学习的课程及它们的地位和比重。教学大纲是各课程的纲目，它反映了学生必须掌握知识的深度和广度。我校各院系设置专业后，参照苏联高等学校同类专业的教学计划及国内大学的参考资料，结合自己的师资和设备条件，认真着手制定、修订本专业四年制的教学计划和各课程的教学大纲。制定教学计划、教学大纲的工作主要由各教研组教师共同完成。教育学系教研组借鉴北京师范大学历史系教学小组的调查报告，以及苏联专家阿尔辛节夫关于苏联高等学校教学研究指导组问题的相关论述，吸取教育学系前期的准备工作，初步制定出了自己的教学计划与教学大纲。课程的设置与进度以及教师的分工都是依据教学计划与大纲展开的。

新中国初期，教育学系教学计划和教学大纲的制定体现了浓厚的苏联模式特色，主要表现在：(1)翻译、采用苏联教材，如教育学、心理学课程选用苏联凯洛夫的《教育学》和普洛夫的《心理学》等作为教材；(2)新设俄文课程，且作为必修课，与国文、英文课程同样的学分；(3)必修课比重增加，一年级课程全部为必修课，二年级选修课 4 学分，占全年修习总学分的 15%左右，三四年级也几乎全部为必修课，选修课比重直线下降，教学的计划性增强；(4)重视教育实习，教育与生产劳动相结合、理论与实践相结合是新民主主义教育方针的要求，也是培养人民教师的必要步骤，教育实习作为重要的教育环节在四年级集中体现；(5)集体教学的出现，新的教学组织——教研组的出现，能够充分发挥教师的集体力量，分工配合，因人所长，讲授各自研究领域的课程或课程的某一部分，从而提高教学效率。

四、课程体系的改革

恢复教学后，学校参照1949年10月华北人民政府高等教育委员会颁布的《大学专科学校文法学院各系课程暂行规定》，制定存废增减具体课程的要求，增设了《新民主主义论》及《政治经济学》共同必修课；成立政治学习委员会，聘请委员13人，负责全校政治课程的开设与全校师生员工的政治学习事宜。临时校务委员会确定了课程精简的几条原则：(1)把内容反动的、应加大改造而一时无法改造的、或新社会不需要的课程除去；(2)把重复或相似的课程归并；(3)把分量太轻的课程加强；(4)把应该有而没有的课程增加；(5)注意教材内容的充实和教学方法的改革；(6)工作重点在各系，各系重点在各年级，每年级之必修、选修课程，必须达到一定水准；(7)任课教员的确定注意发挥教师的特长，绝对不涉及人事关系问题。[①] 在上述原则指导下，教育学系师生积极参与教学改革，制定新的课程体系，改进课程内容。

首先，贯彻新的教育方针，开设新民主主义理论相关课程，提高未来人民教师的政治思想水平和共产主义道德品质修养，培养又红又专的教师人才。政治经济学课程由王亚南校长亲自授课。《世界教育史》采用苏联教材，《中国教育史》增加近现代内容的比重，着重讲授近代教育史与"五四"文化运动以来的内容。此外，开设了苏联及社会主义国家教育研究等课程，进一步学习苏联等社会主义国家的教育经验。

其次，课程设置涉及面较宽，并突出学习重点。注重拓宽学生的知识基础，开设国文写作、图书馆学、政策法令等课程。专业课程设置涵盖学校教育多方面。基础性理论课程设有教育学、中国教育史、世界教育史、教育行政、群众教育、教育名著选读、心理学、教育生物学等，分科分类教学课程有小学教材教法、中等教育研究等，教育研究方法类课程开设教育调查统计及实习、心理学实验等。

最后，将教育实习纳入课程教学环节，使之成为对学生进行专业思想教育，

---

① 未力工主编：《厦门大学校史・第2卷：1949—1991》，厦门：厦门大学出版社2006年版，第12页。

锻炼和提高教育教学能力的重要途径。

在课程教学管理方面，继续实行学分制。

1952 年 12 月，学校成立教学改革委员会，制定一系列规章、条例，推动教学改革工作。教育学系进一步改革和完善课程体系，精简部分课程，继续拓宽专业知识面，开设逻辑学、世界文学与中国文学、中国语文、人体解剖学等课程。

五、教学方法的改进

为了提高教学质量，改进学习方法，教育学系师生定期举行教研会议，进行学习总结，促进教与学方法的改进。课程总结的内容包括教材教法、教学态度、教学的困难与改进意见等方面，以帮助师生们，作为精简课程的准备[①]。

教研组和教学小组的成立，推动了整体教学形式的出现。整体教学方法是学习苏联教学经验的结果，教研组教师共同制订统一的教学计划，确定教学内容与教学进度，由教研组教师协作分工完成某一门课程的教学。如"教育学原理"课程由潘懋元、陈汝惠、杨尔衢、汪养仁、李培囿等共同担任，根据教师专长，安排章节教学的分配。

教育学系师生共同探讨与研究，积极创造、改进教学方法，在全校率先采用课堂讨论，推广"大班讲课、小组讨论"的教学经验。潘懋元负责开设教育学专题讨论课程，探索新的教学方法。通过集体交流讨论，拓宽学生的视野，加深对教育问题的认识，促进表达能力与思维能力。潘懋元根据教研组讨论意见，在校刊上介绍了教育学系的教学方法，包括遵循集体教学、小组讨论的教学原则，采用演讲、讨论、检讨、考查等教学方法[②]。学校教学计划研究部在《1950 年度下学期教研组总结》[③]中指出，教育学教研组是以讲义、讨论、研讨、考查相结合，特别在同学小组讨论时，在讨论前由同学提出问题，交教研组加以归纳，再给同学讨论；如题目比较深奥，则先由教员作启示报告，然后展开讨论。

上述学习方法，也称"西明纳尔"学习方法，是苏联高等学校中在教师领导下

---

① 《我们开始了学习总结：教育系通讯》，《新厦大》第 4 期，1950 年 5 月 5 日。

② 教育学教研组，潘懋元执笔：《教育系教育学教研组工作总结》，《新厦大》第 12 期，1951 年 3 月 25 日。

③ 厦门大学档案馆，教务档 50-8。

的班级集体学习方式。这种方法主要用于理论课及文法科方面，在教师的直接领导下有领导、有计划、有组织进行讨论，最后一定要有明确的结论。教育学系积极试行这种学习方法，整理成《"西明纳尔"学习方法——教育系"政策法令"学习报告》[①]、《集体学习应该怎样搞——教育系一年级集体学习经验介绍》[②]等文章，先后发表在校刊上。

事实证明，在集体教学中鼓励课堂讨论与小组讨论，合理运用集体学习的方法，能够调动学生的学习积极性，主动参与，加深对知识的理解，提高了学习效果。教育学系学生王福铨在校刊发表文章，从学习者的视角，介绍新的教学方法对学习的促进作用。他指出，教育学系各科课程普遍举行"课堂讨论"，课堂讨论能够使学生及时地、深入细致地温习教材。正如苏联教育家乌申斯基所说："当它（知识）再返回到意识时，不独它本身更加巩固，更加明晰，而且还能得到一种使自己能吸收新知识，并把自己固有的巩固性传给这些新知识的能力。"[③]课堂讨论还能帮助学生养成分析批判能力和系统发表意见的能力。课外的集体学习制度，对于促进同学感情、加强学生团结也发挥了积极作用。

1954 年第 81 期《新厦大》首版刊发了教育学系教育学教研组编写的《关于课堂讨论教学方法的改进问题》。教务处按："这篇总结是本校 1953—1954 年度第一学期教学重点总结之一。本处今后将选择这些重点总结中内容比较充实，经验比较成熟的，陆续在《新厦大》发表或推荐给《高等教育通讯》，借以交流经验。"这篇文章指出，课堂讨论是高等学校主要教学方法之一，对文科来说更有不可代替的重要性。必须在现有基础上，在继续认真学习苏联经验，认真总结自己的经验，与其他各系交流经验的过程中，把它作为巩固和加深学生知识，培养学生独立思考、独立工作能力的现实的工具。兹摘要介绍其主要内容：

一、工作的进行

（一）开学后的第二周，就在例会上成立了"课堂讨论教学方法研究小组"，推

---

① 教育系集体意见，林文生整理：《"西明纳尔"学习方法——教育系"政策法令"学习报告》，《新厦大》第 15 期，1951 年 5 月 1 日。

② 林三松：《集体学习应该怎样搞——教育系一年级集体学习经验介绍》，《新厦大》第 18 期，1951 年 6 月 16 日。

③ 王福铨：《我体会到"课堂讨论"的好处》，《新厦大》第 51 期，1953 年 2 月 1 日。

潘懋元（组长）、杜佐周、汪西林三同志负责拟出办法，具体规划各项工作的进行。（二）由教研小组提供资料，组织全体成员学习文件（苏联高等教育部马列主义教学科科长伏尔柯夫讲师的一次范例等篇），并进行座谈，提高对于课堂讨论的理论认识。（三）指定本系二年级教育学第三、第四、第六各章课堂讨论为公开观摩教学，由李培囿、陈汝惠、潘懋元三同志主持，分别于第八周、十一周、十五周举行。每次观摩教学前，主持人把讨论题的答案、补充问题进行计划，在研究小组中提出讨论，集思广益。观摩教学后，组织评议会，总结经验，明确改进方向。对学生方面，则于课堂讨论前检查发言提纲，给予适当指导；课堂讨论后组织集体辅导，分析提纲和发言情况，以提高学生独立工作能力。

二、工作中的成就

通过集体学习文件，同志们在思想上认识到课堂讨论是复杂的上课形式，需要高度的教学艺术；领导课堂讨论的根本方法，是运用生动的广泛的谈话，以保证教学过程中能开展创造性的讨论。使学生们自觉地牢固地掌握系统知识，正确地解决理论问题，从而发展学生独立思维能力和独立工作的兴趣和习惯。对于组织课堂讨论教学方法的特殊性也有了比较全面的估计。初步克服了过去使课堂讨论流于教师或学生的“专题报告课”，琐屑破碎的“谈话课”，过分强调复习巩固的“提问考查课”等不正确的看法和做法。①

最后，教研组提出了改进课堂探讨教学方法的基本途径：（一）课堂讨论前必须做好充分准备，了解同学的准备情况，研究学生们对于主题的理解程度、理解的正确性与深刻性，组织材料的全面性、逻辑性、有无原则性的错误，有无创造性的发现。从而预定“第一发言人”，拟出补充问题，为在课堂上展开广阔的讨论余地，启发学生积极思维。（二）正确选择“第一发言人”，不一定是准备的最正确最完全的同学，但“第一发言人”的发言，应该是可以引起全班热烈讨论的主要材料。（三）教师应该在同学发言之前，先作简短序言，说明讨论的基本目的。在学生发言后应不断补充，通过启发式教学不断地把学生引向抽象的思维，鼓励学生踊跃发言，加深学生的认识。（四）不急于对发言作定论，教师可以辅助性引导，但不能代替学生思维。（五）教师应做好全程监督工作，避免重复、离题等现象出

---

① 教育学教研组：《关于课堂讨论教学方法的改进问题》，《新厦大》第 81 期，1954 年 2 月 13 日。

现。(六)充分发挥教师的领导作用。在充分讨论后,教师应灵活地做到“步步总结”,明确问题的正确答案,明确问题的提法,从而在学生已有的知识基础上增加新知识的因素,提高思想方法的科学性、逻辑性。(七)教师不仅要对讨论内容进行总结,也要评定学生的发言情况。(八)每一次课堂讨论后,教师应该组织集体辅导,培养学生思想方法和组织材料的科学方法。

除了集体教学、讨论等方法,学生的自学也是重要的学习方法。为了保证学习效果,教育学系还建立了检查制度,召开教学检查动员会,通过系干事、科代表、室长全面了解学生的学习目标、态度和方法,鼓励学生进行自我检讨,发现问题及时克服,并广泛征求学生意见,根据学生的反馈改进教师教学。

此外,教育学系师生还积极参与全校开展的“如何培养学生的独立思考与独立工作能力”的讨论。教研组教师先后在《新厦大》发表《培养学生独立思考与启发教学》《儿童心理学培养学生独立工作能力的计划》《分析学生独立作业》《怎样走好第一步——谈在自学中培养地理思考、独立工作能力问题》《和新同学谈独立工作问题》等系列文章,主张培养学生的独立思维意识与独立学习能力。

在学业考核方面,学校改革考试方式,将学期考试与毕业考试集中考试的方法改由各教师在教室内个别举行;考试须切合实际考查,着重学生理解。教育学系根据每门课程的性质与教学内容,采取考查、考试等方法,对学生的学习成果起到较好的检测与反馈作用。潘懋元在《新厦大》发表《如何区别考试与考查》等文章,推广介绍教育学系学业考试经验。

为了锻炼和提高学生的教学实践能力,促进教育与生产劳动相结合,教育学系与厦门师范学校、双十中学等周边学校保持密切联系,为学生提供了诸多教育实习的机会。在学生学习期间,或利用假期,由教师带队和组织学生前往各中小学,进行数周教学实习,计入学分。1953 年夏季,教育学系同学在厦门师范学校开展了一个月的教育实习活动,积累了宝贵的教育教学工作经验[①]。

---

① 教育学教研组,汪西林执笔:《1953 年教育学系生产实习准备工作经验的介绍》,《新厦大》第 84 期,1954 年 3 月 27 日。

第二节 教育学系的师资建设

新中国成立后，教育学系在延聘名师的同时，响应国家培养新生力量的号召，吸纳教育学系优秀毕业生，注重培养青年教师，为其提供进修机会，充分发挥青年教师在教学改革中的锐意进取精神。教师们不断提高思想政治觉悟和业务水平，充分展现了新中国人民教育工作者的爱国情怀与担当精神。

一、师资队伍概述

这一时期，教育系保留了原有的骨干师资，并吸收优秀毕业生，如陈本铭、潘懋元、潘协和等青年教师，形成从教授、副教授到讲师、助教的师资梯队。

1950年教育系共有专职教师9名，其中教授3名，李培囿、汪西林、段铮；副教授2名，汪养仁、陈汝惠；讲师3名(含兼职讲师1名)；助教2名。1951年度续聘教员，包括李培囿(兼系主任)、汪西林、段铮教授，汪养仁、陈汝惠副教授，杨尔衢(兼教务处教学计划研究部主任)、潘懋元、陈本铭讲师，潘协和助教兼教务处教学计划研究部科员。随后，段铮教授调出，继聘杜佐周、熊文敏两位教授[①]。1953年教育系共有专职教师9名，其中教授4名，副教授1名，讲师2名，助教2名。兹将部分教师简介[②]如下：

李培囿：教授兼系主任。曾开课程：世界教育史等。现开课程为逻辑学以及参加教育学教研组集体承担的课程。能开课程：世界教育史、逻辑学、教育学。

汪西林：教授。曾开课程：群众教育、小学教材教法。现开课程：教育学、教育见习。能开课程：教育学、教育见习、小学各科教学法。

杜佐周：抗战前、五十年代初两度任教本校，教授。曾开课程：世界教育史、普通心理学、教育学、教学法、教育行政。现开课程：儿童心理学、教育学(外系)。能开课程：教育学、心理学。

熊文敏：教授。原任教福州大学，现开课程：普通心理学、心理学。

---

① 参厦门大学档案馆，人事档51-4。

② 参厦门大学档案馆，人事档54-9。

陈汝惠：私立大夏大学教育学院心理系毕业，教育学士。副教授。曾开课程：大一国文、中学语文教学法、中学教育、群众教育、教育学、中国近代教育史、教育行政。现开课程：教育学、儿童文学。能开课程：教育学、儿童文学、中国教育史、中国文学史。

杨尔衢：国立师范学院毕业，讲师。现开课程：儿童心理学。能开课程：儿童心理学、普通心理学。

潘茂元：讲师。现开课程：中国教育史、教育学；能开课程：中国教育史、教育学。

陈本铭：讲师。曾开课程：苏联教育、教育统计与调查。现开课程：学校卫生、教育学。能开课程：学校卫生、教育学、教育统计(学校教育专业教学计划未列该科)。

潘协和：厦门大学教育学系毕业，助教，共产党员。现开课程：教育学。能开课程：教育学。

赖昌贵：厦门大学教育学系毕业，助教，青年团员。现开课程：试教儿童心理学第三章。能开课程：培养准备开普通心理学。

二、教师教学与进修活动

教育系教师担任的学程，1950 年度第一学期有：

李培囿：世界教育史、苏联教育研究；段铮：心理学、心理学实验；李威：青年团及少儿队工作；汪养仁：小学教材教法、教育行政；陈汝惠：群众教育研究、中等教育研究；杨尔衢：教育调查及统计、教育调查及统计实习、幼稚教育研究；潘懋元：政策法令、政策法令(二)、中国教育史；教研组：教育学。

1950 年度第二学期学程有：

李培囿：世界教育史；段铮：心理学、教育心理学；汪养仁：小学教材教法、教育行政；陈汝惠：中等教育研究、中学语文教学法；陈贵生：图书馆学；杨尔衢：教育调查及统计、教育调查及统计实习；潘懋元：政策法令、中国教育史；陈本铭：新民主主义论；教研组：教育学、教育实习。[①]

---

① 厦门大学档案馆，教务档 50-33。

1952年教学改革前后，教育学系部分教员任教课程参表3-1、表3-2。

表3-1　1952年度第一学期教育系教师担任学程一览

教师	教改前课程	教改后课程
李培囿	世界教育史、苏联教育	苏联教育
汪西林	群众教育、教学原理及方法	群众教育、教学原理及方法
杜佐周		世界教育史、心理学（二）
熊文敏	普通心理学	心理学
陈汝惠	教育学（二）、教学原理及方法	教育学（二）、教育学、教学原理及方法
潘懋元		教育学、教学原理及方法、教育政策

资料来源：厦门大学档案馆教务档52-24。

表3-2　1952年度第二学期教育系教员担任学程

教师	课程
李培囿	逻辑学、小学各科教学方法、教育学专题讨论、世界教育史
汪西林	小学各科教学方法、教育学专题讨论、教育见习、教育学
杜佐周	心理学、世界教育史、普通心理学、心理学
陈汝惠	逻辑学、小学各科教学方法、教育学专题讨论、教育学
潘懋元	小学各科教学方法、教育学专题讨论、逻辑学、教学见习、教育学、世界教育史
潘协和	小学各科教学方法、教育学专题讨论、教育学、政治经济学
赖昌贵	心理学、普通心理学、新民主主义论

资料来源：厦门大学档案馆教务档52-24。

为了提高教学水平，教育学教研组定期举行教研会议，并实行听课制度。教研会议内容主要包括：审定各章讲授提纲和检讨教学优缺点，解决一些教学上的困难。听课制度与教育学专业的教和学互动密切相关。学生方面需要通过实际的教学观摩进行现场教学，教师之间的听课互动更为频繁。李培囿教授从第一课到最末一课是百分百的“全勤”。[①] 在此过程中，全体教师在教研组的各系活动中相互交流经验、查找自身不足，明确努力的方向，对于提升教师技能、提高教学质量均有重要帮助。教育学教研组不断探索新的教学方法，宣传成功的教学经验，充分发挥了教育学专业的优势。

为了有计划地提高高校教师业务水平，教育部鼓励高等学校教师进修，并制定《高等学校教师进修暂行办法》，指定师资条件较好的高等学校试办。教育学系重视青年教师的培养和发展，先后选派潘懋元、杨尔衢、潘协和到中国人民大学、北京师范大学、北京教育行政学院进修。

1951 年 8 月，经教务长章振乾推荐、王亚南校长同意，潘懋元前往中国人民大学教育学系教研室研究生班进修，师从教研室主任王焕勋教授；1952 年 2 月至 6 月，中国人民大学教育学教研室调归北京师范大学，潘懋元转入北京师范大学研究生班学习。这是厦门大学第一位被保送读研究生并保留工资待遇的教师[②]。其间，潘懋元通过书信，向王亚南校长介绍中国人民大学的教学工作经验。1952 年 9 月回校后，潘懋元任教学改革委员会秘书科科长，协助学校组织开展教学改革工作。潘懋元指导各专业制定新的教学计划，拟定《厦门大学教研组暂行条例》和《厦门大学系工作暂行条例》。他还在《新厦大》发表《中国人民大学教学工作的特点》《人民大学的政治课程》等文章，为全校教师做《中国人民大学教学特点》的报告，介绍中国人民大学如何学习苏联的教学组织建设和教学方法改革，在全校的教学改革中发挥了重要作用。潘懋元严谨的教学工作，得到学生的高度评价。

潘懋元先生教学认真[③]

教育学系沈芸卿

编辑同志：潘懋元先生是本校教育学系讲师并兼本校教务处教务科科长，他

---

① 教育学教研组，潘懋元执笔：《教育系教育学教研组工作总结》，《新厦大》第 12 期，1951 年 3 月 25 日。

② 潘懋元口述，肖海涛、殷小平整理：《潘懋元教育口述史》，北京：北京师范大学出版社 2007 年版，第 110～112 页。

③ 《潘懋元先生教学认真》，《新厦大》第 52 期，1953 年 2 月 11 日。

除了教学工作外，经常协助教务长推动全校二十个系科的教学工作。最近学校推进教学改革，教育科的工作是很忙的，而且他有时还要到厦门中学做关于如何学习“教育学”的报告，可是他在担任我们系“教育原理与方法”却仍做得很好，他时刻以苏联教育工作的高度计划与认真负责的精神，勉励着自己，也勉励着我们。

“教师没有准备好功课，就跑去给学生上课，等于士兵没有武装好，就去上战场一样，这是一点也没好处的。”他不但这样地教导着我们，而且自己也履行着这格言。

在每一次上课之前，潘先生总是按照教学大纲的进度，预先把写好的讲稿加以反复阅读和检查，分出轻重，把哪些地方应该多分析，哪些地方可以讲得简单的，一一都用红笔做好了记号，他总是尽可能地把一切应该注意到的问题加以注意了，因此当他讲起课来的时候，都有明确的系统性和严密的逻辑性，能够深入浅出地讲解，使同学不费多大的劲，就能很快地记住了他所讲授的内容，而他所举例子，也显得恰当而有代表性，能生动地把理论与实际联系起来，为同学所接受，好像在他讲到“混合课应该包括哪些环节”时，他结合了我们所参观的一所小学教师教学的教案为例子，引申与证明了六个环节的实现，使同学理解起来更容易。在教学过程中，他能够很好地贯彻政治思想教育，努力提高教学内容的思想性。

在掌握“课堂讨论”时，他也能很认真地准备，事前抓出重点，分配时间，估计会发生的问题和偏向，并预先备好启发同学的问题，因此当一个同学站起来发言之后，他就能指出：“你这一点分析得很好，那一点分析得不够”，“现在还应该从哪一方面去补充”等，运用多种多样的发问方式，启发同学，提出问题，分析问题。而在讨论问题的关键——在同学的思想动摇于正确与错误之间时，能及时加以提醒，使得同学通过课堂讨论后，对问题的理解和分析，得到一定的提高，也更激发了同学学习的自觉性与积极性。同学们能有这样的收获，无疑地是与教师的起主导作用不能分开的。

潘先生常说：“革命工作的需要支持着我工作的信心”，他举例说：“苏联专家普希金教授功课排得非常密，工作又非常忙，有人请他慢一点，而他却说‘今天新中国的建设是不容许迟缓，而是应该加快的’。”他就是以这种精神教学的。

在课程教学改革中，培养助教是这一时期扩充师资力量的重要方法之一。教育学教研组为助教提供系统学习教育学基础理论的机会，使其能够承担起其他学系的教育学课程。潘懋元结合教育学教研组的工作实践，提出培养助教的意见：

(一)教研组要根据实际情况，实事求是地订出培养目标和计划。目标要具体，要有发展余地；计划也要具体，并须使执行计划成为对集体负责的工作制度。(二)要提高助教学习的自觉性，这自觉性应该是与教研组的意图符合的，这样才能衷心合力地做好。如果教研组所安排的是这些工作，而助教自己所希望的却是那个方向，就很难收效。(三)试讲是培养师资的良好办法，我们觉得通过四次试讲收效很大，而且觉得四次还是太少，应该更经常来做。各人钻研是重要的，但须与实际工作结合起来，才能相得益彰①。

在教学过程中，教育学系教师通过多种学习方式和组织活动，不断提高自身的业务能力和思想政治水平。

第三节　教育学系的人才培养

恢复招生后，教育学系以普通教育学为学科支撑，以专业建设为着力点，大力培养为人民教育事业服务的专门人才。不仅传授专业知识，还提供各种机会，鼓励学生积极参加各种社会服务和实践活动。青年团支部注重培养学生的政治意识与道德修养，关注学生的全面发展。这一时期，教育学系培养了一批适应国家建设需要的中小学师资。有的毕业生继续深造，成为教育学领域的专家。

---

①　潘懋元：《教育学教研组对助教潘协和的培养工作》，《新厦大》第68期，1953年7月21日。

一、培养人民教育工作者

新中国初期，教育学系以培养师范类专门人才为目标，制定本科教育计划和课程教学。1951 年《新厦大》刊载了各学院的招生宣传，教育学系招生、培养目标为："本系同学，都是未来人民教育工作者，或者担任各级教育行政机关干部，或者担任中等教育，群众教育方面的，是文化教育建设中主要的骨干。"[①]

受国家招生计划和办学条件等因素影响，学校招生人数较少。教育学系 1950 年招收新生 38 人，转学生 14 人(图 3-1)。1951 年招收新生 18 人，转学生 2 人。1952 年招收新生 23 人。[②] 在全国师范教育工作会议之后，综合大学中的教育学系即将面临调整，因此，1953 年厦大教育学系停止招收新生。至 1954 年院系调整前，教育学系共招收四年制本科生近百人。1950 年、1952 年教育学系在学生人数参见表 3-3、表 3-4。

图 3-1　1950 年教育系全体师生合影

资料来源：何吉利《"我和潘先生的故事"：牢记潘老师的恩情》

---

① 《新厦大》第 20 期，1951 年 7 月 9 日。

② 厦门大学校史编委会：《厦大校史资料・第六辑・学生毕业生名录：1921—1987》，厦门：厦门大学出版社 1990 年版，第 217～218、229、235、250、258 页。

表 3-3　1950 年度第一学期教育学系注册人数统计

年级	男生	女生	合计
一年级	22	11	33
二年级	4	4	8
三年级	10	11	21
四年级	12	5	17
合计	48	31	79

注：此外，还有转学生 16 人，其中三年级 11 人，二年级 5 人。

资料来源：厦门大学档案馆人事处 50-3。

表 3-4　1952 年度第一学期教育学系注册人数统计

年级	人数
一年级	23
二年级	18
三年级	31
合计	72

注：二年级中途因病退学 1 人。

资料来源：厦门大学档案馆办公室 52-9。

二、学生社会服务与实践活动

教育活动本身就是一项实践性很强的活动，教育系一直保持注重社会调查与社会服务的优良传统。教师经常组织学生进行教育实习和社会调查研究，并利用其专业优势，开展各种社会服务活动。如：联合厦港区公所、渔协、农协、弘农小学，组成了厦港社教推进委员会，开办厦港夜校；参与厦大职工业余学校的创办工作；积极组织为抗美援朝募捐；利用假期参与各种社会活动等。兹选介校刊相关报道如下：

“在学校中这是具有悠久历史也是相当大的一系，过去就有九十几位同学，因为参加工作去了，现在有四十几位。他们师生团结得最好，生活小组也最活跃，各系同学都羡慕得很。他们办一所民众学校，最近还到厦市的十所中小学去做考察实习的工作，得了很大的效果，他们的阅览室很充实，是校中最热闹的。"①

"为了协助政府推进民教工作，上学期刚开始，本校教育学系、海洋系联合厦港区公所、渔协、农协、弘农小学组成了一个厦港社教推进委员会，分别负起开办一个厦港夜校的任务，决定将厦港圆山宫设为临时校址。……很多同学捐赠纸张和铅等，但仍不够用。教育学系黄尚艺同学捐了一笔款子，翻印低年级国常课本，教育学系干事会，也全力支持。一星期已募到了十七万元。"②

"1950年10月，厦大教育工会成立'职工业余学校筹备委员会'，工会聘请学生会代表教育学系师生代表等9人参加组织，共同工作。在访问动员工作中，教育学系'群众教育'班'教育调查统计'班全体同学，都能热忱协助。

学校班级与人数：普一上三十六人，普二上二十六人，中上十八人，中下十一人，高一上十七人。全校最高年龄五十二岁，最低年龄十三岁。

教职员主要来源是教育学系的同学，对学校来说，他们都是文教战线上的'志愿兵'，年青、热忱，而且人数众多。一方面，他们正在研究'群众教育'或'中等教育'，另一方面像副校长陈东凯，教导主任黄经闾，郑淑女，教师黄志胜，连玉城，何吉利，陈公渊，陈淑念等，解放后曾经办过码头工人夜校或厦港民校，有了一定的理论基础和行政与教学经验。"③

1951年暑期，本校留校同学参加各种社会服务，其中，"参加漳州中等学校教员暑期学习，有教育学系十多位同学"④。

同年10月8日，华东教育部来电，指定厦大文法学院二、三、四年级全体师生前往福建省晋江专署，参加为期一个半月至两个月的土地改革工作。按照学校土改学习委员会和晋江专署的安排，文法学院参加土改师生分成两批，其中，外文、教育、政法三系共202人，由陆季藩院长带队，前往安溪县。此外，文法学

---

① 《全校团结·学习·生活最好的：教育学系》，《新厦大》第5期，1950年7月30日。

② 教育学系：《我们怎样办起夜校来》，《新厦大》第4期，1950年5月5日。

③ 教育学教研组，陈汝惠执笔：《厦大职工业余学校的诞生与发展——1950年度上学期工作总结》，《新厦大》第13期，1951年4月6日。

④ 《本校同学利用暑假参加各种社会活动》，《新厦大》第21、22期合刊，1951年8月10日。

院各系一年级学生 117 名与留校 6 位教师，奉令组成土改队，到厦门市郊区禾山参加土改。文法学院师生的良好表现得到当地政府领导的高度赞扬。福建省政府主席张鼎丞为此特给文法学院来电表扬："厦门大学文法学院全体师生：……来电收悉，对你们积极支持本省广大农村土地改革运动的爱国主义精神甚感欣慰。特致敬意。"[①]参加土改工作更激发了学生的斗志。教育学系吴鸿基同学发表《为谁学习？为谁工作》一文，通过自己参加安溪县土改工作的所见所得，感受到了工农群众的爱国主义精神和在艰苦条件下的工作热情，受到强烈的启发与鼓舞，转化为学习动力。

共产主义青年团作为先进青年的群众性组织，是新中国初期高等学校中重要的组织团体，也是团结广大青年的核心。教育学系师生组成共青团教育支部，积极学习团章团纲。同学们在集体学习中端正入团动机，进一步改造思想，以共产党员的标准来锻炼提升自己，表现出积极向上的精神风貌。许多同学在党团的教育下，思想意识发生较大转变，学习态度得到端正，收获颇丰。黄志胜同学在《是党团给我的教育》中，讲述自己入团前后的思想变化。[②] 洪国珠发表《只有建立革命的人生观才能担负建设祖国的任务》，表示在团组织的帮助下，建立起共产主义的人生观，将全心全意为人类的解放事业奋斗到底。[③]

新中国初期，全国高等学校实行毕业统一分配制度。共青团支部鼓励学生积极配合学校方针，服从祖国统一要求，投身于新中国文化教育事业建设。教育学系学生积极响应号召，发表了《以坚决服务分配来报答人民的热爱》《愉快地走上工作岗位》等文章，表达自己服从组织分配，投身祖国建设的积极态度[④]。

在共青团组织领导下，教育学系学生还积极参加学校组织的各种爱国主义活动。在全国开展抗美援朝运动中，学校工会、学生会与校机关共同组织"红五月"活动，在全校普及与深入抗美援朝运动的计划。教育学系团支部组织学生，利用课余时间，赴校外举行各种演出活动，向市民普及和宣传抗美援朝活动(图3-2)，激发人民的反美爱国意识。以身作则告诉人民大众，在祖国需要的时候应该做些什么。全校掀起为抗美援朝募捐活动。教育学系女同学组织"义洗队"，

① 厦门大学档案馆，党委档 51-6。

② 《新厦大》第 40 期，1952 年 8 月 20 日。

③ 《新厦大》第 44 期，1952 年 11 月 7 日。

④ 《新厦大》第 40 期，1952 年 8 月 20 日。

将洗衣服、缝补、编织毛线等所得报酬全部捐献。其他同学通过参加劳动、节省日常开支、鼓励家人捐献等途径，贡献自己的力量。

图 3-2　教育学系同学向市民宣传抗美援朝活动的情形

图片来源：王增炳《教育学系是这样进行宣传的》，《新厦大》第 16 期，1951 年 5 月 16 日。

第四节　教育学系的调出与教育机构的重组

为了加强高等师范教育，解决师资匮乏问题，1951 年召开的第一次全国师范教育会议提出，大学文学院中的教育学系应逐渐归并于师范学院[①]。1952 年开始实行全国高校大规模院系调整，将综合大学的工、农、医、教育、政法、财经等院系独立建专门院校，或与同类学院合并，发展单科大学。在院系调整中，厦门大学确定了向综合性大学发展的目标，成为教育部确立的华东四个综合性大学之一。为配合学校总体发展战略及全国师范教育发展，根据中央政府高等教育部的决定，1954 年 7 月，厦大教育学系成建制调出、并入福建师范学院(今福建师范大学)。

① 《教育部关于第一次全国师范教育会议的报告》，载何东昌主编：《中华人民共和国重要教育文献(1949—1975)》，海口：海南出版社 1998 年版，第 128～129 页。

一、教育学系的调出

1954 年 7 月 10 日晚，王亚南校长召集教育学系师生，正式宣布高等教育部关于教育学系调整的决定(图 3-3)，并做有关调整的原因、要求等情况报告。[①]

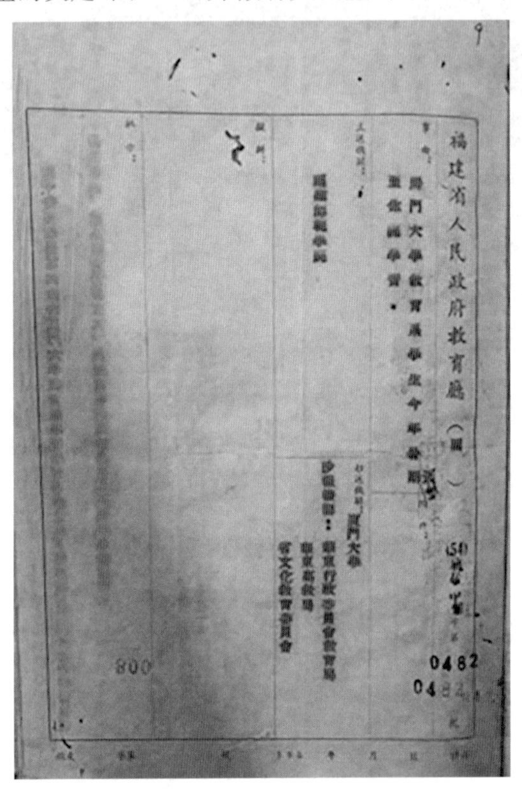
福建省人民政府教育廳（函）
厦門大學
0482

图 3-3　福建省人民政府教育厅关于厦门大学教育系调整至福建师范学院的调令

图片来源：厦门大学档案馆藏

在这次院系调整中，教育学系大部分师生被调至福建师范学院，包括杜佐周教授、熊文敏教授、杨尔衢讲师、陈本铭讲师、赖昌贵助教[②]，以及 1951、1952 年

① 《根据中央政府高等教育部的决定 本校教育系调整到福建师范学院》，《新厦大》第 92 期，1954 年 7 月 16 日。

② 参福建师范大学档案馆，人事档案卷号：124。

入学的教育系本科生39人[①]。上述教育系两个年级学生赴福建师范学院继续完成学业，陆续于1954学年、1955学年第二学期毕业。其中，郑登云、孙培青、刘素云于1955年暑期考入华东师范大学首届教育史研究班，后来成为知名教育史专家。

厦门大学保留教育系部分师资，组成直属教育学教研组，后改为教育学教研室，继续开展教育科学的教学和研究。根据苏联高等教育经验以及建国初期社会发展的需求，高等学校尤其是综合大学肩负着培养高级师资的任务[②]。厦大教育系调出后，教育学教研组成员有李培囿、汪西林、陈汝惠、潘懋元、潘协和，陈汝惠任教研组主任。1956年9月，潘懋元晋升为副教授，教研组加入助教张曼因。1958年教研组人员开始减少[③]，至1961年仅剩下潘懋元、张曼因，潘懋元任教研组主任。1963年教研室加入见习助教与兼任助教5名（参见“厦门大学教育学教研室教师名册”）。1964年潘懋元暂调教育部工作，教研室工作由张曼因代理。

厦门大学教育学教研室教师名册[④]（1964年1月24日）：

潘茂元：教务处长，副教授，中共党员，1951年北京师范大学研究生。现任教课程：教育学与中学历史教学法，逻辑学。任教育学教研室主任，现暂调教育部工作。

张曼因：讲师。1952年毕业于厦门大学教育学系。现任教课程：教育学与中学语文教学法，教育实习，函授“教育概论”。

罗杞秀：见习助教。1963年福建师范学院教育学系毕业（四年制）。现下放

---

① 参福建师范大学档案馆，教务档案卷号：127。

② 2019年10月27日，潘懋元先生在家中接受本书编写团队的访谈。他回忆说：“1952、1953年开始院系调整，教育系还没有调出去，我还在当讲师，同时我也在教务处当教学研究科科长。1954年教育系调整至福建师范大学（学院），但是按照苏联的体制，综合大学还有培养高中教师的任务，高中教师需要水平较高的师资。学习苏联还需要有一部分毕业生将来在大学教书，这一部分学生就需要念教育学，还要搞实习，分科教学法。因此，综合大学还要办教育。随着教育学教研组人数的增多，后期改名为教育学教研室，教研组与教研室在性质上是一样的。”

③ 参厦门大学档案馆，人事档58-5。

④ 参厦门大学档案馆，人事档64-75。

参加社会主义教育运动。

郑明鲁:见习助教。1953年北京大学哲学系毕业。现下放参加社会主义教育运动。

王增炳:教育科副科长。1955年中国人民大学马列主义研究班马列基础分班。现任教课程:教育学与中学历史教学法。行政人员兼任。

林去病:函授部＊＊科副科长。1958毕业于华东师大中文系(四年制)。现任教课程:汉语、逻辑学。现下放参加社会主义教育运动。行政人员兼任。

刘爱华:＊＊＊副科长。1952年7月毕业于厦门大学教育学系(四年制)。现任教课程:逻辑学辅导,批改作业。行政人员兼任。

"文革"前夕,学校直属教育学教研室被撤销。此后十年间,学校教学研究基本处于停滞状态。1970年,学校暂成立教育学系,设政治语文、农业基础、革命文体三个专业;各专业学制均暂定为一年,分别设置课程六七门,农业基础专业的学习时间延至二年才毕业。新设的教育学系和专业,与当时革命环境与社会需求紧密挂钩,而与厦大原有的教育学系及专业设置并无直接关联。

二、教育学教研组(室)的教学与学习活动

厦门大学院系调整后,教育学教研组的主要任务是承担全校有关教育学专业相关的教学与实习工作。该教研组师资继续在中文、历史、生物等系开设教育学、分科教学法课程,带领有关院系同学进行教育实习;同时还为华侨函授部开设"教育概论",编写适合海外学生学习的《教育概况》教材,发行世界各地。[①] 为了认识毛泽东教育思想,联系当前教育改革的实际,指导教育实践,并为研究新中国的教育学做好思想准备和理论准备,1958年,教育学教研组成立了"毛泽东教育思想学习会",公开征求会员,计划组织各项相关学习与研究活动。

1954—1955学年度第二学期,教育学教研组教师带领中文、生物两系共75名学生,分别赴厦门第一中学、双十中学进行教育实习。综合大学文理科教育实

① 刘正坤等编:《厦门大学院系馆所简史:1921—1987》,厦门:厦门大学出版社1990年版,第330页。

习的目的要求，从专业培养目标看，基本上与师范学院文理科一致，但在时间、规模、深度上有所不同，目的是“要求学生在学习本专业学科和教育学、专业教学法等课程的基础上，进一步将专业知识、教育和教学理论，应用于教育实践，培养他们具有担任中学教师的能力和兴趣，并加强对于中学教育的认识，从而巩固与提高他们当人民教师的责任感和光荣感”①。教研组教师们充分发挥本专业的优势，有组织、有准备地带领学生完成了教育实习工作，取得了较好效果。

1956年厦门大学校与本省兄弟院校、业务机关签订互助合作协议书，旨在加强合作交流，拓宽视野。教育学教研组也与福建师范学院教育系签订协议。如厦门大学关于儿童文学和东南亚华侨调查的教材和资料，与合作院校中国教育史和亚洲调查进行交换②。

新成立的“毛泽东教育思想学习会”，有计划地组织阅读毛泽东的《实践论》《矛盾论》《改造我们的学习》《在延安文艺座谈会上的讲话》《正确处理人民内部矛盾问题》等著作，以及其他有关文件，并在每月举行一次读书报告会，每学期举行一至两次的专题研究和专题讨论，进行必要的教育调查。每年每一组员应进行有关阐述毛泽东教育思想、结合实际问题的专题研究一至二个；每年由学习组向校内外理论刊物推荐较有成效的论文若干篇；与其他有关单位、学术团体建立联系，进行协作③。

此后，学校各组织单位开始制定相应的工作计划。陈汝惠代表华侨函授部、教育学教研组在全校会议上，报告教育学教研室将继续完成政治学习、课程教学、科学研究等任务。教学方面主要工作：(1)以现有的人力，把全校各系为培养高中教师，助教而开设的教育学课程，把即将开办的六个师范专科和一个体育训练班的教育学课程全部包下来，估计每年将培养一千个学生，系统学习教育学。(2)承担中文、历史二系，语文、史地二专科的三门专业教学法和有关教育实习的领导工作。(3)为文科有关的系开设选修课二至三门。(4)协助各系培养数理化

---

① 教育学教研组：《中文、生物系“教育实习”总结报告》，《新厦大》第120期，1956年3月8日。

② （资讯报道）《协议书签订后合作交流迅速开展》，《新厦大》第124期，1956年5月10日。

③ 《学习毛主席的教育思想 教育学教研组成立学习会》，《新厦大》第226期，1958年7月16日。

等六门分科教学法的教师。(5)协助各系、各专科全部教育实习指导工作。在科研方面,继续深入高等学校教育学研究,争取三年内,逐步建立与中国实际相适应的高等学校教育学的体系;不断修订教育学交流讲义,使达到全国水平。“教研组的同志也有决心,根据学校领导分配给我组成员的行政兼职,努力办好:教学与科研处,华侨函授部,职工业务学校。”①

1960 年全校多次召开认真学习毛泽东思想的动员报告,教育学教研组和教研处的部分教师进行了热烈讨论,并订出了学习、宣传和研究毛泽东教育思想的初步计划。大家认为,坚持以毛泽东教育思想为指导,是过去在教育工作上取得胜利的根本原因,也是今后工作继续取得胜利的重要保证。今后学习毛泽东教育思想,应紧密结合我国教育革命与建设的实际,大力总结已有经验,解决实际问题,系统地阐述毛泽东同志的教育思想,批判形形色色的资产阶级教育思想。学习方式上,以高等教育为重点,准备精读毛泽东著作,进行调查研究、经验总结、读书报告、写学术论文,举行讲座、报告会、座谈会、讨论会,出版资料选辑、集刊等。掀起学习热潮,繁荣教育科学。同时,要根据毛泽东教育思想体系,改编已有的《高等学校教育学》讲义,还准备结合实际工作中存在的问题,写出专题总结与专题论文若干篇。②

第五节　教育学科的学术传承与科学研究

教育学系的调出严重削弱了厦门大学教育学科的平台,但保留下的教育学教研组仍为本学科发展保留了火种。在特殊的历史条件下,厦大教育学科的学术研究传统并未中断,仍然在传承中探索新的研究领域,开始走向高等教育研究。

一、教育学教研组(室)的学术研究活动

教育学系自创办以来就有着科学研究的优良传统。新中国成立之初,全国

① 《跃进!华侨函授部和教育学教研组》,《新厦大》,快报 2,1959 年 3 月 7 日。

② 王增炳:《认真学习研究毛泽东教育思想——教育学教研组和教研处讨论学习的方法和计划》,《新厦大》第 318 期,1960 年 2 月 12 日。

提出要促进新的文化高潮的到来，因此，厦大教育系教师重视教育科学研究工作。这一时期，教育学系教师以教研组为单位，学习苏联教育经验。研习苏联教育学类教材，不仅在教学方法上有所研究和突破，还注重在教学改革中探索教育学科基本理论。

教育学系及其后的教育学教研组（室）教师先后在《厦门大学学报（社会科学版）》《高等教育》《红与专》《福建教育》等期刊，发表《关于第一个五年计划的教育建设计划——学习“发展国民经济第一个五年计划”的笔记》《试论理论联系实际的教学原则》《全面发展的本质意义是什么》《教学、生产劳动、科学研究的矛盾与统一》《略谈教师在教学中的主导作用》《坚持理论联系实际的原则》《略谈教师在教学中的主导作用》《再论教学过程中的理论联系实际》《少而精教学原则初探》《“因材施教”与“天才教育”》《教师主导作用的客观性和局限性》等论文；同时也在《新厦大》发表大量教育理论文章，向全校普及、推广教育学有关专业知识。这些论文如《作为社会现象的教育之本质及专门特点》《心理是有积极性的，还是属于人类所共有的？》《“因材施教”与“天才教育”》《教育学教研组讨论“全面发展因材施教”问题》，等。潘懋元、王增炳合作在《厦门大学学报（社会科学版）》1964年第2期发表的《少而精教学原则初探》一文，被中国人民大学剪报资料《高等教育》转载。

教育学教研组（室）十分注重教育史的教学与研究，尤其是对教育史上国内外教育家教育思想的研究与宣传。潘懋元发表多篇相关论文，如：1953年在《新厦大》发表《苏维埃伟大教育家马卡连柯》；1954年在《厦门大学学报（社会科学版）》第1期发表《杨贤江（李浩吾）教育思想》，该文是新中国最早系统研究杨贤江教育思想的文章；1955年先后在《厦门大学学报（社会科学版）》发表《胡适教育思想的错误及其在教育学上的影响》《蔡元培教育思想》；1956年在《厦门大学学报（社会科学版）》第5期发表《鲁迅的教育思想》；1960年在《厦门大学学报（社会科学版）》第2期发表《毛泽东同志教育思想试探》；1963年在《厦门大学学报（社会科学版）》第1期发表《从中国近代教育史的角度看“倪焕之”》等。此外，教育学教研组编写了新中国初期厦门大学校史——《十年来在海防线的厦门大学》（初稿），记录了这一时期不平凡的办学成就。

二、高等教育研究的探索

1950年代我国高等教育培养模式从通才教育向专业教育的转变，引发了高等院校培养目标、组织形式、教学体制等一系列变革。毛泽东主席提出干部要变外行为内行，厦门大学领导要求潘懋元为学校干部开设教育学讲座。由于过去没有针对高等学校的教育学，潘懋元一开始只能搬用主要以中小学为研究对象的普通教育学，所讲的理论不符合大学的实际情况，教学效果不佳，干部们听了很不满意。这次“失败”的经历让潘懋元第一次意识到高等教育的特殊性和研究高等教育的必要性。此外，潘懋元作为厦大首位前往中国人民大学进修的青年教师，回校后协助王亚南校长组织全校教学改革和专业设置，在教务管理实践中，潘懋元感受到高校办学的巨大变化，对高等教育的“专业教育性质”有了更深刻的认识，多种因素促使他萌发了撰写一本高等学校教育学的想法。

1956年潘懋元把自己想法与本教研组教师们进行交流，得到大家一致赞同，教研组转向高等教育研究。教育学教研组开始在学校试开“高等学校教育学”课程，并着手筹划编写《高等学校教育学讲义》(以下简称《讲义》)。根据教研组分工，教研组几位教师分别撰写各章节。原教育学系主任李培囿，以及汪西林、林鸿祺、杨菊卿、黄碧钦、刘淑珍等教育学教研组和教务处教学研究科的教师、干部，也协助了本书的校订或资料搜集工作(参《讲义》“前言”)。

1957年初，《讲义》初稿完成，由厦门大学教材科印刷发行(图3-4)。当时，高等教育部要求各校推荐一些比较成熟的新教材进行校际交流，该讲义由厦门大学推荐，分送全国综合大学和师范院校进行交流[①]。

这本《高等学校教育学讲义》的编写，直接受到苏联教育学的影响。其“前言”指出：“这分(份)讲义，仅能做到普通教育学的一般原理原则与高等教育若干论点与材料的和揉，尚不能从大量的高等教育实践经验中概括出完整的理论体系来。”尽管如此，本书作为国内第一本高等学校教育学教材，仍然有一定的创新之处，初步体现了高等学校教育学的特色。《讲义》为高等教育研究和建立高等教育学科的合理性确立了重要的理论依据，对高等教育特点的认识奠定了高等教育研究一个重要的理论基础，是高等教育研究史上第一次建立高等教育学科

---

① 李均：《中国高等教育研究史》，广州：广东高等教育出版社2005年版，第76页。

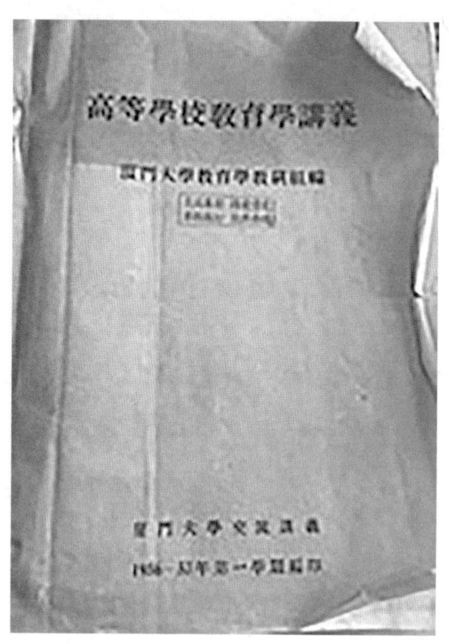

图 3-4 《高等学校教育学讲义》(打印本)封面(此版本为国家图书馆馆藏)

的重要探索，为后来中国高等教育学科的诞生奠定了重要的基础。[①]《讲义》“前言”阐明了《讲义》编写的背景与目的，兹录其全文[②]如下：

综合大学的主要任务是培养在理论科学或基础科学方面从事研究和教学工作的专门人才，也就是培养科学研究工作者和高等学校、中等学校的师资。为了实现培养师资的任务，综合大学多数专业的教学计划设置了教育课程。我校自从教学改革以来，就在汉语言文学、历史、动物、植物、数学各专业陆续开设教育学、专科教学法等课程并进行教育实习(在数学专业内只开教育学)。教育学的内容，最初仅限于普通教育理论，后来增加了一些高等学校教育材料，以“面向中学、适当照顾高等学校”为编纂教材的原则。于 1955—1956 学年度编写了一分

① 李均：《中国高等教育研究史》，广州：广东高等教育出版社 2005 年版，第 78～80 页。

② “前言”全文录自厦门大学教育学教研组编《高等学校教育学讲义》，1956—1957 年第一学期编印，厦门大学交流讲义，北京：国家图书馆馆藏。

(份)“综合大学文科各专业应用的教育学教学大纲”和一部分讲义。由于近几年来综合大学学生分配在高等学校任教的较多,迫切需要掌握高等学校教育与教学的科学知识,因此我校的教育学课程,自1956—1957年度起,改开“高等学校教育学”,并试编了这分(份)讲义以应教学需要。

高等学校和普通学校的教育与教学问题,在原理原则上,基本上是一致的。但也各有它的专门的特点,需要专门研究。需要专门研究的,又不仅是制度方法上的问题,很多涉及原理的问题。忽视高等学校教育与教学理论的专门特点,硬搬普通教育理论的一套,是不完全恰当的。诸如“学生身心特征和教育”“教学方法”“学校组织与领导”等问题,高等学校与普通学校的差别很大;即便像“共产主义道德教育的原则与方法”“学生集体的组织与教育”“教学计划·大纲和教材”等问题,也有它的特殊性。究竟什么原因使高等学校教育问题和普通学校教育问题中间存在很大的差别呢?主要由于下列两个因素:(一)高等学校教育,就其性质言,是专业的,内容复什,与国民经济各个部门直接联系(此点,中等或初等专业学校也同);就其系统言,是建立在普通教育基础上的高等教育。(二)大学生是十八九岁以上的青年人,已经达到成人阶段,他们的身、心发展特征与社会经验不同于中、小学生。

由此可见,专门研究高等学校的教育与教学理论,是有必要的。它的研究工作,是整个教育科学的一个重要组成部分,但却不是以普通学校教育为对象的普通教育学所能概括。必须像“学前教育学”那样,逐步地建立一门称为“高等学校教育学”或“高等专业教育学”的教育科学,但据我们所知,国内外均尚未建立起这样的一门科学体系。我们仅仅是打算朝着这个方向努力,做“抛砖引玉”的工作。

建立一门新的科学,当然不是一件简单的事。它是由客观事物发展的结果,经过长期的经验累积和高度的理论概括,才能从实践的需要和在实践的基础上产生比较成熟的理论体系。由于高等教育的发展,日益有了建立自己的科学理论的需要,而苏联和我国社会主义性质的新型高等教育也已经积累了一定的实践经验。也就是说,作为一门新的科学的出现,已经具有了需要与可能。但是,系统的理论工作,过去注意得还少,尚待教育科学工作者有计划地进行长期的艰巨的工作。这分(份)讲义,仅是应综合大学培养师资的需要而编写,由于缺乏长期的和深入的研究,只能依据普通教育学的体系,增加一些高等教育理论,删减一些与高等教育与教学问题关系较少的普通教育材料;其中如大学生的身心特征和教育、新中国的高等教育、教学内容、教学组织与方法、课外活动、学校组织和领导等章节,或者是普通教育学所没有的,或者和普通教育学的材料基本不同的;教师、教学大纲和教科书,美育、体育、学校中国共青团组织和学生会等章节,也和普通教育学材料有很多不同之处;至于教育学的基本原理、共产主义教育目的和任务、中华人民共和国新学制、教学过程与教学原则、共产主义高等教育、学生集体的作用和特征等,其内容与普通教育学是基本相同的。总之,这分(份)讲义,仅能做到普通教育学的一般原理原则与高等教育若干论点与材料的和揉,尚不能从大量的高等教育实践经验中概括出完整的理论体系来。但是,任何一门科学,当它从较一般或相近的科学门类分化出来之初,也都是理论不够成熟、体系不够严谨的。"始生之物,其形必丑"。问题在于必须迈开第一步,才能从不完全走向完全,从粗糙走向精细。希望高等教育部门和兄弟学校予以批评和指正。

这分(份)讲义又是由教育学教研组编写的,并承教学研究科协助。其中第一、二、七、八各章由潘懋元同志执笔,第三、五、六、九、十、十一各章由陈汝惠同志执笔,第四、十二各章由张曼因同志执笔。(第十三章因目前分歧意见较大,暂缓编写)教育学教研组的李培囿、汪西林诸同志,教学研究科的林鸿祺、杨菊卿、黄碧钦、刘淑珍诸同志,协助校订或搜集材料的工作。

厦门大学教育学教研组 1957 年 7 月

在编写《讲义》期间,潘懋元于 1957 年 8 月在厦门大学《学术论坛》第 3 期发表《高等专业教育问题在教育学上的重要地位》。该文从理论上系统阐述了专业教育与普通教育,高等教育与中等或初等教育的区别,并呼吁要重视高等专业教育的研究,建立一门高等学校教育学。这是中国第一篇倡导高等教育研究和建立高等教育学科的论文,同《讲义》相辅相成,成为建立高等教育学科最早的探索性成果,为改革开放后高等教育学学科的正式建立奠定了基础。[①]

---

① 李均:《中国高等教育研究史》,广州:广东高等教育出版社 2005 年版,第 80～81 页。

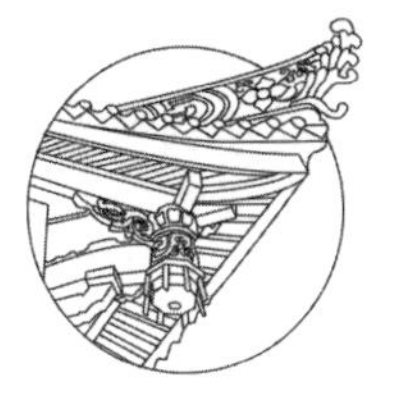

第四章 高等教育科学研究所的创立和发展

“文革”结束后，高校开始恢复高考招生，我国迎来科学的春天。为适应高等学校教育教学活动和中国高等教育发展的现实需求，在潘懋元倡导下，厦门大学于 1978 年 5 月 27 日成立高等教育问题研究室（不久更名为高等教育科学研究室）。1984 年 2 月 27 日，教育部批准该研究室改为厦门大学高等教育科学研究所。根据潘懋元对厦门大学高等教育研究所（室）的总体战略规划，从建所（室）到 2000 年，大致分为三个阶段：第一阶段（1978—1984 年），以建立高等教育学新学科为基本任务，促进建所工作；第二阶段（1984—1990 年或稍后一两年），以培养人才为主要任务，开展科研工作；第三阶段（从九十年代初到 2000 年），进行较高水平与较广泛领域的科学研究，建成名副其实的全国重点学科点[①]。实践证明，该项规划每个战略阶段的发展要求都如期甚至提前完成，总体呈现出阶梯性有序发展态势。

1978—1999 年间，厦大高等教育科学研究所（室）在组织机构、人员配置、学生培养、学术贡献、社会服务等方面取得了一系列重要成就，创造出诸多“第一”：潘懋元主编、出版了中国第一部《高等教育学》，标志着高等教育学作为一门学科的正式建立；创立第一个高等教育硕士点、博士点和国家重点学科点，为国家培养高层次高等教育科学研究和管理人才；率先发起建立中国高等教育学会、中国高等教育研究会，开展高等教育基本理论、高等教育管理制度、民办高等教育、科举学等专题研究，为国家高等教育重大决策建言献策，等。这些重要贡献使厦门大学高等教育科学研究始终站在中国高等教育研究的第一线，成为中国高等教育的“国家队”。值得指出的是，厦门大学高等教育科学研究所，虽为国内首创，

---

① 潘懋元：《厦门大学高等教育科学研究所建所十年工作报告》，载《潘懋元高等教育文集》，北京：新华出版社 1991 年版，第 774 页。

得发展先机，但潘懋元始终坚持“一花独放不是春，百花齐放春满园”的信念，带领高等教育科学研究所无私地为国内其他院校的高等教育研究机构提供了多方面的帮助，有力地推动了全国高等教育研究和高等教育学的学科建设与发展。

第一节 高等教育科学研究所(室)的创立与发展

作为全国第一个高等教育研究机构，厦门大学高等教育科学研究室的成立，标志着高等教育研究成为一个专门的学术研究领域，中国高等教育研究进入一个新的发展阶段。多年来，本研究所(室)致力高等教育科学研究，重视高等教育基本理论研究和高等教育学科研究生培养，不断超越自我，取得辉煌成绩，创造了中国高等教育研究的诸多“第一”，成为中国高等教育研究领域的一面旗帜。

一、高等教育研究室创立的背景

1977 年邓小平大力推动教育和科学文化的“拨乱反正”，提出恢复高考和办好一批重点大学。1978 年 12 月，中国共产党十一届三中全会的召开，成为改革开放的重大历史转折点，为高等教育改革注入强大动力。厦门大学作为 1978 年中组部和教育部批准的国家第一批重点大学，努力建成“既是教学中心，又是科研中心的综合性大学”[①]。为了实现这一办学目标，厦门大学领导班子励精图治，制定了一系列重要举措。曾鸣任书记兼校长，司守行任副书记兼第一副校长，谢白秋任副书记，副校长有蔡启瑞、潘懋元、赵源、未力工、唐仲璋、傅家麟等。潘懋元兼任教务处处长，主要负责管理学校的教学和科研，特别是整顿教学秩序和进行教学改革。

潘懋元在落实教学改革的管理过程中，面临着较多问题和实际困难。例如，师资力量不够，无法开设选修课；甚至有些公共基础课程也很难开设。在推进教改落实的过程中，时任数学系主任蔡声玢教授向潘懋元建议重开教育学教研室，为学生教授教育学的课程并研究学校的教改问题。这一建议获得了潘懋元的认

① 潘懋元：《潘懋元教育口述史》，北京：北京师范大学出版社 2007 年版，第 154 页。

可，并得到了进一步的推广。随后，潘懋元向时任厦门大学党委书记的曾鸣同志提出成立一个专门从事高等学校教育问题研究机构的想法。此前，潘懋元曾写过批判“四人帮”破坏高等教育的拨乱反正的文章，也帮助曾鸣书记为《红旗》（《求是》的前身）写了一篇有关高等教育规律的文章，很快，他的提议获得了曾鸣书记的认同和支持。此后，潘懋元便向学校提出正式申请，建议设立高等学校教育研究组，经学校办公会议通过。1978 年 5 月 17 日，厦门大学公布设立高等教育问题研究室等九个文科研究机构；5 月 27 日，厦门大学高等教育问题研究室正式成立。该研究室直属厦门大学领导，潘懋元任研究室主任，陈汝惠任副主任，罗杞秀任秘书。这一研究机构的设立，不仅接续了厦门大学教育学科的优良传统，而且开创了教育科学研究的新领域，率先在国内开展高等教育科学研究。

高等教育问题研究室成立后不久，潘懋元深感研究室的名称尚不能准确地反映其工作性质。他认为，研究室的主要任务是进行高等教育研究，而这种高等教育研究是在科学理论指导下，运用科学的方法所进行的高等教育科学研究，因此，将研究室名称改为“高等教育科学研究室”更为贴切。这一意见得到了学校领导的赞同。1978 年 8 月 3 日，高教研究室召开了第一次工作会议，正式定名为“厦门大学高等教育科学研究室”。此后，厦门大学高等教育研究跨入新的发展阶段。

二、高等教育科学研究所（室）的发展

厦门大学高教研究室作为全国第一个高等教育研究机构，成立伊始，就明确发展目标，以建立高等教育学新学科为基本任务，编写高等教育学教材，对外宣传高等教育理论研究的重要性与必要性；促进研究室的自身建设，为学校发展服务。高教研究室成立后，积极开展对外学术交流活动，逐渐为国内高教界所关注，成为中国高等教育研究的先锋和旗帜。

1978 年 12 月，潘懋元先后在《光明日报》《厦门大学学报（哲学社会科学版）》发表了《必须开展高等教育理论研究》《必须开展高等教育理论的研究——建立高等学校教育学刍议》两篇论文，引起学术界的关注，研究高等教育规律，成为高等教育界的热门话题。1979 年 4 月，全国第一次教育科学规划会议暨中国教育学会成立大会在京召开。潘懋元在大会发言，提出将高等教育研究作为教

育学会的重要研究领域。在会议上，厦门大学高等教育研究室被建议列为全国高等教育的重点研究机构，潘懋元被选为中国教育学会第一届理事会理事，陈汝惠被选为全国教育学研究会理事。

研究室成立之初，研究人员短缺，力量薄弱。据该机构创建人潘懋元回忆："高教研究室成立之时，连我在内一共只有五个人，陈汝惠（研究室副主任）、张曼因、王增炳和罗杞秀（研究室秘书）。陈汝惠和张曼因在'文革'前就是教育学教研组的教师，1957 年参加过《高等学校教育学讲义》的编写工作，教育学教研组解散以后，他们被安排到中文系当教师。我把他们请回来时，陈汝惠已经六十多岁了，身体较差；张曼因当时已经提前退休，是退休后返聘。总之，我们这五个人当时都已不年轻了，平均年龄超过五十岁，最年轻的罗杞秀也已经四十三岁了。1978 年下半年，又从福建师范学院调进来一位吴丽卿，也不年轻了。"①为了壮大研究队伍，高教研究室聘请了校内热心高等教育研究的教师和干部，作为兼职研究人员；同时，带动学校各部门开展高等教育研究，不断活跃学术气氛，扩大影响力。

此外，成立全国性的专门的研究学会，也是亟须解决的问题。在厦门大学高教研究室成立后一年多的时间里，全国又陆续建立 20 多个高等教育研究机构和组织。由于通信、交通条件受限，这些新建机构和组织联系并不紧密，沟通匮乏、力量分散，难成气候，研究工作也缺乏明确的目标和科学的制度。因此，组织全国性的高等教育研究会，壮大高等教育研究队伍，成为厦大高教研究室的重要目标和任务。

为此，潘懋元赴上海专访时任上海师范大学（现华东师范大学）校长的刘佛年和上海市教育局副局长余立，得到他们的支持。1979 年 7 月 16 日，刚成立一个月的上海师范大学高教研究会，派副理事长黄震、郑启明等 6 人来厦门大学高教研究室参观访问，借此机会，潘懋元提出，由两家共同发起成立全国高等教育研究会（或学会），并很诚恳地表示："我们愿意多做些工作，但人力不够，声望不够，只能当马前卒，不能当头。"②上海师范大学的同行对厦门大学高教研究室的

---

① 潘懋元：《潘懋元教育口述史》，北京：北京师范大学出版社 2007 年版，第 156～157 页。

② 潘懋元：《高等教育科学研究室简介——向上海师范大学代表团谈话提纲》（手稿），1979 年 7 月。

提议表示赞同。最后，双方经过商议，决定由两个单位共同发起成立一个名为“全国高等教育科学研究会”的组织。

1979年8月31日，在兰州召开的全国教育学研究会年会上，潘懋元做了题为《必须开展高等教育理论研究》的报告，呼吁开展高等教育研究工作，成立高等教育研究组织。会间，潘懋元邀请部分热心高教、在当时教育界有一定影响的代表，召开关于高等教育问题的座谈会[①]。与会者畅谈高等教育科学研究的重要性及当前高等教育科学研究存在的问题，一致赞成发起全国性高等教育研究组织的倡议，主动要求入会。返厦后，潘懋元与上海师范大学高教研究会商议，以两个单位的名义，于10月3日向国内部分高校发出《召开成立全国高等教育科学研究会筹备会通知》。不久后，得到北京师范大学高等教育研究会筹备组等6个单位的响应，表示愿意作为发起单位。

1979年10月15—17日，全国高等教育科学研究会第一次筹备会议在上海召开，完成了通过成立研究会的倡议书、拟订研究会章程、讨论研究会理事推选原则、准备研究会成立大会的有关事项、向中国教育学会提出报告等议程。上海师范大学高等教育研究会、厦门大学高等教育科学研究室、北京师范大学高等教育研究会筹备组、南京大学教学顾问组、兰州大学高等教育研究室、清华大学教育科学研究组筹备组、上海交通大学教学法委员会和上海市高等教育研究会等八个单位，作为共同发起单位，上海师大高教研究会和厦门大学高教研究室共同负责筹备工作，联络组设在厦门大学高教研究室。这次筹备会非常成功，正如中国教育学会贺电所言：“这是中国教育史上的创举。”筹备会上将其正式定名为“全国高等教育学会”，并通过了《全国高等教育学会章程(讨论稿)》；同时，决定面向全国发出《成立全国高等教育学会倡议书》。《倡议书》引起了不少单位和组织的共鸣和支持，甚至边远的新疆和西藏地区，都强烈要求入会。至1980年4月底，申请入会的单位增至128个。[②]

1980年8月26—29日，第二次筹备会在厦门鼓浪屿举行。这次会议计有30多个单位的44位代表参加。中国教育学会副会长张健代表教育部主持会议，在开幕式和闭幕式上作了讲话和总结，厦门大学副校长潘懋元作了全国高等

---

① 参加座谈的有张文郁、刘文修、张焕庭、擅仁梅、汪培栋、李放、吴丽卿等20多人。

② 《全国高等教育学会筹备会简报》，第二期，1980年5月5日。

教育学会筹备工作的报告。

1983年5月28日,在教育部召开了中国高等教育学会成立大会,教育部长蒋南翔任会长,副会长有何东昌、曾德林、季羡林、唐敖庆等人,潘懋元、朱九思、刘道玉、谢希德、余立、汪永铨等38人任常务理事。但由于机构有些偏行政化,多位研究者建议组织一个高等教育学研究会,并得到上级批准。1992年12月,在厦门大学召开了全国第一届高等教育学科建设研讨会,并决定成立全国高等教育学会筹备组,联络处仍设在厦门大学高教所。1993年10月,全国高等教育学会终于在上海成立。潘懋元任理事长,研究会的秘书处随理事长变动,设在厦门大学高教所,王伟廉任秘书长。

1984年2月27日,教育部批准高等教育科学研究室更名为"高等教育科学研究所",并下达20个专职科研人员编制。11月20日,"全国高等教育管理研究会"在北京成立,潘懋元被聘为第一届理事会顾问,王增炳当选为理事。12月29日,厦门大学任命潘懋元为高等教育科学研究所所长(兼),吴丽卿、陈炳三为副所长。此后,厦门大学教育学科建制与高等教育研究跨入新的发展阶段。

三、高等教育科学研究所(室)的教育研究活动

从高等教育科学研究室到高等教育科学研究所,其教学与科研活动丰富多样,为师生营造了良好的研究与学习环境,在教育教学和学术研究方面取得丰富成果。

(一)开展所内、校内的教育科研活动

高教研究室(所)多次召开高等教育科学研讨会,并将其制度化,成为学术例会,探讨相关课题、论文、学术问题,交流思想。这一制度延续至今,成为科学研究活动的重要组织形式(图4-1)。1979年7月30日,研究室召开第一次高等教育科学讨论会,讨论吴丽卿主持的课题"大学生在学成绩与高考成绩的相关研究"。参加讨论并发言的有翁孔馨、林纪素、杨菊卿、林鸿禧、陈天择等专、兼职研究人员二十余人。此外,积极参与学校科研工作。同年9月20日,高教研究室承担厦门大学校史编写任务,组成校史编写组,组织中文、历史等系六名教师,讨

论校史编写问题。11 月 19 日—22 日，研究室举行科学讨论会，专、兼职研究人员四十多人参加，分高等教育理论、师资、校史三组进行讨论。1980 年 6 月 15 日，研究室召开高等教育科学论文讨论会，讨论专兼职研究人员吴丽卿、林鸿禧、陈天择的论文。

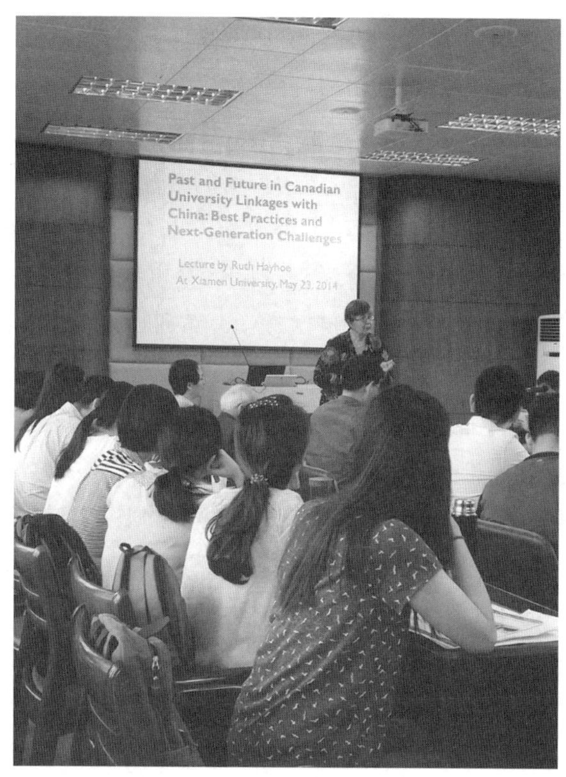

图 4-1　加拿大比较教育专家露丝·海霍教授来院做学术报告

1981 年 1 月 5 日，厦门大学任命王增炳为高教研究室副主任。5 月 4—9 日，高教研究室举行校庆科学讨论会，讨论专、兼职研究人员撰写的高等教育论文十余篇。1982 年，陈汝惠编《建国三十三年高等教育大事记》，内部印发。1982 年 6 月 15 日，资料室复印美国大使馆赠阅的高等学校资料，向全校师生开放。1984 年 4 月 8 日，校庆期间举行第十届科学讨论会，高教研究室主持教育组的讨论会。1985 年 1 月，开始改革《外国高等教育资料》编辑、出版、发行工作。整顿资料室，增添设备，制订规章制度，调整人员等。

(二)培训培养高等院校教师和管理干部

厦大高教所(室)面向教学改革实际,发挥高等教育学科优势,通过开设高等教育学专题讲座,出版系列培训教材,促进高校管理干部和教师的专业化。潘懋元先生为国家教育部门和许多高等学校开设高等教育学专题讲座或做学术报告,推动了许多管理干部和教师尤其是高校领导对教育规律的研究和自觉运用,促进了大学教学改革的深入发展。

在各种培训中,“高等教育学”被列为首要的必修课程。原一机部教育局、原国家教委、教育部、国家教育行政学院,东北、华东、华中、西南、西北等地区高校管理干部培训中心,许多大学、教育学院,许多省、市教育厅(高教厅)举办“高校干部进修班”“高等教育学理论研讨班”“教学改革研讨班”等,邀请潘懋元先生等前往报告,或开设专题讲座。

1979 年 9 月 9 日,潘懋元应陕西省高教局邀请,为西安各高等学校书记、校长做《关于高等教育理论研究》的专题报告。1980 年 11 月 8—20 日,潘懋元教授应邀到长沙湖南大学为一机部所属院校长教育学研究班讲高等教育学。1981 年 10 月下旬,潘懋元应邀到华东高等学校干部进修班讲授“高等教育学导论”。1982 年 3 月 16—29 日,潘懋元应教育部邀请,到京研究制订中央教育行政学院高等学校领导干部培训班教学计划;4 月,他应邀到武汉为华中高等学校干部培训班讲学。这些报告和讲课录音被整理成册,公开出版,并被多处翻印。如《高等学校教育学及教育规律问题》《高等教育学的若干问题》被整理成小册子,发行全国;《高等教育学讲座》《教学法专题报告》等均由国家有关部委、各地区高校干部培训中心或有关高校出版发行,其中,《高等教育学讲座》于 1983 年 8 月由人民教育出版社出版,是国内首部正式出版的高等教育学专著;此后,人民教育出版社出版了增订本、续订本。据统计,20 多年间,潘懋元及厦大高教所教师在国内开设的高等教育学讲座或所作的学术报告近千场,听众达数万之多。

另一方面,高教研究室(所)积极参与厦大教育教学实际问题的解决,结合学科特色和优势,为学校发展作贡献。

1979 年 1 月 17 日,高教研究室和外文系电化教研室、教务处电化教材科联席会议,研讨有关现代电化教育的问题。1981 年 8—11 月,研究室为学校中、青年教师举办第二期教学法讲座。1980 年 2 月 11 日,研究室和自然辩证法研究室、教务处部分同志座谈人才学问题。1981 年 3—5 月，研究所为学校教师举办教学法讲座，每星期三下午讲一个专题，共有八个专题，参加学习的中、青年教师一百多人。1983 年 1 月 22 日，校党委听取研究室汇报，确定“立足本校、面向全国”的工作方针；1 月 31 日，开始为教育部委托经济学院举办的“高等学校统计进修班”讲授“高等教育学”课程；10 月 13 日，研究室讨论制订本科高等教育专业教学计划。1987 年 11 月 16 日，高教所师生与教务处讨论三学期制的意义及实施中的问题。

（三）主办或参加国内外学术会议

改革开放加速了高等教育学科走出厦门、走向全国、走向世界的进程。截至 1999 年，厦大高等教育研究所（室）成功主办国际学术会议 4 次，全国性学术会议和教学研讨会 20 多次，教师应邀在国外讲学超过 50 场次，参加国际会议超过 100 人次，为厦门大学高等教育学科在国内、国际赢得了广泛声誉。

1979 年 4 月 7—13 日，潘懋元出席在北京召开的全国第一次教育科学规划会议暨中国教育学会成立大会，并作大会发言。1980 年 6 月 26 日—7 月 2 日，潘懋元教授出席全国教育科学研究规划会议，与相关单位商定，全国高等教育学会第二次筹备会于 8 月份在厦门召开；8 月 15 日，由副校长兼研究室主任潘懋元召集全校有关部门，讨论全国高等教育学会第二次筹备会会务准备工作，并发出《全国高等教育学会筹备工作情况汇报》；8 月 25—29 日，由厦大高教研究室主持的中国高等教育学会第二次筹备工作会议在鼓浪屿召开，出席会议的代表共 44 人，来自全国主要省、市和高等学校，潘懋元作《全国高等教育学会筹备工作》的报告。

1981 年 4 月 14—20 日，全国教育学研究会年会在福州召开，初步拟定《高等教育学大纲》提交会议讨论，征求意见。吴丽卿报告了论文《大学一年级新生入学年龄初探》。1983 年 10 月 17—22 日，中央教科所主办全国教育情报人员讲习班，王珊珊参加并介绍了厦大高教室资料室工作情况，总结会上，高教研究室受到表扬；12 月 20—23 日，福建省高等教育科学讨论会暨福建省高等教育学会成立大会在福州举行，研究室专兼职研究人员十余人出席。

1987 年 7 月 5—30 日，厦大高教研究所举办“高等教育理论”研讨班，来自全国各高等教育研究单位的学员 60 人参加学习。1988 年 1 月、6 月，研究所先后举办三期“学校管理心理学”研讨班。1984 年 5 月 12—19 日，研究所与哲学系合作承担主办召开综合大学心理学教学经验交流会和《心理学原理》大纲讨论会，出席会议的有全国 14 所综合大学和 2 所教育科学研究所的心理学教师代表，潘懋元作《德育是一门科学》的报告。1985 年 11 月 26—29 日，高教所研究人员和研究生十余人参加在福州召开的福建高等教育学会第二届年会。1986 年 2 月 15—20 日，“国家教委直属高等工业学校第一次高等工程教育理论讨论会”在华侨大学召开，潘懋元、林钟敏应邀前往讲学；会议结束后，全体代表到所参观座谈。12 月 15—20 日，陈炳三出席华东地区高教管理科学研究会第五届年会，提交论文《谈研究生思想政治工作的若干问题》。1987 年 6 月 25—29 日，全国教育史研究会代表大会暨学术讨论会在武昌召开，刘海峰参会。8 月 24 日—9 月 13 日，潘懋元赴新疆主持全国高等教育自学考试研究会，并到石河子、喀什等地做学术报告。8 月，硕士生李文权赴大连参加第三届“国际高等教育展望”学术研讨会，宣读由 85 级研究生周川、叶之红等集体撰写的论文《大学教育的两种价值观及其发展趋势》；博士生王伟廉赴大连参加中青年理论讨论会，讨论《中国教育改革的突破口在哪里及其对策》。9 月 18—24 日，张夔、林晓枫出席在杭州召开的“全国心理学会第六届年会”。10 月 17 日，潘懋元教授在天津主持召开“杨贤江教育思想第二届年会”。12 月 12—14 日，陈炳三、王增炳偕四位研究生参加在福州召开的福建省首届教学经验论文报告会。12 月 15 日，福建高教学会第二届代表会议在福州召开，潘懋元连任副会长，吴丽卿、王增炳、陈天择等任理事，王增炳连任副秘书长。1988 年 4 月 1—4 日，潘懋元主持在武汉召开的“全国第二届大学生能力培养研讨会”的审稿会；4 月 11—15 日，高教所与云南教育出版社联合召开的《当代教育名著译丛》和《中国教育丛书》编辑会议在西双版纳召开，潘懋元、张夔等研究人员参加；1988 年 6 月 2 日，苏素尽出席在北京召开的首次高等教育情报网联络站会议；6 月 21—26 日，潘懋元出席国家教育与发展政策研究中心在北京召开的“当代高等教育政策国际学术研讨会”，提交《民办高等教育体制探讨》一文并做报告。1995 年 3 月 28—31 日，全国高等教育学研究会第三届学术研讨会在汕头大学召开，潘懋元主持会议。

高教所师生多次赴港澳台地区及国外参加学术会议。1987 年 1 月 25 日—2 月 3 日，潘懋元应邀赴日本广岛与东京参加亚洲第三届国际高等教育研讨会，宣读论文《中国高等教育的办学方式》。1987 年 1 月 27 日—1988 年 2 月 4 日，潘懋元应邀参加联合国教科文在日本广岛大学召开的“亚洲高等学校——公立与私立制度”学术讨论会，宣读论文《中国高等教育的管理体制》。1989 年 7 月 30 日—8 月 3 日，张燮参加在南斯拉夫召开的第十二届国际学校管理心理学学术会议，宣读论文《非正常儿童参照系问题》。1991 年 6 月，潘懋元参加国家教委组织的高等教育代表团赴莫斯科参加中苏高教研讨会，在会上宣读论文《中国的商品经济与高等教育改革》。1993 年 10 月 28 日—11 月 13 日，潘懋元赴台湾地区参加 21 世纪海峡两岸高等教育研讨会，做《关于市场经济与高等教育改革》的学术报告。1993 年 11 月，潘懋元、方晓赴香港参加继续教育发展国际研讨会，并做专题报告。1994 年 7 月 17—22 日，林钟敏赴西班牙参加国际应用心理学学术会议，做《学习动机与学习技能》的报告。1995 年 7 月，张燮赴新加坡参加心理咨询国家研讨会。1996 年 11 月，黄建如赴香港参加大学推行高等教育国际化策略国际研讨会，做《厦门大学的国际交流与国际化策略》的报告。1998 年 5 月，刘海峰赴台湾参加两岸青年学者论坛——跨世纪两岸青年教科文学术研讨会。6 月，潘懋元、黄福涛应邀赴日本参加亚太地区 21 世纪高等教育国际学术研讨会；潘懋元做《面向 21 世纪中国高等教育改革和发展》的报告，并应邀在东京大学高教中心做关于中国高等教育研究的报告。

此外，高教研究所还举办较有影响力的学术会议。1984 年 11 月 15—20 日，全国教育史研究会第二届理事会在高教所召开。1988 年 5 月 17—21 日，本研究所主持召开全国第二届大学生能力培养研讨会。所长潘懋元主持开幕式。副校长郑学檬出席讲话，与会代表 85 人，来自全国 19 个省、市，50 多所院校。《光明日报》《中国高等教育》对大会做了报道，《光明日报》专版刊载由高教所组稿和编辑的会议论文。

（四）“走出去”与“引进来”相结合的学术交流活动

高教所教师积极走出去，考察世界各国教育。1979 年 11 月 19 日—12 月 13 日，潘懋元作为中国教育代表团成员，出访泰国、尼泊尔、科威特三国，考察了朱拉隆功大学、特里普文大学、科威特大学等。1982 年 11 月 9—23 日，潘懋元受教育部委托，率领中国教育代表团访问菲律宾。1983 年 2 月 17 日—3 月 6

日，潘懋元受中国教科文委员会委派，赴曼谷参加联合国教科文亚太地区高等教育合作计划国际讨论会，会前在菲律宾、泰国进行高等教育考察，会上提交《中国高等教育政策》报告。1983 年 5 月 6—25 日，潘懋元参加厦门市访英代表团，访问伦敦、南威尔士等地和加德夫大学学院。

高教研究所(室)接待国内访问团的考察与交流。1983 年 1 月 4—12 日，华东地区高校干部进修班第三期一行 40 多人到研究室访问、听课。1984 年 6 月 23 日，北京市高等教育代表团王润等一行来所参观访问。10 月 4 日，接待全国煤炭系统高等教育访问团。1986 年 12 月 2 日，上海教育发展战略研究组副组长吴立奇(厦大原党委代书记)率团来闽征求意见，与有关人员座谈。1995 年 4 月 16—17 日，美国学校心理学访问团一行 10 余人来所访问，并与全所师生座谈。12 月 28 日，国家教委原副主任韦钰视察研究所；华中理工大学校长杨叔子来所做报告。1997 年 12 月 27 日，湖南师范大学校长张楚廷、华南师范大学校长颜泽贤等 8 位师范大学校长来所访问并座谈。

高教研究所(室)自成立以来，坚持每两周举行一次学术讲座，邀请学有专长的本学科教师或者学生做报告，或邀请国内外知名专家、学者前来演讲，切磋问题，使师生紧跟学术前沿，探索未知领域。美国、加拿大、英国、日本、菲律宾、新加坡以及我国香港和台湾等十几个国家和地区的 40 多位专家、学者，曾一次或多次前来讲学或做报告，如美国的阿尔特巴赫、格里高利教授、加拿大的露丝·海霍教授，日本的天野郁夫、喜多村和之、有本章教授，国内的顾明远、朱九思、杨叔子教授，教育部周远清、韦钰副部长和历任高教司司长、副司长也曾莅临做报告或座谈。

1978 年 12 月 30 日，王铁研究员在研究室做《十八年来教育科学的情况和经验教训》的报告。1983 年 7 月，研究室兼职教授、教育部计划司原司长尚志做《关于教育事业现况与高等教育问题》的报告。1984 年 4 月、5 月，管理心理学家俞文钊、著名教育管理学家刘文修应邀先后来所讲学。9 月，中央教育科学研究所张渭城、北京师大外教所迟恩莲等，来所座谈比较高等教育问题。1985 年 9 月，香港中文大学高级讲师吕俊甫来所介绍运用发现法教学经验。10 月，中央教育科学研究所副研究员、全国比较教育学会秘书长金世柏来所做苏联和日本高等教育比较学术报告。1986 年 2 月，北京师范大学副校长、全国比较教育研究会副理事长顾明远教授来所做苏联高等教育学术报告。校庆 66 周年期间，高教所邀请回校的原教育系地下党老校友开座谈会，进行革命传统教育。1987 年 3 月，历史系主任孙福生应邀来所报告欧洲之行观感。原华中工学院院长朱九思教授率研究生来所访问座谈。1988 年 5 月 5 日，中国科教文委员会秘书长贾学谦来所座谈。5 月 11 日，国家教委原计划财务司司长、高教所兼职教授尚志来所做《高等教育的主要结构和发展动向趋势》的报告。7 月 4 日，香港中文大学教育学院院长杜祖贻讲座教授来所做学术报告。1993 年 6 月 18—19 日，香港浸会大学校外进修学院院长尹叶芊芊来所做报告。1995 年 6 月 12 日，国家教委专职委员、高教司司长周远清来所做报告，并举行座谈会，征询高等学校教学改革等问题的意见。

在国际学术交流中，这一时期，高教研究所(室)与联合国教科文组织以及美国、英国、加拿大、日本、菲律宾等国学者交流颇多。

80 年代来所交流的国外学者主要有：1980 年 10 月 14—17 日，美国社会学博士、教育学家胡素珊来华，调查中国高等教育，教育部委托厦大高教研究室接待，并举办座谈会。1982 年 5 月 11 日至 6 月 3 日，美国俄亥俄大学教授唐寅伯应邀前来做美国大学教育、教学、科研管理等专题报告。1983 年 1 月 31 日，加拿大罗伯逊教授向本室研究人员介绍“合作教育”。7 月，英国伯顿·克拉克应邀前来本室，报告英国的传播教育。1984 年 5 月 14—16 日，邀请美国外语教授史太利夫妇介绍美国高等教育实况。1986 年 4 月 12 日，日本同立教育研究所研究员大冢丰来所访问，介绍日本大学生的学习生活情况。5 月 21 日，美国斯坦福大学顾问纳尔逊教授来所访问、讲演，与师生座谈。9 月，英国加德夫大学学院院长贝文夫妇来所访问，与师生座谈。11 月 18—23 日，广岛大学高等教育研究中心喜多村和之教授应邀来所讲日本高等教育与改革。12 月 7—12 日，东京大学寺崎昌男教授应邀来所讲日本高等教育发展史。1987 年 9 月 22 日至 11 月中旬，菲律宾雅典耀大学心理学系主任布拉陶教授作为交换学者来所讲授临床心理学。1988 年 5 月 7 日，联合国教科文统计局局长纳西·蒙托来所访问。11 月 16—21 日，广岛大学高等教育研究中心金子元久副教授应邀来所讲学。

90 年代来所交流的国外学者主要有：1990 年 10 月 3—10 日，广岛大学高教研究中心关正夫教授应邀来所讲学。同年 10 月，菲律宾雅典耀大学的玛丽娅·拉莫斯来所讲学。1991 年 3 月 20 日，加拿大露丝·海霍博士应邀来所做学术报告。五年后，时任加拿大多伦多大学教授、香港教育学院院长的露丝·海霍再次来所与全体师生座谈。1992 年 4 月 14 日,美国费正清研究所崔大伟教授应邀来所做报告。1994 年 4 月—6 月,菲律宾克里斯蒂娜·J.蒙迪尔博士应邀来所讲学。1997 年 4 月,菲律宾 Lota A. Teh 博士来所讲学。1995 年 5 月,美国俄亥俄大学副校长 Janis C.Bryant 博士夫妇来所座谈。11 月,美国宾夕法尼亚州立爱丁堡大学教授、中美精神心理研究所创办人李绍昆博士携夫人张宝蕊研究员来所访问、座谈。1995 年 5 月、8 月,英国 Sheffield 大学成人继续教育学院 Hampton 教授夫妇、英国社会心理学家约翰·瑞文先后应邀来所讲学。11 月 6 日,以日本国立博物馆馆长岛古先生为团长的日本文部访问团一行 5 人来所访问,与师生座谈。1997 年 5 月—6 月,英国拉夫堡大学教育系主任伊凡·里德教授应邀来所讲学。

此外,高教所还得到了不少企业家和校友的支持。1987 年 4 月 8 日,老校友侯国光女士捐资设立"厦门大学高教所侯国光基金中青年科研成果奖",每年评奖研究生和科研人员各 1 名。1989 年,香港著名企业家颜彬声先生向高教所捐资设立"厦门大学彬声高等教育科学研究奖";同年 7 月,菲律宾爱国华侨蔡清洁先生向高教所设立"蔡清洁高等教育科学研究基金"。四年后,高教所成立"蔡清洁高等教育系列丛书"编辑委员会。

第二节　高等教育学科的创立

潘懋元长期致力于创建高等教育学,厦门大学高等教育科学研究室创立后,高等教育学科逐步建立和完善。1984 年 7 月,潘懋元主编的《高等教育学》由人民教育出版社、福建教育出版社联合出版,标志着高等教育学这一新学科在中国的创立。在潘懋元先生率领本所(室)研究人员的不断努力下,1984 年 1 月 13 日,国务院学位委员会批准厦门大学高等教育科学研究室设立的高等教育学专业为硕士学位授予点。1986 年 7 月 28 日,国务院学位委员会批准厦门大学高等教育科学研究所设立的高等教育学专业博士学位授予点。1988 年 7 月 22 日,国家教委批准厦门大学高等教育学学科为全国教育学重点学科。

一、中国第一本《高等教育学》教材的问世

早在1950年代,厦门大学教育学教研组就编写出《高等学校教育学讲义》,在建立高等教育学科方面进行了初步探索。“文革”期间,教育研究中断。其间,潘懋元调动工作,一度中断高等教育研究,但建立高等教育学科的愿望始终未泯。“板凳敢坐十年冷”是潘懋元坚守的信条,直到改革开放初期,潘懋元才重新开始了这项工作。

高等教育研究室建立后,潘懋元就确立了编写一部《高等教育学》的新目标。1978年12月,他在《光明日报》《厦门大学学报》发表文章,首次正式提出要建立一门“高等教育学”,大力提倡开展高等教育理论研究,由此推动高等教育学的诞生。

1979年3月,潘懋元带领高教研究室研究人员,集思广益,广泛收集材料,拟出72个专题,编印《高等教育科学研究参考选题》,为编写《高等教育学》做准备。其中包括“高等教育科学研究的对象、任务与方法”“教学过程中的循序渐进”“论德、智、体育的相互关系”“教师在教学中的主导作用”等。在潘懋元看来,这些专题“与其说是理论研究,不如说是研究方法的尝试”[①];他希望能通过专题,探讨高等教育科学研究的方法,为编写《高等教育学》打下基础。1980年5月,潘懋元初步拟出《高等教育学大纲》,并在学术会议上反复讨论修改。1981年2月,他将拟定的《高等教育学大纲》(讨论稿)(以下简称《大纲》)铅印600份寄发各地,虚心地向全国各相关单位和专家征求意见。同时,附了一份说明:

高等教育学是一门新学科,缺乏完整的科学体系可以遵循。这份大纲,主要是根据我国高等学校教育工作的实际,参考普通教育学的一般体系所编制。它的学习对象是综合大学和其他具有培养高等学校师资任务的院校的学生,以及高等学校的教师和干部。有几个问题说明如下:

一、考虑到高等教育学的学习对象,未必已学习过普通教育学,所以普通教育学的重要的一般理论,仍然作为高等教育学大纲的内容。至于某些标题与纲

---

① 潘懋元:《高等教育科学研究室简介——向上海师范大学代表团谈话提纲(手稿)》,1979年7月。

要,虽然同普通教育学大纲相同或相似,但不言而喻,内容应自高等教育选材,而不是以中、小学教育为教材内容。

二、大纲的标题与纲要,都是正面的理论与叙述,关于对错误理论的批判,特别是对于资产阶级和“四人帮”的教育理论的批判,在相应部分,应当展开。

三、发展史和研究方法,一般教学大纲,往往排列在课程的首篇。我们认为,在学习者未掌握学科的基本内容之前,这些问题过于抽象,不易理解。从教学法考虑,我们把它排列在课程的结尾,一方面有利于总结学科知识,另一方面也有利于启发深造。

教材,是对科学研究成果的反映。由于我国过去对高等教育理论的科学研究成果不多,所以,本教材的编写,大多将只能根据经验总结,描述高等教育现象。随着全国高等教育科学研究的普遍深入开展,我们将不断地充实加深教材的科学性。①

《大纲》(讨论稿)是潘懋元高等教育思想第一次系统的阐述,其中对各章内容的介绍实际成为后来成书各章的内容提要,为各章作者的写作提供了一个详细思路。《大纲》的发出,引起了诸多学者的关注、支持和鼓励。

1981 年 3 月,潘懋元又将《大纲》提交给中国教育学会第二次年会讨论修改。当时,有相当多的学者表示愿意提供资料或者参与编写,希望早日看到书稿。如东北师范大学教师朴基俊,将其学校外语资料室俄文版的《高等学校教学论讲义》目录,译成中文寄到研究室;再如时任华东师范大学团委书记的杨德广,在中国教育学会第二次年会上,表示愿意参编。撰写这样一部开创性的专著,仅仅依靠一个研究室的力量,是远远不够的。因此,这个写作班子,除了厦大高教室的潘懋元、王增炳、吴丽卿、王仁欣、罗杞秀 5 人外,又在征求有关单位同意后,邀请了华东师范大学薛天祥、河北大学汪培栋、北京工业大学张树森、上海市高教局杨德广等 4 位学者加入编写组,共 9 人,按照《大纲(讨论稿)》所拟定的基本框架进行编写。

自 1982 年始,9 位作者分头查阅文献、搜集资料,分工撰写。在写作过程

① 潘懋元主编:《高等教育学大纲(讨论稿)》,厦门大学高等教育科学研究室 1981 年 2 月编印,第 2 页。

中，各章作者多次与潘懋元交流意见，初稿写成后，交他审阅。据潘懋元回忆，这些稿子“一般都经过了两三次比较大的修改，大多数由我逐字逐句修改或另写”[①]。潘懋元书房中至今保存着当年《高等教育学》的最初手稿，这些手稿整整装满了4个档案盒，连同征求意见稿的4大本打印稿，几乎每页都留下了潘懋元修改的笔迹，许多内容都是逐字逐句地修改，红字蓝字、圈圈点点几乎布满了整个页面。正如主编者潘懋元所说：“当初写作难度之大，是今天人们难以想象的，因为参考资料非常缺乏，很多问题又都是教育理论上的新问题。”[②]

在众人同心协力下，1982年终于完成初稿。为了再次向有关单位和专家征求意见，高教研究室打印了《高等教育学》(征求意见稿)，寄发交流。不少学者予以积极关注并反馈，包括一些非教育专业出身、但热心高等教育的研究人员，如时任西安交通大学力学系教师的林毓琦和长沙铁道学院的谢植虞，提出了不少值得参考的意见。林毓琦分别在1983年1月和1984年3月，写信建议：“最好不要写的固定，不要写的单一，因为他们与政策、改革关系密切”[③]、“内容最好集中、突出一些；高等教育的基本特点可增加‘学习与研究相结合’这一特点；叙述减少‘口语化的特征’”[④]。谢植虞在1984年3月专门给潘懋元写信，针对第八章第二节提出了非常详细的修改意见[⑤]，几乎深入到这一节的每个细节。

在吸取了众多修改意见后，高教研究室打印了第二次征求意见稿。当时很多单位为解燃眉之急，希望将其作为教材，用于高校干部进修或高校教师学习。但潘懋元认为书稿尚不成熟而婉拒。尽管如此，一些单位仍然“未经许可”“擅自”翻印使用，并专门写来试用总结。可见，当时社会上对高等教育理论的渴求和期盼多么急切。中央教育行政学院(现国家教育行政学院)正好有个学制一年的班级，潘懋元就用这四册《征求意见稿》，给学员们上了半个月的课，并让吴丽卿上课堂讨论、进行个别访谈，征求意见，并将意见整理总结，以供作者们修改参考。时任延边大学副校长的张德江，在课程结束后，曾给潘懋元写信：

---

① 潘懋元：《潘懋元教育口述史》，北京：北京师范大学出版社2007年版，第171页。

② 潘懋元：《潘懋元教育口述史》，北京：北京师范大学出版社2007年版，第172页。

③ 林毓锜1983年1月3日致潘懋元的信函。

④ 林毓锜1984年3月18日致潘懋元的信函。

⑤ 谢植虞1984年3月致潘懋元的信函。

去年十月，我在中央教育行政学院学习期间，听了您关于高等教育学的报告，大开眼界，很受启发和教育。回校后，我做了宣传。大家都很感兴趣。我所带回的您主编的《高等教育学》(讨论稿)，大家争相传阅，一致认为您作了开创性的工作，填补了我国高等教育学的空白，都热切地期望这部著作早日编印发行。①

教育部高教一司将《高等教育学》(征求意见稿)纳入教育部教材建设计划，并拨款一千元，委托华中工学院院长朱九思主持审稿会，对此事非常重视。共有33人②参加了1983年11月14日至19日在华中工学院召开的审稿会，14日下午，潘懋元代表编写组向与会代表介绍了《高等教育学》(征求意见稿)的编写经过、编写的指导思想、教材体系、读者对象等问题③。与会代表对此书及相关工作均给予高度评价，并对各章内容展开热烈讨论，肯定了高等教育学教材编写的开创性的价值，也深刻理解此事难度之大，并提出了几点修改意见和希望，期待初稿修改后能尽快正式出版：

希望本书尽可能充分地反映高等教育要面向四个现代化、面向世界、面向未来这个总的方向。

希望本书能充分地反映高等教育的特点和规律。

希望本书能充分地反映高等教育改革的要求，以推动高等教育的改革工作。

希望本书尽可能充分地反映这几年我国高等教育研究的成果。

希望加强基本理论部分，删节那些阐述性的内容，全书整个篇幅还可以加以

---

① 潘懋元：《潘懋元教育口述史》，北京：北京师范大学出版社2007年版，第172页。

② 参加座谈会的有教育部党组成员张健、中央教育行政学院戴卓、邱鸿勋，北京大学汪永铨，人民教育出版社胡寅生，中央教育科学研究所张同善，华东师范大学张文郁、于美方，北京师范大学张勉，东北师范大学刘光、贾士纯，陕西师范大学陶志英，西南师范学院刘克兰，武汉大学卫道治、李兴业，华中师范学院陈怀清、杨汉清、刘卫华，武汉师范学院冷余生，华中工学院姚启和、蔡克勇、李汉育以及《高等教育学》教材的编撰者潘懋元、杨德广、薛天祥、张树森、汪培栋、吴丽卿、王增炳、罗杞秀等33人。

③ 潘懋元：《在〈高等教育学〉教材听取意见座谈会上的发言》，《高等教育研究》1984年第1期。

压缩。①

这本书原计划由人民教育出版社出版，该社对《高等教育学》的出版非常重视，很快将其列入1984年上半年的出书计划，由教育编辑室主任胡寅生任该书责任编辑。② 因需尽快出版，经潘懋元联系、商定，第一本《高等教育学》由人民教育出版社和福建教育出版社联合出版，1984年出版上册，1985年出版下册，共五十多万字。执笔者包括：厦门大学高等教育科学研究所潘懋元（绪论）、吴丽卿（第一、二、八、十三、十四、十八章）、王仁欣（第三章）、罗杞秀（第三、十七章）、王增炳（第四、五、六章）、北京工业大学高等教育研究室张树森（第七、九章）、上海高教局杨德广（第十、十一、十二章），华东师范大学科研处薛天祥（第十五章）、河北大学教育系汪培栋（第十六章）等人③。这本《高等教育学》是中国第一部高等教育学教材，也是高等教育学作为一门学科正式建立的标志（图4-2）。

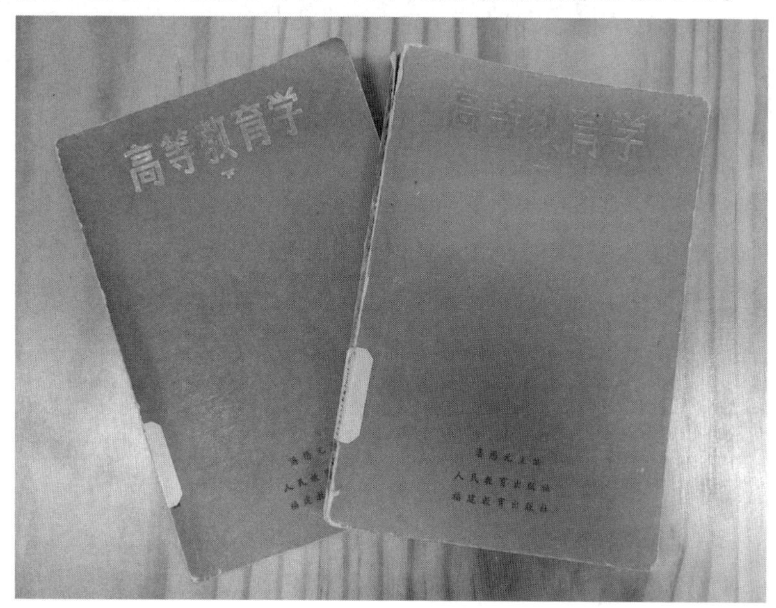

图4-2　中国第一部《高等教育学》教材

① 《〈高等教育学〉教材听取意见座谈会纪要》，1983年11月19日。

② 1984年4月6日胡寅生致潘懋元的信函。

③ 潘懋元主编：《高等教育学》上册，北京：人民教育出版社、福州：福建教育出版社1984年版，前言。

这部《高等教育学》的出版，是高等教育学界的盛事。正如华中工学院院长朱九思在《序》中所言："是件值得庆贺的事。"他指出："高等教育学就是研究高等教育规律的，因此。它应成为所有在高等教育战线工作的教师和干部必读的'专业课程'。"作为我国高等教育学科第一部教材，潘懋元主编的《高等教育学》在全国使用范围很广，影响大，先后发行 5 万多部、10 万多册。

二、中国第一个高等教育学硕士点、博士点的创建

潘懋元领导创建的厦门大学高等教育科学研究所(室)，作为全国第一个以高等教育为研究对象的专门研究机构，1981 年招收全国首批高等教育学专业的硕士研究生；潘懋元成为全国第一个高等教育学硕士生导师。

1980 年 9 月，厦门大学高等教育科学研究室行政会议决定：1981 年由潘懋元教授与华东师范大学刘佛年教授合作，招收高等教育学专业硕士研究生。1981 年 1 月，讨论招收研究生计划，拟定招生 2 名。1982 年 1 月，讨论"研究生培养计划"。2 月，高等教育研究室招收的国内第一名高等教育学硕士研究生魏贻通入学。9 月，1982 级硕士研究生胡建华、陈列、张国才入学，按照合作协议，由华东师范大学联合培养。据张国才回忆："当时在华东师大，他们除了学习公共政治课、公共英语、专业英语外，还学习了《马列教育论著选读》(陈桂生主讲)、《现代外国教育思想流派》(赵祥麟、杜殿坤主讲)、《教育问题研究》(张家祥主讲)、《教育经济学》(邱渊主讲)、《教育心理学》(邵瑞珍主讲)等教育专业研究生课程。"①

经过潘懋元等人多年的呼吁奔走，1983 年，在国务院学位委员会公布的学科专业目录中，高等教育学被正式列为教育学的二级学科。1984 年 1 月 13 日，国务院学位委员会批准厦门大学高等教育科学研究室高等教育学专业为硕士学位授予点。这是中国第一个高等教育学硕士的学位授权单位。

1984 年 2 月，本研究所(室)与华东师大合作培养的第一、第二届硕士研究生魏贻通等四人回校上课。1985 年 7 月至 10 月，潘懋元先生指导的首届高等教育硕士研究生魏贻通、胡建华、陈列、张国才，举行硕士学位论文答辩，全票通

① 李均：《中国高等教育研究史》，广州：广东高等教育出版社 2005 年版，第 178 页。

过。这是中国首批高等教育学硕士。

1986 年 7 月 28 日，国务院学位委员会批准厦门大学高等教育科学研究所为高等教育学博士学位授予点，潘懋元教授为博士生导师。① 厦大高教所成为中国第一个高等教育学博士学位授权单位。1987 年 4 月，第一位博士生王伟廉入学，也是全国第一位高等教育学博士生。10 月，博士生邬大光入学。1990 年 12 月，高教所首届高等教育学博士生王伟廉、邬大光通过论文答辩，成为国内首批高等教育学博士(图 4-3)。

图 4-3　国内首届高等教育学博士论文答辩

在研究生教学方面，潘懋元率领厦大高教所，坚持以马克思主义为指导，努力扩宽、更新、深化教学内容。最初开设的课程包括高等教育学、高等教育管理学、大学生心理学、高等学校管理心理学、比较高等教育学、中外高等教育史等学位课程；后又增设了高等教育经济学、西方高等教育思想、中国高等教育问题、西方心理学思潮、思维心理学、心理咨询与大学生就业指导、高等教育评估、高等教

① 国务院学位委员会办公室编：《全国授予博士和硕士学位的高等学校及科研机构名册》，北京：高等教育出版社 1987 年版，第 252 页。

育科学研究方法等反映高等教育改革和社会发展需求的课程。经过二十多年的努力，不断创新教学内容，逐渐形成一套较为科学、完整的高等教育学专业课程体系及行之有效的教学方法、培养机制。

潘懋元培养研究生的教学方式方法具有开拓性和示范性。他首创的“学习—研究—教学实践三结合”的研究生课程教学方法，贯通于高等教育学、高等教育学专题研究、中国高等教育问题研究等硕士、博士学位课程教学实践中，取得显著的教学效果。他通过精心的组织与安排，引导研究生在课程中把学习、科研与教学实践活动三者有机结合起来，更有成效地完成该门课程的教学任务，使学生不仅系统地学习一门课程，还能深入地钻研一个或几个课题，获得讲课和主持课堂讨论的教学实践锻炼，从而培养研究生的自学能力、科研能力、教学实践能力和创新精神。其后，潘懋元创立的这一教学方法，不仅为高教所教师广泛应用，推广至硕士生、博士生多门课程教学中，也被毕业生传播到其他院校的研究生课程教学。有的教师由于推广该方法取得显著成效，还撰文甚至著书介绍这一教学方法。如张宝昆的《英才教育法》、刘根正的《课内外一体、术业品并重——介绍潘懋元先生的研究生教育实践特色》等，都生动评介其“学习－研究－教学实践三结合的研究生课程教学方法”；有些院校将其概括为“潘懋元教学法”加以推广。这一教学方式为中国研究生教育提供了一种新的培养模式。1997 年该教学项目获得福建省优秀教学成果一等奖。

三、国家重点学科高等教育学的确立

1987 年 5 月 27 日，国家教育委员会《关于改革高等学校科学技术工作的意见》提出要有计划地建设一批重点学科，并明确规定：重点学科点的主要任务是在提高教育质量和学术水平上起带头作用，逐步做到能够自主地成批培养相当于世界先进水平的博士、硕士。[①] 1987 年 10 月 7 日，高教所研究人员在《光明日报》教育科学版发表了 4 篇相关文章。10 月 8 日，学校党政办公会议同意高教所向国家教委申报高等教育学为全国重点学科。1988 年 7 月 22 日，国家教委

① 《中国教育年鉴 1988》，北京：人民教育出版社 1988 年版，第 472 页。

批准厦门大学高等教育科学研究所高等教育学为全国高等学校重点学科(图 4-4)。1997 年 6 月,厦门大学高等教育学科被批准为国家“211 工程”重点建设项目。

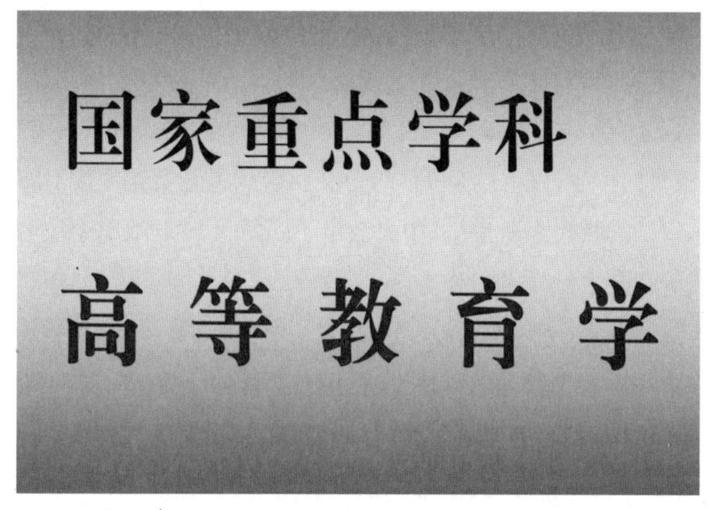

图 4-4　国家重点学科——高等教育学牌匾

1988 年 9 月,高教所举办建所十周年纪念大会暨中国高等教育研究的进展及展望座谈会。大会由陈炳三主持,潘懋元做建所 10 周年工作报告,提出从建所到 2000 年高教所总体战略部署,分为三个战略阶段。出席会议的有来自全国一些高校和有关单位的贵宾,厦大全体党政领导干部,各院、系、所、室、部、处领导,高教所历届研究生,专兼职科研人员和在学研究生,共 160 余人。国家教委党组书记、副主任何东昌,副省长陈明义,中国高教学会副会长于北辰,老校友侯国光,华中师范大学、华中理工大学等 56 个单位和个人发来贺信、贺电,或送来贺礼。中央教育行政学院副院长李冀、国家教委教育发展中心蔡克勇、福建省教委副主任叶品樵、厦门市教委副主任邓渊源、上海高教学会会长余立、华中师大副校长王秋来以及厦大副校长郑学檬在会上致辞,毕业研究生代表胡建华发言。与会者观看了《十年开拓——厦门大学高等教育科学研究所纪实》电视专题片。大会还颁发了首届“厦门大学国光高等教育科学研究奖”。

1989 年 10 月 18—21 日,由厦大高教所与北大高教所联合发起,在厦门大学召开第一届全国高等教育科学研究所(室)工作研讨会,与会代表 50 余人。

1991年7月,高教所主持召开台湾高等教育研讨会,与会代表30余人。11月,主持"闽南地区高等教育与企业家"座谈会,潘懋元做《社会参与是提高改革的必由之路》的学术报告。1992年4月18—20日,由厦大高教所倡议并与北大高教所共同主持的全国高等教育学科研究生培养首届工作研讨会在北大召开。1992年5月24—27日,高教所主持召开全国第一届比较高等教育研讨会,会议主题为"比较高等教育学科的建设",与会代表共30余人。潘懋元主持会议,并宣读《比较高等教育的产生、发展与问题》的论文。会议邀请美国著名比较高等教育学专家阿尔特巴赫教授来所讲学;中央教科所副所长、全国比较教育学会秘书长周南照教授等在会上做学术报告。

1992年12月19—21日,中国高教学会、福建省高教学会、厦大高教所联合主办的全国第一届高等教育学科建设研讨会在厦门大学召开,与会代表共45人(图4-5)。厦大校长林祖赓出席讲话,潘懋元做《关于高等教育学科建设若干问题》的报告,国家教委高教研究中心主任王冀生等在大会讲话,中国高教学会副秘书长罗宏述做会议总结。会议决定成立全国高等教育学研究会筹备组,联络处设在高教所,王伟廉任筹备组组长。

图4-5　首届全国高等教育学科建设研讨会代表合影

1994年10月11—15日，高教所主持召开的首届全国高等教育史学术讨论会，潘懋元在会上做《从高教理论建设看高教史研究的重要性》的报告，刘海峰作《高等教育史学科建设再探》的报告。1995年10月31日—11月3日，受联合国教科文亚太地区办事处委托，高教所在厦门大学主持召开亚太地区私立高等教育国际研讨会。与会代表为政府官员或著名专家，分别来自印度、韩国、日本、马来西亚、蒙古、印尼、菲律宾、泰国、越南和中国等国家与联合国教科文、东盟高等教育发展中心以及中央教育科学研究所等组织。国内20余所民办高校校长作为会议"观察员"参会。潘懋元在会上做《立法——私立高等教育发展的保障》的报告。会议论文由高教所编辑出版。1996年4月6—9日，高教所主持的中美高等教育财政问题研讨会在厦门大学召开，美国卡内基教学促进基金会代主席查尔斯·E.格拉西克博士率团参加会议；11月28—30日，高教所主持召开第二届全国高等教育学科研究生培养工作研讨会，出席会议的有全国19个高等教育学专业或高等教育管理学专业博士、硕士学位授予点的代表，国家教委学位办派员参加，潘懋元在会上做《总结经验，加强高教学科研究生培养工作》的主题报告。1997年10月30日，受福建省高教学会委托，高教所主持召开"高教论坛"学术研讨会，英国Hull大学副校长R.Harris来所访问并参加研讨会。1998年1月15—20日，厦门大学以高教所为依托，由厦大主办、台湾比较教育协会协办召开"两岸大学教育学术研讨会"。两岸50位专家与会，共同探讨"大学之道"。会议期间，台湾学者林清江、华中理工大学校长杨叔子等20余位专家来所参观、座谈。

第三节　高等教育科学研究所的组织机构与师资发展

高等教育科学研究室改为高等教育科学研究所后，党政建设逐步完善，组织机构扩大。高教所先后增设高教理论研究室、心理学研究室、高教管理学研究室及外国高教室四个研究室和民办高等教育研究中心和考试研究中心。经过多年苦心经营，高教所师资队伍得到充实和优化，逐渐形成老中青相结合的研究队伍，在科研、教学等领域取得新的成就。

一、组织机构及其成员[①]

1984年至1999年,高教所组织机构设置及其成员如下:

(一)党组织

1985年2月1日,厦门大学党委决定建立中共高教所党支部,由高教所、厦门大学学报社会科学版编辑部、国际培训中心组成,陈炳三担任书记。1987年3月21日,成立中共高教所直属党支部;选举产生并经学校党委批准,陈炳三任高教所党支部书记。1993年4月21日,高教所党支部换届改选,厦大党委决定魏贻通为高教所直属党支部书记、李凌为副书记。1994年7月,厦大党委任命李泽彧为高教所直属党支部副书记。1999年,宋毅调入高教所,担任直属党支部书记。

1985年至1999年,高教所直属党支部委员会历届成员:

书记:陈炳三(1985—1993年)、魏贻通(1993—1996年)、李泽彧(1996—1999年)、宋毅(1999年)

副书记:李凌(1993—1994年)、李泽彧(1994—1996年)

委员:罗杞秀、叶之红、魏贻通、刘南林、李泽彧、王伟廉、刘海峰、范孝平

(二)行政机构历届负责人

1984年12月29日,厦门大学任命潘懋元为高教所所长(兼)。1993年4月21日,学校任命潘懋元为高教所名誉所长,魏贻通为所长,刘海峰为副所长。1994年11月,学校任命李泽彧为高教所副所长。1996年6月,学校任命刘海峰为高教所所长,王伟廉、李泽彧任副所长。

1984年至1999年,高教所行政机构历届负责人:

---

① 参厦门大学等教育科学研究所编:《厦门大学等教育科学研究所建所以来大事记(1978.5—1998.6)》,厦门大学等教育科学研究所所庆廿周年纪念系列资料(三),1998年9月,第14~15页。

1.所领导

所长:潘懋元(1984—1993年)、魏贻通(1993—1995年)、刘海峰(1996—2004年)

副所长:吴丽卿(1984—1987年)、陈炳三(1984—1993年)、刘海峰(1987—1996年)、李泽彧(1994—1999年)、王伟廉(1996—1999年)

2.研究室(中心)

(1)高教理论(含历史)研究室
主任:吴丽卿(兼)、王伟廉
(2)心理学研究室
主任:罗杞秀、林金辉
(3)高教管理学研究室
主任:王增炳(兼)、魏贻通、李泽彧(兼)
副主任:章达友、李泽彧
(4)外国高等教育研究室
主任(含负责人):方影树、张国才、黄建如、谢作栩
副主任:徐俞
(5)考试研究中心
主任:刘海峰(兼)
(6)民办高等教育研究中心
主任:邬大光

3.办公室

秘书:李华、范孝平
行政秘书:黄建如、张国才、李泽彧、陈武元
科研秘书:林晓枫、武毅英、李华、钱兰英
研究生秘书:刘海峰、章达友、史秋衡、林金辉、张祥云、赵叶珠、郑若玲

4.资料室

主任:王珊珊、赵叶珠

(三)工会、共青团、研究生会历届负责人

1985 年 5 月,厦门大学团委批准成立高教所团支部。

1.团支部书记:刘海峰、林晓枫、熊火金、刘喜才

1987 年 9 月,厦门大学工会批准成立高教所部门工会。

2.部门工会主席:杨广云、黄建如、罗杞秀、武毅英

3.研究生会主席:秦国柱、刘南林、邬大光、樊安群、黄福涛、李盛兵、朱国仁、张应强、别敦荣、吴岩、刘振天

二、党建工作及学习活动

1985 年 2 月,中共高教所党支部成立之初,共有党员 8 名,包括教工党员 5 名和学生党员 3 名。2 月 4 日—11 月 16 日,高教所党支部根据学校党委部署,进行整党工作。

1986 年 6 月 4 日,高教所党支部大会讨论通过刘海峰、郝晓峰、乔明宏参加中国共产党,这是高教所发展的首批党员。

1987 年 5 月 11 日—6 月 12 日,党员分批参加设党训班,学习反对资产阶级自由化斗争。1988 年"七一"前夕,高教所党支部大会讨论通过,高德鸿加入中国共产党。1990 年 5 月—7 月,党支部根据校党委部署开展党员重新登记工作,15 位党员全部通过登记。

1993 年 4 月 20 日,中共高教所直属党支部换届时,计有党员 16 人,其中,教工党员 10 人,研究生党员 6 人。1999 年 6 月,共有党员 22 人,其中,教工党员 14 人,研究生党员 8 人。截至 1998 年 6 月,高教所发展党员共 25 人,其中教工 7 人,研究生 18 人。

这一时期,党支部积极开展丰富的学习交流活动,多次获得学校表彰和奖励。1985 年 9 月,王珊珊获得厦门大学先进教育者。10 月 8 日,高等教育科学

研究所传达学习党的十二大会议文件；12 月 9 日，举办“一二・九”运动五十周年纪念活动，高教所教工和研究生骑自行车到前线驻军、农村参观访问。1986 年 4 月，校庆六十五周年期间，高教所邀请回校原教育系地下党老校友开座谈会，进行革命传统教育；6 月，魏贻通获厦门大学优秀共产党员称号。1987 年 5 月 11 日至 6 月 12 日，高教所党员分批参加设党训班，学习反对资产阶级自由化斗争。11 月，高教所组织师生员工学习党的十三大会议文件。武毅英获该年度厦门大学优秀共青团员称号。1988 年七一前夕，高教所党支部举行新党员入党宣誓仪式；支部大会讨论通过高德鸿入党。

1990 年 5 月—7 月，根据校党委部署，高教所党支部 15 位党员全部通过登记。1991 年 6 月，高教所党支部荣获厦门大学纪念建党 70 周年“三基”竞赛团体第三名，高教所获厦门大学纪念建党 70 周年歌咏比赛团体(联队)三等奖。7 月 1 日，刘立新获厦门大学优秀共产党员称号。1993 年 7 月 1 日，史秋衡荣获厦门大学优秀共产党员称号。1996 年 7 月 1 日，陈炳三获厦门大学优秀共产党员称号。1998 年 6 月，范孝平获厦门大学优秀共产党员称号。1999 年高教所直属党支部共有党员 22 人，其中教工党员 14 名，学生党员 8 名。新发展李桂红、薛成龙和吕向虹 3 名党员。

三、师资发展与学术交流活动

1985 年 7 月 29 日，厦门大学审核高教所定编 25 人，其中教授 2 人，副教授 4 人，讲师 9 人，助教 4 人，行政人员 3 人，资料人员 3 人。9 月 9 日，全所人员参加全校首次庆祝教师节大会，学校光荣榜公布潘懋元教授、陈汝惠副教授从教 45 年以上事迹。12 月，林钟敏副教授调高教所工作。1986 年 12 月，吴丽卿晋升为副教授。1988 年 8 月，张燮教授调至高教所工作。1993 年 4 月，高教所学术委员会成立，潘懋元为主任。

1994 年 10 月，高教所聘请美国卡内基基金会主席 E.L.博耶为名誉教授。聘任仪式在国家教委举行，由林祖赓校长致送聘书，潘懋元先生作博耶学术成就简介(图 4-6)。博耶发表了热情洋溢的答辞。出席仪式的有国家教委副主任韦钰、国家教育发展研究中心主任郝克明，有关司、局代表和在京厦大校友近百人。此外，高教所还聘请俄罗斯国家教育科学研究院院长尼干德诺夫教授、日本高等教育研究会会长天野郁夫教授、日本广岛大学教育研究中心学术带头人有本章教授为兼职教授。国内如顾明远、孙培青、陈玉琨等国内资深教授以及其他近10位在国内享有盛誉的、具有博士学位的学术骨干也应邀成为兼职教授。

图4-6　潘懋元先生在国家教委会议室主持聘请内斯特·博耶为厦门大学名誉教授仪式(1994年)

经过20多年发展,高教所师资队伍不断壮大,形成年龄结构较合理、高素质的学术梯队。截至2000年,已拥有专职教授5人,专职副教授10人。其中博士生导师4人、博士学位获得者7人,在职攻读博士学位2人。中青年骨干教师在全国高等教育理论界已崭露头角。如:"王伟廉教授在高教课程与教学论领域的研究、刘海峰教授在中国高教史与高教考试领域的研究、邬大光教授在民办高等教育领域的研究,都达到全国领先水平,并有一定的国际影响"①。

在对外学术交流与学习方面,高教所多次派教师外出留学进修或访问,拓展国际影响力。截至1999年,高教所先后有12人次赴美国、英国、俄罗斯、日本、菲律宾、新加坡等国进修、访学或攻读博士学位。1986年8月31日,林钟敏副教授赴美国加州大学做访问学者,进修归因理论,参加研究,并讲授中国发展心

① 潘懋元:《高等教育学学科建设、人才培养与教学改革咨询》,载刘海峰,史秋衡主编:《高等教育研究的国家队——厦门大学教育研究院40年的研究贡献》,厦门:厦门大学出版社2018年版,第46页。(原文为2001年获评中国优秀教学成果奖一等奖的报告原件)

理的研究成果。1987年11月28日，林钟敏获美国加州大学博士后学位证书；1988年2月回国。1987年8月至1988年10月，助理研究员黄建如赴美国爱默雷大学进修比较高等教育学，研究东南亚高等教育，并讲授《中国高等教育》。1988年10月至1994年1月，杨广云赴（前）苏联莫斯科大学攻读副博士学位。1989年6月至1990年5月，张国才赴菲律宾雅典耀大学，研究东南亚高等教育。1993年2—8月，刘海峰赴英国伦敦大学做访问学者，研究高等教育史。1995年3—8月，魏贻通赴日本开放大学做访问学者。1995年10月至1996年1月，王伟廉赴美国俄勒冈大学做访问学者。1997年10月，陈武元赴日本做访问学者。史秋衡副教授于1995年3月至1996年9月，赴香港浸会大学做访问学者；1997年12月，作香港中文大学访问学者。

这一时期，潘懋元在高等教育学科建设、人才培养、科学研究和社会服务等领域取得了重要成就和广泛的学术声誉。由于贡献卓著，1982—1985年，潘懋元成为国务院学科评议组特邀成员，1985—1996年担任国务院学科评议组召集人；1991年潘懋元被评为“国家有突出贡献的专家”并获得国务院特殊津贴；1999年英国赫尔大学授予潘懋元荣誉博士学位，该校校长迪尔克思（Dilks）教授称他是一位“对中国教育作出了重大贡献的学者”，英国副首相普雷斯科特（Presctor）还专门发来贺信（图4-7）。

图4-7　英国赫尔大学授予潘懋元教授荣誉博士学位

第四节 高等教育学科的建设与发展

厦门大学高等教育学科，作为全国第一个高等教育学硕士点和博士点、全国高等教育学国家重点学科，发挥出了它应有的作用。正如创建者潘懋元所言："该学科培养了一批高素质的硕士、博士，为建设我国高等教育理论骨干教师队伍和研究队伍做出了贡献；面向教学改革实际，发挥学科独特优势，在为全国高校和国家教育部门培养和培训教师、干部，为全国大学的教学改革提供咨询和理论支持推动改革深入发展，向政府的宏观教育、教学改革决策提出意见和建议促成决策科学化等方面，起了独特的作用，在全国有广泛影响。"[①]这一总结，深刻且准确地诠释了高等教育学学科建设和人才培养的取向和优势。截至 1999 年，高教所共招收研究生 119 名，包括博士生 41 名、硕士生 78 名，已授予博士学位 23 人，硕士学位 77 人。此外，接收部分留学生和高级访问学者。

一、主要研究领域

高教所的主要研究领域经历了不同发展阶段。高等教育学科创立之初，高教所仅有高等教育理论和高等教育管理两个方向，以培养学科基本理论人才和教学人才为主要目标。其后，根据国际高等教育研究发展的趋势和国内高等教育改革与发展的需要，增设了高等教育课程与教学论、大学生心理、高等教育考试研究、中国高等教育史、西方高等教育史、比较高等教育 6 个学科方向，形成了 8 个不同的研究方向，且每个领域都有强有力的教学科研团队做支撑。随着教育研究影响力的不断增强和研究人员的扩充，高教研究所的主要研究领域不断深化和丰富。

在第一个十年后期，即 1987 年，高教研究所的主要研究领域是中国高等教

① 潘懋元：《高等教育学学科建设、人才培养与教学改革咨询》，载刘海峰，史秋衡主编：《高等教育研究的国家队——厦门大学教育研究院 40 年的研究贡献》，厦门：厦门大学出版社 2018 年版，第 42 页。

育的理论、现状和发展史，并以高等学校教学论和大学生心理学为主要研究方向，具体以研究社会主义高等教育理论与改革、高等教育体制与管理、大学生心理、高等教育发展史、比较高等教育等为主要任务。1988 年，高教研究所分设高等教育理论和历史、心理学、高等教育管理、外国高等教育四个研究室，初步形成了高等教育理论、中国高等教育史、高等教育管理、大学生心理学、东南亚高等教育、民办高等教育等几个主要研究方向和研究重点。同年 12 月 17 日，厦门大学召开高等教育学重点学科点规划论证会。杭州大学王承绪教授、南京大学袁相碗副校长等应邀参加。会议确定高教所今后须有计划地加强高教理论、大学生心理学、高教管理学这三个重点研究方向。

高等教育是一个复杂的、开放的系统，高等教育学是一门应用性很强的学科，它为社会各行业培养专门人才。“结合高等教育学的基本理论问题，解释进而解决高等教育的实际问题，是高等教育研究的主要任务。通过高等教育问题研究，也使得高等教育学在理论上更加丰满，在实践上凸显应用价值。”[①]高教所在开展高等教育科学研究中，深入、系统探究了以下几方面与时代息息相关的问题。

一是对高等教育地方化问题的研究，这是超前的研究。20 世纪 80 年代，中国经济呈现了从集中统一的国营经济向区域经济与地方经济发展的趋势，出现了珠江三角洲、长江三角洲、闽南三角区、辽东半岛、胶东半岛以及经济特区等经济圈。一些发展地区，出现中心城市举办的高等学校。潘懋元很快注意到了这种区域经济发展不平衡的态势，判断出区域经济与地方经济的发展必然产生对地方高等教育的需求。90 年代，潘懋元开始着手研究高等教育地方化的问题，并在《教育研究》《福建高教研究》《大学教育论坛》等刊发表相关论文，及时为高等教育体制改革提供理论支撑。

二是关于高等教育大众化问题的研究。20 世纪 60 年代末 70 年代初，美国教育社会学家马丁·特罗提出了高等教育大众化理论。90 年代末，潘懋元便将此理论引入，并潜心进行研究，推出了一系列研究论文，带动青年教师和博士生开展高等教育大众化的研究。指导 1996 级博士生谢作栩以《中国高等教育大众化发展道路的研究》为题撰写博士论文。这篇学位论文完成后，具有重要的理论

---

① 潘懋元：《潘懋元教育口述史》，北京：北京师范大学出版社 2007 年版，第 211 页。

创新，被授予百篇优秀博士论文提名奖。

三是对民办高等教育的研究。随着多种所有制经济成分在中国的发展，民办高等教育问题开始在中国出现。潘懋元指导一批硕博士扎扎实实地从事民办高等教育研究，如魏贻通的《民办高等教育立法之前期研究》等，就是以此作为博士论文选题。1998 年高教所成立了民办高等教育研究中心，致力于民办教育研究。

四是关于高等教育分类定位与学制研究。中国自 1951 年后，没有颁布新学制，几十年来，积弊甚深。1985—1991 年，潘懋元担任国务院学位委员会第二届学科评议组成员，带领着博士后、博士生一起研究中国高等教育学制改革问题，取得不少研究成果，为我国建立类型多样、层次分明、相互贯通的高等教育学制系统提供了重要理论支撑。

二、主要学术成果

自 1978 年学科建立以来，高教所教师承担不少国家级、省部级、市级项目，在高等教育理论、中外教育史、高等教育管理、东南亚高等教育、大学生创造能力等研究领域，取得了诸多在国内处于领先地位的学术成果；努力建设高等教育学教学基地，为国家和地方高等教育发展建言献策。先后编写、出版了高质量的系列教材、专著 60 多部，在国内外重要学术刊物上发表论文 1000 余篇，获省部级以上政府部门的奖励共 50 多项，主办全国性学术会议和教学研讨会 20 多次①。

这一时期，代表性成果有《高等教育学讲座》《高等教育学》《新编高等教育学》《东南亚教育》《青年心理学》《陈嘉庚兴学记》《王亚南与教育》《王亚南治学之路》《高等学校教学原理与方法》《高等学校教学改革的理论研究》《高等学校文理基础学科课程与教学改革研究》《大学本科教学质量管理研究》《美国高等教育史》《科举考试的教育视角》《大学生创造性的发展与教育》《大学生思维心理学》《思维能力与教学》《民办高等教育研究》《战后台湾高等教育与经济发展》等。

上述成果中，近 20 部著作获得省部级以上奖励，其中潘懋元著《高等教育学

---

① 潘懋元：《高等教育学学科建设、人才培养与教学改革咨询》，载刘海峰，史秋衡主编：《高等教育研究的国家队——厦门大学教育研究院 40 年的研究贡献》，厦门：厦门大学出版社 2018 年版，第 42 页。

讲座》获国家教委教育科学优秀成果一等奖;1999 年教育部颁发全国第二届教育科学优秀成果奖中,高教所有 4 部教材获奖。潘懋元教授主编的《高等教育学》先后荣获多个很有分量的大奖:1987 年 4 月,获福建省政府颁发的哲学社会科学“六五”规划科研项目优秀奖;10 月 10 日,获首届中国人民大学吴玉章基金教育学优秀奖;1988 年 1 月 27 日,获国家教委高等学校优秀教材一等奖。在国外,日本高等教育研究者也高度评价和推介这部学术著作。1996 年出版的《新编高等教育学》,原是潘懋元教授应联合国开发总署和教科文组织“中国高等教育管理人员培训与研究”的计划邀请而主持编写的,后被指定为我国高等学校管理干部和教师的培训教材,发行了 15000 余册,影响广泛。

此外,高教所编辑出版了《外国高等教育资料》,共 43 期;编写《建国卅一年高等教育大事记》1 册;出版译著《当代西方教育哲学思潮》《英汉教育缩略语词典》;发表论文 300 多篇,在国外刊物或国内一级刊物上发表的 100 多篇(含研究生);参加大专院校教材《心理学原理》、高等教育自学考试辅导丛书《心理学》《中国大百科全书·教育卷》《教育大辞典·高等教育分册》等书的编撰工作;承担“七五”国家重点科研项目和国家教委重点研究项目“高等学校教学改革理论研究”“高等学校教学原理与方法”“派出留学生政策理论研究的国际动向”“东盟五国的研究生教育与学位制度”等六项。①

高教所还完成其他一些编撰著作的工作。1984 年 5 月,应上海教育出版社之约,高教所与华东师范大学、杭州大学、福建师范大学等单位合编多卷本《中国近代教育史资料汇编》,在上海开第一次编辑会议,潘懋元、刘海峰主编“高等教育”卷。该书 1993 年由上海教育出版社出版,2007 修订再版。高教所将历次科学讨论会论文编印成册,分别在 1984 年、1985 年、1987 年印发了《新技术革命与高等教育对策》《对外开放与高等教育》《大学生能力培养研究》三册论文集。此外,高教所教师积极调查学校教学情况及调研报告,作为内部参考资料。如 1985 年 8 月,吴丽卿指导六位研究生和青年教师调查厦大教改情况,写出《对我校教学改革一些问题的认识》。1986 年 6 月,吴丽卿指导 1985 级研究生班对全校进行德育调查,写出《厦大德育情况与问题》小册子,提供有关部门参考。

---

① 刘正坤等编:《厦门大学院系馆所简史:1921—1987》,厦门:厦门大学出版社 1990 年版,第 334 页。

在科研项目方面，1983 年 12 月，研究室和学校南洋研究所承担教育部重点科研项目“东南亚教育研究”，由潘懋元主持，组织两所研究人员分工研究。1986 年 3 月，教育部批准高教所文科博士基金点科研项目“高等学校教学改革的理论研究”；4 月，高教所与北大高教所等单位承担国家级“七五”重点科研项目“教育大辞典·高等教育分册”部分条目，该项目由吴丽卿主持。1987 年 4 月，高教所获得国家教委战略研究中心委托项目“派出留学生政策理论研究的国际动向”。1987 年 7 月，高教所与北师大、华中工学院合作项目“高等学校教学原理与方法”，被列为全国教育科学规划国家“七五”重点项目；潘懋元与北师大张厚粲等主持的“高等教育自学考试的考试科学研究”项目被评为国家教委“七五”重点项目。

高等教育科学研究所（室）在创建和发展的 20 多年间，取得了优异成绩。高教所师生的科研成果，获得省部级多奖项，包括中国高等教育学会、福建省高等教育学会、陶行知研究会、杨贤江基金会、吴玉章教育学奖等在全国学术团体颁发的各类奖项。师生获得各种学术成果奖励和荣誉称号共计 71 项。高教所教师在福建省及全国多个学术团体、教育管理机构中担任学术职务（见附录 1）。

三、高等教育学硕士学科点的建设

为了使研究生培养工作符合培养目标，保证一定的规格和质量，高教所（室）制定了一套针对不同起点、不同专业生源学生的培养方案，力求使学生在广博性和专业基本能力方面得到训练和提高。这套方案强调了学科点对课程的广博要求以及专业考试、教学实习、学位论文写作、答辩等关键培养环节的统一管理，从而保证了毕业生具有较高专业素质。如针对第一届高教研究生魏贻通非教育学专业生源的情况，高教研究室事先制定了具有“补课”性质的半年培养计划。除英语外，还需学习普通教育学、普通心理学、教育心理学和中外教育史 4 门教育系的基础课程[①]。此后，高教所这一做法成为厦门大学高等教育学科研究生培养计划的必备环节，也为其他院校所借鉴。

---

① 厦门大学高教研究室：《一九八一年第二学期入学研究生第一学期培养计划》，1982 年 1 月 14 日，内部资料。

1982年4月，潘懋元先生组织高教研究室教师反复讨论和修改，制定了中国第一份高等教育学专业研究生培养方案。其中包括培养目标、课程计划、教学实践、学位论文等方面的规定。由于首批高等教育学硕士被派往华东师范大学学习，该方案未及实施。此后，经过一年的修订，在培养目标、培养年限、培养方式、课程设置、教学实践、学位论文要求等方面不断完善，于1983年公布了新的培养方案。这份新的培养方案，比较系统地反映了潘懋元早期的研究生教育思想。以课程设置为例，除了高等教育学之外，比较高等教育、高等教育管理、高等教育史、高等教育专题研究等课程也占据很重要的地位。这些课程与潘懋元所倡导的教育理论源泉的"三个渠道"①是基本一致的。"它们既符合研究生探讨高等教育理论的需要，又符合研究生形成合理专业知识结构的需要。"②

教学实习是硕士生培养的必备环节，有助于学生理论联系实际，将理论运用到实践中去。1986年5月2—28日，1983级硕士研究生章达友、乔明宏、郝晓峰三位在学校教务处进行将近一个月的教学管理实习。《中国教育报》为此专发报道。1987年5月—6月，1985级研究生分别在福州大学、福建师大、福建医大、厦门大学进行教学管理实习。

同时，高教所定期对毕业生进行追踪调查，了解毕业生发展情况和高教所培养工作成效。如1992年3月4日至4月2日，陈炳三、林金辉代表高教所，赴7个城市的20个单位看望已毕业的7届研究生，并进行追踪调查。调查报告提交全国高等教育学科研究生培养首届工作研讨会。1996年5月，王伟廉、赵叶珠在广东和福建对高教所毕业研究生进行第二次追踪调查。调查报告提交全国第二次高教学科研究生培养工作研讨会。

高教所(室)自1981年招收硕士生后，硕士学位论文选题注重学术前沿，解决高等教育理论研究与实践问题。根据研究生的学习兴趣和高等教育学科建设的需要，从高等教育的理论、历史、管理以及大学生心理研究、比较高等教育等学术领域，深入开展研究。1986年，潘懋元给林毓琦回信说："我所带的研究生，研究范围较宽，已毕业的七位研究生的论文题目有：新技术革命与高等学校职能的

---

①　潘懋元先生认为："人们认识教育规律不外乎三条途径：第一，综观教育历史的演变所推论出来的；第二，从国际教育比较研究所概括出来的；第三，从现实的教育实践经验所总结出来的。"载《潘懋元高等教育文集》，北京：新华出版社1991年版，第743页。

②　李均：《中国高等教育研究史》，广州：广东高等教育出版社2005年版，第184页。

变化发展;社会文化观念对高等教育目标影响的一般分析;我国高等教育立法若干问题初探;论高等学校教学过程的本质特点;我国高等学校学分制探讨;菲、泰两国高等学校毕业生供求问题探讨;论高等教育管理的性质特点”。[①] 研究范围宽是高教所培养研究生的一贯理念,旨在不断拓展学生的学术视野,扩大高等教育学的研究领域。这一时期,高教所共完成硕士学位论文 91 篇(见附录 2)。

四、高等教育学博士学科点的建设

高等教育学科建设包括招生、培养等基本环节。高教所的博士生招生考试颇具特色。在潘先生领导下,厦大高教所在博士生招生选拔方面,敢于创新考试办法和模式,面试采用学术报告的形式能够全面准确地考察一个考生的基础知识、科研能力、表达水平和思维品质等,属于综合素质评价,弥补单纯笔试的不足。潘懋元总结说:“我对博士生的选拔,并不太重视考试成绩,更为重视的是在根本问题上的政治方向,以及理论与实践相结合的论文、专著和学术报告。……考试成绩与论文、专著审查合格之后,复试时,我要求申请者作一次学术报告以代替复试。报告会邀请教师和研究生一起听讲、提问,然后参考大家的评论,做出最后的决定。”[②]实践证明,这一招生选拔方式,对于提高生源质量非常有效,一直为高教所继承和发展。教育研究院教育博士专业学位招生,率先实行“申请—审核制”加面试的选拔方式。

以潘懋元为代表的教师群体,对博士生的培养可谓独树一帜。潘懋元多次撰文谈及博士生培养的问题,他认为,对于博士研究生,除了政治思想和道德品质、身体健康的统一要求外,应当掌握本学科坚实宽厚的理论基础和系统深入的专门知识,掌握两门外国语,具有独立从事科学研究工作的能力,在科学或专门技术上做出创造性的成果。[③]

---

① 林毓琦:《我和潘先生的故事:建创高等教育学学科的杰出理论家》,厦门大学教育研究院公众号,2020 年 7 月 20 日。

② 潘懋元:《选才 · 培养 · 指引——我对博士生培养的一些看法和做法》,载《潘懋元高等教育文集》,北京:新华出版社 1991 年版,第 761 页。

③ 潘懋元:《高等教育学》下册,北京:人民教育出版社,福州:福建教育出版社,1985 年,第 147 页。

早在1989年高教所招收了四届博士生时，潘懋元就强调："对于博士生，不仅要求其具有独立从事科学研究的能力，而且要使其成为未来的学术带头人。作为学术带头人，光有较高的学术水平和科研能力还不够，还要求其具有组织领导集体学术研究的能力"，因此，要"提供条件，自我成才"。他谦虚地表示："闻道有先后"，并吐露自己的一些困惑与苦恼。[①] 二十多年后，潘懋元进一步概括，从"成功与否，端赖选才""深入浅出，由博返约""提供条件，自我成才""师生互敬，教学相长"四个方面进行系统论述，从课程学习、学术活动、论文指导、思想修养、实践锻炼、课外陶冶六方面进一步阐释如何"提供条件"，促进他们"自我成才"。[②] 这是对几十年来博士生培养的经验和实践的深刻总结与体悟。

在博士生培养过程中，潘懋元注重引导博士生，紧扣时代发展和高等教育改革的需要，选择学位论文的主题，在高等教育基本概念与原理、高等教育的多学科视角、高等学校的课程与教学、高等教育宏观问题与国际比较、高等教育学科建设等主题的研究上，取得了不少创新性成果。如关于高等学校课程与教学改革问题，先后有王伟廉、邬大光、刘振天、唐德海、刘承波、胡弼成等从不同角度进行研究；关于中国教育近代化的问题，先后有朱国仁、刘少雪、张亚群分别从西学东渐、书院改制、科举革废的视角做专题研究；这些研究相互关联，层层推进。此外，在欧洲高等教育近代化、研究生教育、区域高等教育发展、民办高等教育、高等教育考试、高等教育与文化、女子高等教育、高校办学自主权等领域，开展深入研究，完成博士学位论文35篇（见附录2）。

高教所对博士生的学术研究进行了全方位支持，尤其是在20世纪90年代很难获得国外相关研究资料的情况下，争取多派博士生出国交流，做更深入研究。如1999级博士生赵叶珠试图做三国女子高等教育比较研究时，以题目为基础，先后获得了赴荷兰阿姆斯特丹大学和日本访学的机会，并进修了荷兰皇家妇女研究中心的博士生课程，直触该领域的前沿地带。

除了重视研究生培养体系建设，高教所还非常注意激发学生的事业追求，鼓励和支持学生多出成果、早出成果，培养创新精神与实践能力，为我国高等教育

① 潘懋元：《选才·培养·指引——我对博士生培养的一些看法和做法》，载《潘懋元高等教育文集》，北京：新华出版社1991年版，第765～769页。

② 潘懋元：《得天下英才而教育之》，载潘懋元：《潘懋元教育口述史》，北京：北京师范大学出版社2007年版，第243～255页。

学科发展贡献自己的力量。在此教育环境熏陶下，高教所博、硕士研究生取得了丰硕成果。潘懋元在2000年申报《国家级教学成果奖鉴定书》中指出：

据统计，95％以上的硕士生、博士生在学期间都会在公开发行的学术刊物上发表学术论文，有的出版了专著；有的科研成果获得了省、部级奖励，多位研究生获得厦门大学学生最高奖“嘉庚奖”等奖励。在已完成的博士、硕士学位论文中，取得了一大批优秀的学术成果，有的学位论文被评为优秀论文，有的学位论文的部分内容被《新华文摘》等重要刊物转载。近年来，该学科在全国范围内对毕业生进行了两次较大规模的追踪调查，结果表明，在百余名毕业生中，85％以上已经成为我国高等教育理论研究与教学的骨干，有的成为学术带头人，成为高教研究教学或管理等应用领域的栋梁之材。他们出版了40余部该学科的专著，发表了千余篇学术论文，并获得多项国家级、省部级高规格政府奖，如教育部于1999年颁发的全国第二届教育科学优秀成果奖中，该学科毕业生就有6人获奖。目前，41人在工作岗位晋升了高级职称，4人为博士生导师。有的当选为中国高教学会常务理事、理事，全国高等教育学研究会常务理事、秘书长，或当选为高等教育学科各分支研究会的理事长、副理事长、常务理事。有10余名毕业生现在已经担任校长、院长、系主任、研究所所长等职。①

“桃李不言，下自成蹊。”上述成就的取得，是与以潘懋元带领的高教所教师们的精心育人以及师生共同努力密不可分的，这也是对高教所高等教育学科建设和人才培养的最好诠释和极大鼓励。

1998年9月24日，高教所主办“厦门大学高等教育研究所建所20周年庆祝大会”，教育部高教司、国家教育研究发展中心、北京大学、华东师大等高教所等单位的领导、嘉宾和校友等200多人莅会，观看专题片《走向新世纪》。教育部办公厅、中国高等教育学会、日本广岛大学大学教育研究中心等还发来了贺信和贺电。教育部办公厅发来贺电，充分肯定厦大高等教育科学研究所“在科学研究、培养高层次人才及为政府决策咨询等方面取得了显著成绩”。时任教育部副

① 潘懋元：《高等教育学学科建设、人才培养与教学改革咨询》，载刘海峰，史秋衡主编：《高等教育研究的国家队——厦门大学教育研究院40年的研究贡献》，厦门：厦门大学出版社2018年版，第43页。

部长周远清发来贺信："(你们)充分利用和发挥高等学校的条件和优势，将科研与教学相结合，在不断取得科研成果的同时，培养了一批高层次高等教育理论人才，其中大多数已成为我国高等教育理论研究与教学中的骨干。……在学科建设、人才培养以及为政府决策提供咨询等方面，进行了积极探索和有益尝试，积累了具有示范意义和借鉴价值的经验。"

2000年9月，高教所举办"中国高等教育百年"学术研讨会，庆祝潘懋元教授从教65周年暨80华诞。教育部发来贺信，高度评价潘懋元先生的杰出贡献："潘懋元教授作为一名著名的教育理论家，教育理论研究硕果累累，为创建我国高等教育学学科，丰富和发展我国高等教育理论体系做出了重要贡献；作为一位杰出的教师，培养了大批高层次教育学人才，桃李满天下，为建设我国高等教育理论骨干教师队伍和研究队伍做出了重要贡献；作为一位优秀的教育活动家，对我国若干重要教育改革决策提出了许多宝贵的意见和建议，为我国高等教育宏观决策科学化做出了重要贡献。"[①]

① 教育部及周远清副部长的贺信原件现存厦大教育研究院。

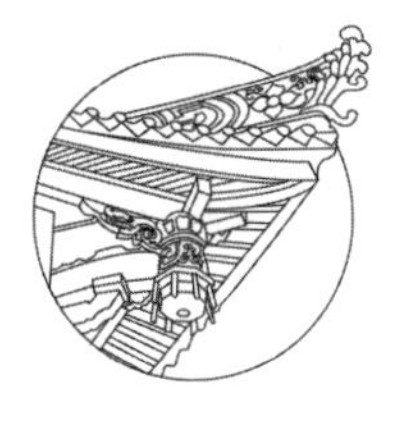

第五章 新世纪高等教育学科的拓展（上）

秉承着“自强不息、止于至善”的校训，跨入21世纪以来，厦大高教所发展为教育研究院，在学科发展、组织机构与师资建设、人才培养、社会服务等方面，取得了巨大进步。这一时期建立了教育部人文社科重点研究基地、教育学博士后流动站、教育部研究生访学基地（高等教育学）等，为教育研究院的发展和人才培养搭建了平台，不断推进博士和硕士学位授权学科建设。

第一节　高等教育学科机构的发展

作为中国高等教育研究重镇，高等教育研究所（教育研究院）在高等教育基本理论研究、高等教育体制与管理研究、考试制度研究与科举学等领域取得了奠基性的科研成果，努力建设一支高等教育研究的国家队，打造国家级高等教育研究智库。

一、厦门大学高等教育发展研究中心的设立

2000年1月，以厦门大学高教研究所为基础，成立了厦门大学高等教育发展研究中心。9月5日，该中心被教育部批准为教育部人文社科重点研究基地，这也是全国唯一一家以高等教育为研究领域的教育部重点研究基地（图5-1）。刘海峰任基地主任，邬大光、谢作栩任副主任。该中心依托厦门大学高教研究所（后改名为教育研究院），其下设有高等教育理论与政策研究室、高等教育管理研

究室、高等教育考试研究室等三个研究室。

图 5-1 厦门大学高等教育发展研究中心(教育部重点基地)牌匾

高等教育发展研究中心的使命是,弘扬厦门大学高教所“敢为天下先”的精神,汇聚英才,引领潮流,建设国家级高等教育研究智库,对国家高等教育改革与发展发挥建设性影响,促进我国高等教育事业优质持续健康发展。其主要任务有三:一是研究高等教育学科前沿课题,继续发挥领先作用,促进我国高等教育学科建设与发展;二是研究国家高等教育改革与发展政策,集中攻关,在一些重大问题上发挥国家级智库作用;三是研究各级各类高等学校发展战略,为高校内涵式发展和特色发展提供重要的理论支持与服务,推动创建高水平大学的进程。[①] 为此,该中心成立了学术委员会(见表 5-1),汇聚了一批学界著名学者,共同推动人文社科重点研究基地的发展。

① 厦门大学高等教育发展研究中心:《中心简介》,https://che.xmu.edu.cn/info/1036/3203.htm,访问日期:2021 年 1 月 30 日。

表 5-1　厦门大学高等教育发展研究中心学术委员会

职务	姓名
名誉主任	潘懋元教授(厦门大学教育研究院名誉院长)
主任	顾明远教授(北京师范大学教授)
副主任	刘海峰教授(厦门大学教育研究院教授)
委员	邬大光教授(厦门大学教育研究院教授)
委员	刘海峰教授
委员	杨德广教授(上海师范大学教授)
委员	吴康宁教授(南京师范大学教授)
委员	陈玉锟教授(华东师范大学终身教授)
委员	钟秉林教授(中国教育学会会长)
委员	顾明远教授
委员	潘懋元教授

注:委员按姓氏笔画排序。

资料来源:厦门大学高等教育发展研究中心:《组织机构》,https://che.xmu.edu.cn/info/1039/3198.htm,访问日期:2021 年 1 月 30 日。

2004 年 5 月,厦门大学高等教育发展研究中心参加教育部社科司组织的高校人文社会科学重点研究基地首次评估,通过了"合格"评估。

二、从高等教育科学研究所到教育研究院

为适应学科建设和发展的需要,2004 年 4 月,厦门大学教育科学研究所更名为教育研究院。教育研究院是中国第一个以高等教育学为研究对象的专门研究机构,中国第一个高等教育学硕士学位授权单位和第一个高等教育学博士学位授权单位,也是全国第一个高等教育学国家重点学科所在单位,高等教育研究的国家"985 工程"创新基地。作为教育学一级学科博士授权单位,教育研究院在高等教育学、教育史、教育经济与管理、比较教育等学科招收和培养博士生,在高等教育学、教育史、比较教育学、课程与教学论、教育经济与管理、发展与教育

心理学等学科招收和培养硕士生，是国家首批教育博士(Ed.D.)学位授权单位。教育研究院以培养一流的高等教育研究人才和高等教育领导管理人才为己任，积极探索中国特色的高层次人才培养模式，推进研究生教育发展。

三、附设研究机构

教育研究院下设教育理论研究所、教育史研究所、教育经济与管理研究所、比较教育研究所、教育心理研究所等五个研究所，是高等教育学重点学科、教育部人文社科重点研究基地(厦门大学高等教育发展研究中心)、厦门大学"985 工程"创新平台以及高等教育质量建设协创中心的重要组成部分。另附有校设研究机构厦门大学考试研究中心、厦门大学高教质量与评估研究所、厦门大学中外合作办学研究中心、厦门大学高等教育质量建设协同创新中心等研究单位，开展相关学术研究活动。

(一)教育理论研究所

教育理论研究所成立于 2010 年 1 月，其前身为高教理论(含历史)研究室。它的成立标志着厦门大学教育研究院进一步强化高等教育理论研究的优势，拓展高等教育研究的理论基础，使高等教育理论研究在更广的平台上发展自己。①

研究所在高等教育基本理论研究、高等学校课程与教学研究、高等教育研究方法论、现代大学制度研究、终身教育研究等方面取得重要成果。潘懋元出版多部高等教育原理著作，对中国高等教育研究发展和中国的高等教育改革发展事业产生了重大影响；《潘懋元文集》集中展示其高等教育学理论体系及教育研究丰富成果。该所其他代表性成果有《高等学校教学原理与方法》(人民教育出版社 1995 年)、《高等教育研究方法》(高等教育出版社 2008 年)等。

该研究所教学与科研力量雄厚，有教授 5 人、副教授 3 人，为博士生、硕士生开设高等教育学专题研究、教育研究方法论专题、终身教育原理专题、教育哲学、高等教育研究方法、高校课程与教学、女性高等教育等课程；为本科生开设创业

---

① 厦门大学教育研究院教育理论研究所：《机构简介》，https://ihe.xmu.edu.cn/2018/0314/c17155a333573/page.htm，访问日期：2021 年 1 月 30 日。

学导论、成功学导论、美国著名大学、大学校园文化等公共选修课程。教育理论研究所成员主持完成教育部人文社会科学重点研究基地重大课题、国家“985”创新平台课题等多项省部级以上课题。

（二）教育史研究所

教育史研究所成立于 2010 年 1 月，为教育研究院教育史博士学位授权学科的重要依托机构。它的成立，拓展了厦门大学教育研究院的研究平台及学术基础，进一步强化高等教育史研究优势，促进教育学科建设与发展。[①]

该研究所的教学科研力量较雄厚，有教授 4 人、副教授 1 人。主要研究方向包括科举制与科举学研究、中国近现代高等教育史、高等教育考试、外国高等教育史研究，其中科举学研究被同行誉为独创性的学科，在国内外具有重要影响；考试基本理论和中国考试制度研究处于国内领先地位；高等院校校史研究、大学校长研究、大学文化研究取得重要成果。该研究所为博士生和硕士生开设中国高等教育史专题研究、中国近代高等教育专题研究、科举学导论、中国考试发展史、著名校长研究、中国高等教育史、外国高等教育史、考试社会学、教育史文献选读、教育史学等专业学位课程和选修课程；为本科生开设教育经典的魅力、科举与高考、考试与社会、中外高考概览等公共选修课程。多次参与或承办“两岸四地”教育史研究论坛等区域性或全国性教育史学术研讨会。

教育史研究所分别于 2004 年、2007 年开始招收教育史专业硕、博士研究生。刘海峰教授指导刘希伟的博士论文《中国历史上的“高考移民”：清代科举冒籍研究》，获教育部颁发的百篇优秀博士论文奖；张亚群教授指导虞宁宁的博士学位论文《中国近代教会大学招生考试研究》，2013 年获得台湾“思源人文社会科学博士论文奖”心理与教育学门首奖。

（三）教育经济与管理研究所

教育经济与管理研究所成立于 2009 年 12 月，前身为高等教育管理研究室。

---

① 厦门大学教育研究院教育史研究所：《机构简介》，https://ihe.xmu.edu.cn/2018/0314/c17155a333574/page.htm，访问日期：2021 年 1 月 30 日。

教育经济与管理是该研究所硕士学位和博士学位的授权学科①。教育经济与管理，是教育学科中理论与实际密切结合、多学科交叉的一个专业领域，主要研究方向为高等教育管理、高等教育经济、高等教育政策法规、教育人力资源开发与管理、高校组织与制度变迁等。

该研究所的教学科研力量较雄厚，有教授 4 人、副教授 3 人。近年来，主动承担学校、教育研究院规定的各项教学任务，兼顾学术与智库；主持完成及在研教育部哲学社会科学研究重大攻关项目各一项，完成国家社科基金重点项目等多项省部级以上课题及各类横向课题，为各级政府的科学决策做好智库咨询服务。

该研究所取得的标志性成果有：邬大光教授指导胡赤弟的博士论文《教育产权与大学制度构建的相关性研究》获得教育部颁发的百篇优秀博士论文奖；出版《高等教育经济学丛书》1 套、《大学生学情调查报告系列丛书》1 套；向社会定期发布规划期内《高等教育质量第三方评估报告》；在 SSCI 国际学术刊物、在国内《求是》《新华文摘》《光明日报》《教育研究》《高等教育研究》等最优刊物上发表论文近百篇。

（四）比较教育研究所

比较教育研究所设立于 2009 年 12 月，前身为外国教育研究室。该所的设立是厦门大学教育研究院迈向国际化的重要部署，肩负着比较与国际教育研究的双重使命，可招收比较与国际教育专业方向的研究生。主要研究方向为比较教育、国际教育、欧洲高等教育、东南亚高等教育和日本高等教育等。目前，研究所较为关注的研究领域有高等教育大众化比较研究、研究生教育比较研究、教育公平比较研究、国际合作办学比较研究、高校教师发展比较研究、高校教师信念比较研究等。

该研究所教学与研究力量较强，有教授 2 人、副教授 2 人、助理教授 1 人。为博士、硕士研究生和本科生开设的主要课程包括：比较高等教育、比较与国际教育的历史与方法、高等教育国际化、西方高等教育思想、东南亚高等教育、欧洲

① 厦门大学教育研究院教育经济与管理研究所：《机构简介》，https://ihe.xmu.edu.cn/2018/0314/c17155a333575/page.htm，访问日期：2021 年 1 月 30 日。

高等教育、日本高等教育、俄罗斯高等教育、高等教育研究方法、高等教育管理、高等教育评估等。①

该所成员主持完成及在研多项省部级项目，包括建设人力资源强国与高等教育大众化发展战略研究、中国高等教育大众化的政策研究、学位与研究生教育科学发展的几个重要问题研究、福建省教育事业发展与体制改革研究、国际双语教师教育比较研究、主要发达国家及部分发展中国家高等教育体系改革比较研究、台港澳大专院校与大陆民办高校比较研究、亚太地区私立高等教育政策研究，以及日本人文社会科学发展的理论、政策、制度及启示研究等。出版了《中国高等教育大众化发展道路的研究》《高等教育与社会发展》《比较高等教育——国际高等教育体系比较研究》《马来西亚与菲律宾高等教育发展的比较研究》等专著，以及《高等教育的日本模式》《知识社会中的大学》《未来高等教育：终生学习与虚拟空间》《未来的研究：解决全球危机 任重而道远》《未来的教与学：构建全球终生学习体系》等译著。

（五）教育心理研究所

教育心理研究所设立于 2010 年 1 月，前身为心理学研究室。它是厦门大学发展与教育心理学硕士学位授权学科，致力于研究与教育相关的心理理论与实践，包括学生学习规律、学习科学、教学方式改革、师生教学信念、心理咨询、家庭教育、言语学习、阅读障碍等方向。②

该研究所现有教授 1 人，助理教授 2 人。承担全校本科生、教育研究院研究生的教学任务，包括全校每年 5000 多名大一新生必修课程“大学生心理健康”，师范生的“心理学”课程及其他多门本科课程，以及“教育与心理统计”“大学学习的理论与实证研究”“课程教学的学习论基础”“动机心理学”“心理咨询”“青年心理学”“教育心理学“学校心理学”等研究生课程。该所教师积极创新教学方式，努力推进 MOOC、翻转课堂等教学方式在大学教学创新中的应用。此外，还积极服务于学校和社会的心理咨询和健康教育工作，做到理论联系实际，主动服务

---

① 厦门大学教育研究院比较教育研究所简介，https://ihe.xmu.edu.cn/2018/0313/c17155a333576/page.htm，访问日期：2021 年 1 月 30 日。

② 厦门大学教育研究院教育心理研究所：《机构简介》，https://ihe.xmu.edu.cn/2018/0313/c17155a333577/page.htm，访问日期：2021 年 1 月 30 日。

社会。

（六）厦门大学考试研究中心

厦门大学考试研究中心建立于 2003 年 1 月，前身为厦门大学高等教育研究所考试研究中心。该研究中心依托教育研究院高等教育学国家重点学科，以及教育部文科重点研究基地高等教育发展研究中心雄厚的研究力量，开展考试制度与考试政策、中国考试史、考试基本理论研究。其下设科举学研究室、招生考试研究室、考试理论研究室，有专职教师 8 人、兼职教师 4 人。[①]

该研究中心专职研究人员陆续主持教育部人文社会科学重大课题攻关项目“高校招生考试制度的理论与实践研究”、国家社会科学基金重点课题“高校招生制度改革研究”等在内的 50 余项考试研究课题，研究成果获部省级科研成果奖 20 余次，其中一等奖 10 次；出版著作 50 余部，包括刘海峰主编的“高考改革研究丛书”（华中师范大学出版社，2016）22 册、“高考制度变革与实践研究丛书”（浙江教育出版社，2017）8 册，其成果处于国内领先地位。

该中心长期与国家教育考试决策部门保持紧密联系。2003 年 9 月，教育部高校学生司与厦门大学签订《关于合作开展高校招生考试制度研究的合作协议》，联合开展高校招生考试制度研究。该中心还与江苏省教育考试院、福建省教育考试院、天津市教育招生考试院等省级考试专业机构合作，共同研究考试改革问题，成为国内教育考试研究的重镇和决策咨询基地。此外，还组织推动每年一届的国际性或全国性的“科举制与科举学”学术研讨会；与福建省教育考试院联合主办公开学术刊物《教育与考试》双月刊。

（七）厦门大学高教质量与评估研究所

厦门大学高等教育质量与评估研究所成立于 2009 年 3 月。其研究方向包括高等教育学、教育经济与管理、职业技术教育学和比较教育学。当前研究重点在宏观政策咨询与建议、高校分类设置、大学教学与课程、高校规划与设计以及

① 厦门大学考试研究中心：《中心简介》，https://ksyj.xmu.edu.cn/zxjj1.htm，访问日期：2021 年 1 月 30 日。

高教质量建设等研究领域。[①]

研究所每年开展国家大学生学情调查，为大量协作校提供了客观公正的学校学情年度报告，积极服务于协作校一线教学工作与研究的改善。结合丰富的国家高校分类设置考察调研数据、高校教学工作水平与审核评估经验，具备很强的高校规划、院校设计能力。同时，咨政育人与社会服务绩效显著。史秋衡所长带领团队出具了大量高水平咨询报告，为新华通讯社、教育部、国家教育体制改革领导小组等采纳应用。

该研究所专职研究人员承担了教育部重大攻关项目《高等学校分类体系及其设置标准研究》、国家社科基金教育学重点课题“大学生学习情况调查研究”“高等教育大众化阶段质量保障与评价体系研究”等重要课题。全国高校分类设置设计研究，是史秋衡团队的另一重要研究领域。其结项成果为教育部发展规划司所采纳，并出版专著《国家高校分类体系及其设置标准实证研究》，其中有关高等教育分类的核心观点和基本原则为教育部《关于“十三五”时期高等学校设置工作的意见》所吸收。该所研究人员获教育部高等学校科学研究优秀成果奖（人文社会科学）二等奖、三等奖，教育部全国教育科学研究优秀成果奖二等奖等多项省部级科研成果奖。

该研究所与美国哥伦比亚大学、美国加州大学洛杉矶分校、英国伦敦大学、德国哥廷根大学等建立了合作与交流关系。该所师生与美国哥伦比亚大学、美国加州大学洛杉矶分校、美国托莱多大学、美国东密歇根大学、美国夏威夷大学、德国哥廷根大学、德国洪堡大学、英国伦敦大学、英国南安普顿大学、俄罗斯远东联邦大学、日本广岛大学等有三个月以上的访学或互访。史秋衡受聘德国哥廷根大学、美国哥伦比亚大学、美国东密歇根大学、英国伦敦大学、俄罗斯远东联邦大学和印度浦那大学客座教授、访问教授或客座研究员。

（八）厦门大学中外合作办学研究中心

厦门大学中外合作办学研究中心成立于 2010 年 3 月，原称厦门大学-香港

---

① 厦门大学高教质量与评估研究所：《研究所简介》，https://iheqa.xmu.edu.cn/yjsjj/list.htm，访问日期：2021 年 1 月 30 日。

大学中外合作办学研究中心(2013 年 1 月经批准更名)。它是中国第一个以中外合作办学为研究对象的专门研究机构,成为教育部中外合作办学理论研究基地、政策咨询平台和中心,中国高等教育学会中外合作办学研究分会理事长单位和秘书处所在机构。其下设中外合作办学理论研究室、中外合作办学法律研究室、中外合作办学管理研究室、中外合作办学课程与教学研究室、跨境教育研究室。[①]

该研究中心依托厦门大学教育学一级学科,高等教育学、教育经济与管理、比较教育学、教育史等多个博士点和博士后流动站,以及法学、经济学、管理学等多学科优势,开展中外合作办学的理论研究和应用研究。该中心专职研究人员承担了国家社科基金国家级重点课题和一系列部省级重大、重点课题,出版专著十多部,发表论文数百篇;研究成果获得政府重要奖项。参与了多项办学条例及相关意见的制定与修订,每月采集编辑的内参《中外合作办学月报》,提交教育部及其相关部门,为领导决策提供信息服务。每年招收中外合作办学方向的硕士生、博士生和博士后。建设数据平台和服务团队,服务办学实践。接受委托,承接课题,为中外合作办学机构和项目提供规划研制以及其他专项研究。广开宣传渠道、引导社会舆论。该研究中心微信公众号受到社会关注。该研究中心发起、牵头并联合省级教育行政部门主办全国中外合作办学年会。

该研究中心与香港大学教育学院、香港大学华正中国教育研究中心、加拿大多伦多安大略教育学院、美国纽约州立大学跨境教育研究中心等 20 多家世界著名教育研究机构进行富有成效的学术交流合作。

第二节　教育研究院(高教所)的组织机构与师资建设

在高等教育学科建设和发展进程中,高教所、教育研究院的组织机构和师资队伍不断壮大,为高等教育专门人才培养、教育科学研究提供了重要保障。

---

① 厦门大学中外合作办学研究中心:《中心概况》,https://cfcrs.xmu.edu.cn/4001/list.htm,访问日期:2021 年 1 月 30 日。

一、组织机构及其成员

（一）党组织

2000年以来，教育研究院（高教所）的党政领导工作主要经历了中共教育研究院党支部、中共教育研究院党总支、中共教育研究院党委三个发展阶段。

第一阶段以中共高教所党支部（1987年3月—2004年4月）和教育研究院直属党支部（2004年4月—2008年4月）为主要领导机构。第二阶段以中共教育研究院党总支（2008年4月—2013年2月）为主要领导机构。这一时期，总支书记为宋毅，副书记为陈文。第三阶段以中共教育研究院党委（2013年2月至今）为主要领导机构。这一时期，党委书记为郑冰冰（2013年3月—2020年11月）、刘振天（2020年11月至今），副书记先后为陈文（2013年3月—2018年）、傅伯奇（2018年－2020年11月）、姚有新（2020年11月至今）。

这一时期，高教所党支委员会、教育研究院党委历届成员：

1.直属党支部（2000—2004年）

书记：宋毅

委员：刘海峰、范孝平

2.党总支（2004—2013年）

历任书记：宋毅（1999－2004—2008—2013年）、郑冰冰（2013年）

副书记：陈文（2011—2013年）

委员：刘海峰、张亚群、史秋衡、王洪才、赵叶珠

3.教育研究院党委（2013年至今）

历任书记：郑冰冰（2013—2020年）、刘振天（2020年至今）

历任副书记：陈文（2013—2018年）、别敦荣（2018年至今）、傅伯奇（2018—

2020 年)、姚有新(2020 年至今)

委员:刘海峰、别敦荣、王洪才、乔连全、吴薇

教工党支部书记(2011 年 12 月—2017 年 11 月):赵叶珠、吴薇、乔连全、陈兴德;委员:叶燕、吴薇、连进军、肖娟群

教工第一党支部书记(2017 年 12 月—2020 年 6 月):吴薇、乔连全

教工第二党支部书记(2017 年 12 月—2020 年 6 月):叶燕

博士生党支部:李青合(2009 级)、张晓报(2011 级)、祁晓(2012 级)、魏晓艳(2013 级)、滕曼曼(2014 级)、王芳(2015 级)、闵琴琴(2016 级)、刘明维(2017 级)、谢健(2017 级)、谢玲(2018 级)、贾文军(2019 级)、陈昌芸(2020 级)

硕士生党支部: 黄洁(2009 级)、王芳(2011 级)、易梦春(2012 级)、郭鹏岳(2013 级)、石慧(2014 级)、吴飞燕(2015 级)、陈融莉(2016 级)、姚烟霞(2017 级)、胡艳婷(2017 级)、郭平(2018 级)、张靖佶(2019 级)、吴荧秋(2020 级)

(二)行政及学术机构

1.院(所)领导

高等教育研究所(2000—2004 年)

名誉所长:潘懋元

所长:刘海峰

副所长:杨广云、谢作栩

教育研究院(2004 年至今)

名誉院长:潘懋元(2004 年至今)

院长:刘海峰(2004—2018 年)、别敦荣(2018 年至今)

副院长:谢作栩(2004—2008 年)、杨广云(2008—2012 年)、史秋衡(2008—2018 年)、别敦荣(2012—2018 年)、王洪才(2018 年至今)、覃红霞(2018 年至今)

2.高等教育发展研究中心

依托该单位成立的厦门大学高等教育发展研究中心,是全国唯一的专门研

究高等教育的教育部人文社科重点研究基地。

历任主任：刘海峰（2000—2008 年）、谢作栩（2008—2012 年）、别敦荣（2012—2019 年）、刘振天（2020 年 1 月至今）

历任副主任：邬大光、谢作栩、史秋衡、郑若玲、吴薇、郭建鹏

3.办公室

主任：范孝平、叶燕、吴晓君

行政秘书：叶燕、李敏丽、吴晓君、吕铖

科研秘书：王玉梅

教学秘书：李武静、郑雯倩、陈若凝

工程系列专业技术人员：王玉梅、张仕婧

4.研究所（中心）

教育研究院现设 10 个研究所（中心），另挂靠有厦门大学考试研究中心、厦门大学高教质量与评估研究所、厦门大学中外合作办学研究中心。

（1）教育理论研究所

所长：王洪才、陈兴德

副所长：赵叶珠

（2）教育史研究所

所长：张亚群

（3）教育经济与管理研究所

所长：武毅英、徐岚

（4）比较教育研究所

所长：范怡红、吴薇

（5）教育心理研究所

所长：林金辉、郭建鹏

（6）厦门大学考试研究中心

主任：刘海峰

副主任:张亚群、郑若玲

(7)民办高教研究中心

主任:邬大光

(8)厦门大学高教质量与评估研究所

所长:史秋衡

副所长:文静

(9)厦门大学中外合作办学研究中心

主任:林金辉

副主任:刘梦今

(10)国际高等教育研究中心(2018年10月成立)

主任:吴薇

(11)大学教学研究中心(2018年10月成立)

主任:郭建鹏

(12)研究生教育研究中心(2018年10月成立)

主任:徐岚

(13)闽台高等教育研究中心(2018年10月成立)

主任:李国强

5.资料室

主任:文新兰、冯波

图书系列专业技术人员:文新兰、冯波、肖娟群

(三)工会、共青团、研究生会历届负责人

1.工会

主席:张彤、郑若玲、杨广云、郭建鹏

2.院共青团

团委书记:魏艳

博士生团支部:李文(2017—2018学年),唐琴(2018—2019学年),毛鹏程(2019—2020学年),陈春平(2020—2021学年)

硕士生团支部书记:2015硕团支部王晓红;2016硕团支部崔亚楠;2017硕团支部杨忠;2018硕团支部郑雅倩;2019硕团支部刘曦东、汪笑笑;2020硕团支部林丽丽

3.研究生会

主席:李立峰、吕春座、林上洪、虞宁宁、王晓勇、范哗、李志鸿、石慧、胡波浪、黄世栋、陈融莉、杨忠、邓媛、郭一凡、杨琦蕙

二、党建工作及学习活动

2000年,中共高教所直属党支部转入9名党员,包括8名教职工党员和1名学生党员。2001年,高等教育研究所直属党支部被评为“厦门大学先进基层党组织”,高教所陈炳三被评为“优秀共产党员”。2004年,教育研究院直属党支部换届。截至2005年7月,教育研究院直属党支部共有党员56名。其中,教工党员19名,学生党员37名,新发展党员2名。2006年,教育研究院直属党支部的研究生支部新发展党员3名。2007年,硕士生支部新发展党员6名。2006年7月,张亚群被评为厦门大学优秀共产党员。

2008年,党总支建立健全学生支部,有10名预备党员转正,发展9名预备党员。陈炳三老师被授予“老有所为”先进个人称号。[①] 2009年2月,教育研究院党总支分为1个教工党支部(教育研究院教工党支部)和6个研究生党支部。教育研究院党总支共有党员118名(正式党员92名),包括教工党员26名和学

---

① 厦大委综(2008)023号:《关于表彰离退工作先进集体和先进个人的决定》(2008-XZ09-3)。

生党员92名(正式党员74名)。当年选送17位研究生积极分子参加校党校的学习,转正8名预备党员,新发展22名预备党员。

2010年,教育研究院党总支共有党员128名,其中正式党员100名,学生正式党员79人。当年共选送17位入党积极分子参加校党校的学习,转正6名预备党员,新发展19名预备党员。截至2011年11月,教育研究院党总支共有党员117名,其中教工党员26名,学生党员91名(含12名预备党员)。2012年有党员131名,其中有教工党员28名,学生党员103名(含预备党员12名)。

2013年,教育研究院党委发展党员14名,其中新发展教工党员1名,转正7名预备党员,共有党员111名。其中正式党员101名,预备党员10名;教师党员30名(含预备党员1名),博士生党员26名,硕士生党员55名。2013级硕士生党支部获“厦门大学先进基层党组织”荣誉称号。

2014年,教育研究院党委下设7个党支部,包括1个教工支部和6个学生支部。全院发展党员3名,转正4名预备党员(含1名教工预备党员),共有党员105人,包括正式党员100名,预备党员5名,其中教师党员32名,博士生党员28名,硕士生党员45名,全院党员人数约占师生总数的66%。6月,教工党支部完成换届选举工作,产生新一届党支部委员会。7月1日,陈炳三老书记带领师生党员参观厦大防空洞,上了一堂生动的国防教育课。

2015年,教育研究院党委共有党员99名,其中正式党员94名,预备党员5名。教工党员33名,占教职工总数的84.6%;博士生党员26名,硕士生党员40名。当年,全院新发展5名预备党员,转正4名预备党员。6月,结合纪念建党95周年暨福建省第一党支部成立90周年,教工党员赴云霄县和平乡乌山,瞻仰革命圣址,学习先烈事迹。5—12月,开展贯彻落实“三严三实”专题教育学习活动。

2016年,教育研究院共计党员104名。新发展预备党员10名,转正4名预备党员。各支部认真核实各自支部所属全体党员身份信息,重点对入党时间,转正时间,是否存在假党员等情况进行排查,确保了信息真实、准确。3—12月,开展两学一做教育活动。11月,根据学校《基层党建重点任务推进会》的会议精神,对组织关系在本支部的党员2008年4月至2016年8月期间交纳党费情况进行了全面清理。加强制度化建设,修订、整理、汇编党务、党建工作等文件。12月,院党委组织全体师生开展“缅怀先驱 不忘初心”教育实践活动,赴长汀厦大旧址和江西瑞金革命旧址参访学习。

为加强党的组织建设，增强党组织战斗力，2016 学年制定了各支部立项方案并完成结项，其中校级立项 1 个。加强支部书记培训，每学期举办至少两次的书记交流会议，教工支部书记乔连全副教授先后参加了校教工党支部书记学习班和国家行政学院学习班的学习。针对延期毕业、历史原因遗留关系等已毕业学生党员，专门成立特殊党支部——第八学生党支部，并由院团委书记魏艳老师担任党支部书记。

2017 年，新发展 8 名预备党员，12 名预备党员转正。截至 2018 年 11 月 21 日，教育研究院党委下设 2 个教工党支部和 7 个学生党支部。新发展 9 名预备党员，9 名预备党员转正。2014—2018 年，共发展党员 34 人，预备党员 34 人转正。

2019 年，教育研究院党委共有党员 119 名，其中，教工党员 37 名，博士生党员 31 名，硕士生党员 51 名。新发展 9 名预备党员，10 名预备党员转正。2020 年，教育研究院共有党员 130 名，其中，教工党员 41 名，博士生党员 36 名，硕士生党员 53 名。

教育研究院党组织结合实际和研究生思想工作的特点，开展形式更加丰富的多种理论与实践活动。

2009 年，教育研究院党组织在认真组织深入开展学习实践科学发展观活动。每学期坚持过 1～2 次多种形式的组织生活。努力建立和健全党总支工作的制度化、规范化，落实支部建在班上的工作，及时做好新生党支部的建立。2009 年 3 月，张亚群教授参加中央党校第 26 期高校教学科研骨干研修班学习。

2010 年，根据学校党委关于开展创先争优活动会议及文件要求，教育研究院党组织深入开展创先争优活动，六个党支部累积开展创先争优实践活动 35 项。将活动与自身专业优势相结合，通过开设厦大高教讲座，与校内外多家高校进行联系座谈，重视进行爱国主义教育，组织了一系列革命历史题材影视鉴赏、革命圣地观光等活动，有效促进了党群共建工作。2011 年 3 月，王洪才教授参加中央党校第 38 期高校教学科研骨干教师研修班学习。

在政治学习活动中，教育研究院师生认真组织党员学习理论和中央文件，深入开展了“保持共产党员先进性教育”活动、学习“十七大”精神，联系本学科特点，在新生入学式上设置校史、院史教育环节，对学生进行理想、信念与纪律的教育，爱党、爱国、爱校、爱所和革命传统与优良作风的教育，激发学生爱国爱校的热情。2012 年，教育研究院参加学校“学党史、知党情、跟党走”党史知识竞赛并获得二等奖。2009 级硕士生党支部以“接受思想洗礼，坚定党员信念”为主题的立项活动，获校党支部工作立项活动优秀成果奖。退休老书记陈炳三老师的党史研究成果突出，受到校党委副书记陈力文等领导的肯定与重视。

2013 年，教育研究院 2011 级硕士班荣获“厦门大学先进班集体标兵”提名奖。教育研究院“心心相连”心理健康教育志愿服务项目，获厦门大学“优秀项目奖”；教育研究院组队获得了厦门大学举办的党的十八大知识竞赛“优秀组织奖”和党的十八大知识竞赛“三等奖”。教育研究院 2012 级硕士团支部，在 2012—2013 年度共青团工作中成绩优异，被评为“红旗团支部”。暑期，教育研究院以 2012 级硕士生为主体组成的“七彩梦想西部助学”实践团队结合专业，远赴贵州松桃山区支教。该支教团队获得了厦门大学社会实践优秀团队。陈文副书记等 2 人荣获“2013 年厦门大学学生暑期社会实践活动”优秀带队教师，易梦春等 3 人获得厦门大学暑期社会实践优秀队员。2013 级硕士生党支部获得了“厦门大学先进基层党组织”荣誉称号。2015 年 5 月，2014 级硕士班获得了“厦门大学心理健康教育先进班级”的荣誉称号。

2014 年 3 月，教育研究院党委召开“党的群众路线教育实践活动总结大会”。4 月，教育研究院关工委邀请厦门大学人文学院张侃教授为师生做《爱国主义教育》的专题报告。此外，组织全体党员学习专题《中国共产党发展党员工作细则》，提升党员理论素养。教育研究院党委积极支持院工会、研究生会的工作。国庆节与重阳节前夕，组织为退休老师送温暖的活动。

2015 年，教育研究院深入贯彻落实“三严三实”专题教育学习活动，加强思想建设。通过自学、辅导报告、集体讨论等形式，组织党员干部学习贯彻党的十八大和十八届三中、四中、五中全会精神，研读《习近平谈治国理政》及总书记最新发表的讲话和中央文件。结合党的“四风”学习活动，院党委组织领导干部认真学习了《中国共产党纪律处分条例》和《建立健全教育、制度、监督并重的惩治和预防腐败体系实施纲要》等党纪党规文件。此外，结合校庆、“七一”“八一”等重要时间节点，进行思想教育。校庆日颁发“懋元奖”并请专家做厦门大学校史的报告；“五一”节组织教师参观古田会址；“七一”党的生日，发挥退休教师陈炳三熟悉厦大地下革命斗争史的作用，带领师生党员参观学校防空洞，进行革命史教育；“八一”建军节，请军事专家做海洋安全报告。组织师生收看“纪念中国人民抗日战争暨世界反法西斯战争胜利70周年”系列活动，开展以“铭记历史，缅怀先烈，珍惜和平”为主题的讨论。通过形式的活动，全面提高师生员工的政治素质。6个学生支部组织支部成员参观、瞻仰厦门市烈士陵园、破狱斗争旧址，参观厦门市博物馆等，给校主陈嘉庚先生、罗扬才烈士献花等，让同学们在庄严的仪式中接受精神的洗礼。

2016年，教育研究院深入学习贯彻党的十八大和十八届六中全会精神。研究院党委领导干部率先开展理论学习，继而组织推动各党支部开展理论学习、支部生活会、党课教育、专题讨论和交流。5月，教育研究院党委组织了全体支部书记的发展工作观摩大会，使支部发展工作更加规范化、严谨化。教育研究院党委积极组织开展相关活动，帮助学生提高学习生活质量。院研究生参加厦门大学社会主义核心价值观微信推文创作大赛，获得一等奖。6月，结合纪念建党95周年暨福建省第一党支部成立90周年，院教工党员远赴云霄县和平乡乌山，瞻仰革命圣址，学习先烈事迹。12月，院党委组织全体师生开展“缅怀先驱 不忘初心”教育实践活动，前往长汀厦大旧址和江西瑞金革命旧址参访学习。

2017年，教育研究院党委以十九大精神为指导，扎实推进党建各项工作落到实处。如“十九大”会议前后的工作部署、中央巡视检查整改工作、金砖会议安全保障工作等。按照全面从严治党的要求，修订补充《教育研究院规章制度汇编》。4月5—29日，王洪才教授参加中央党校第76期高校教学科研骨干培训。10月18日上午，组织全院师生观看了中国共产党第十九次全国代表大会直播。11月6日，邀请苏劲教授做《进入新时代迈入新征程——党的十九大精神学习解读》的专场报告。11月24日，刘海峰作为“百人宣讲团”的成员，出席教育部在中国农业大学举办的教育系统党的十九大精神“百人宣讲团”报告会暨宣讲对谈专家座谈研讨会，并做《发挥专业特长，做好宣讲工作》的报告。教育研究院“榕树厦”实践队获得福建省“三下乡”暑期社会实践优秀实践队。

2018年1月8日，刘海峰做《学习十九大精神——推进双一流建设》的报告；为全体党员购买十九大学习文件；在教育研究院网站开辟学习专栏；各党支部利用固定党日，结合高等教育专业和“双一流”建设实际，深入学习十九大精神。10月，教工第一党支部创建“福建省高校十百千万工程培育建设党建示范单位”样板党支部。12月，2017级硕士生党支部撰写的《高教研究宗师教书育人楷模》获选中国教育电视台“读懂中国”展播作品，并获厦门大学“读懂中国”征文二等奖，教育研究院被授予“优秀组织奖”。2016级硕士生党支部获得厦门大学先进基层党组织，王洪才、陈融莉获得厦门大学优秀共产党员。

教育研究院党员将先进性体现到具体工作岗位和实践中。在厦门金砖会议、“榕树厦”暑期社会实践队助学支教活动、“面向2030年的高等教育发展：理念与行动”国际学术研讨会、厦门国际投资贸易洽谈会上，都有教育研究院党员志愿服务的身影。教育研究院党员将履行党员义务与为国家、社会服务紧密结合，发挥了模范作用。

教育研究院建立基层党委定期研究部署党建和思想政治工作例会制度，每月定期召开支部书记例会1次。2018年9月21日，校党委常委与教育研究院党委中心组联合学习，围绕“深入学习贯彻全国教育大会精神，加快推进中国特色世界一流大学建设”进行深入研讨。10月，教工第一党支部创建“福建省高校十百千万工程培育建设党建示范单位”样板党支部。11月12日，为进一步学习全国教育大会的精神，党委郑冰冰书记就当代青年如何践行“德智体美劳全面发展的社会主义建设者和接班人”为院全体学生讲授党课。

2019年，教育研究院配合校党委做好第二轮校内巡察工作。开展“不忘初心，牢记使命”主题教育。深入学习领会党的十九届四中全会精神，结合“教育部关于加强新时代教育科学研究工作的意见”和校领导的重要批示，组稿发表在“光明日报”、教育刊物等。2019年6月“榕树厦”党员先锋支教活动项目获得厦门大学党支部工作“立项活动”优秀成果二等奖。硕士生2018级党支部撰写的《千淘万漉虽辛苦，吹尽黄沙始到金——陈炳三教授的党史人生》获2019年厦门大学“读懂中国”征文三等奖。“榕树厦”实践队被评为厦门大学2019年暑期社会实践优秀团队，两名带队老师获“校级优秀带队老师”称号；“海岛14号”实践队调研报告获厦门大学第五届暑期社会实践调研报告大赛二等奖。两支实践队共有5名同学获“校级社会实践积极分子”称号。2018级硕士研究生郑雅倩同学的《心中有信仰，脚下有力量——马克思主义之于中国青年》一文及微视频获得第三届福建省高校大学生主题征文与微演讲活动优秀奖、校级二等奖，教育研究院获校级“优秀组织奖”。

2020年，教育研究院党委和行政不断增强“四个意识”、坚定“四个自信”、做到“两个维护”，认真贯彻落实中央重大决策部署和校党委工作部署，扎实推进党建和各项工作落到实处。第一，疫情防控做到“三零”，院党委按照学校要求，高度重视疫情防控工作，把师生身体健康和生命安全放在第一位。第一时间启动防控预案，购置了防控装备，每天对院大楼进行全面消毒，对进出院楼师生测量、登记体温，做到了零感染、零疑似、零密接。第二，全面开展巡察整改。严格落实校党委第四巡察组反馈意见，把巡察整改作为重大政治任务来抓，制定了整改方案，重点开展 8 个方面的专项整治。整改措施已完成 24 条，长期整改 4 条。全面梳理规范相关制度，汇编《厦门大学教育研究院规章制度汇编》，其中，新制定文件 13 个，修订完善相关制度文件 27 个。本年度召开党委会 12 次，院党委中心组集中学习 5 次，党委书记上党课 11 次，其他院领导班子、党委委员为师生讲党课 7 次，与高层次人才、青年教师谈心谈话 30 人次以上。第三，紧抓思想政治教育。教育研究院党委中心组和党政联席会集中学习 5 次，全院教工大会学习 3 次。院党委中心组召开线上学习会，集中学习校党委张彦书记发表在《国家教育行政学院学报》上的《激活新时代高校教师思想政治工作内生动力》署名文章。邀请刘梦今、徐岚、陈兴德三位党员教师分别为全院师生作“研究生课程思政的初步设想与探索”“用叙事研究讲好中国故事，以行动研究担当个人责任”“‘四史’学习与中国高等教育改革创新”三场学术讲座。第四，提高党员干部履职能力。院党委实施“基层党建质量提升攻坚行动”，积极推进新时代高校党建“双创”工作。将教师党支部与职工党支部合并，重视教师党支部书记“双带头人”培育工作，教工党支部作为福建省高校党建工作“样板党支部”。举办党务工作提升班，组织 26 名党务干部走进我校结对帮扶的中央苏区县——诏安县，开展党务培训、实地考察和传统教育。

三、师资发展与学术交流

进入新世纪以来，随着研究机构的扩大和学科建设发展，教育研究院师资队伍得到进一步加强。教育研究院培养和引进了一批高素质的一流学术带头人和中青年学术骨干，形成以高等教育学科创建者潘懋元教授为首，老、中、青衔接紧密的师资队伍。师资建设以质为先，高素质的教师队伍保障了教学、科研工作的有序开展，成为学科建设和人才培养的重要支柱。2019 年，林蕙青受聘为厦门大学兼职教授，刘振天受聘为厦门大学特聘教授，进一步增强了教育研究院高等教育学科的师资力量。

(一)师资队伍简介

截至2020年,教育研究院有专任教师27人,其中教授14人,副教授7人,助理教授6人;博士研究生导师12人,硕士研究生导师28人;专任教师中有“教育部新(跨)世纪优秀人才计划入选者”5人,教育部高校青年教师奖获得者2人,国务院政府特殊津贴专家4人,福建省百千万人才工程1人,福建省哲学社会科学创新领军人才4人,福建省高校领军人才2人,福建省新世纪人才5人,福建省高校杰出青年科研人才3人。

教育研究院师资队伍结构合理,专业水平高,研究方向包括高等教育学、教育史、高等教育经济与管理、比较教育、教学与课程论、心理学等学科领域(见表5-2)。

表5-2 教育研究院专任教师简介(2000—2020年)

姓名	简介
潘懋元	教授、博导,全国教书育人楷模(2014)、当代教育名家(2017)、改革开放40年“教育人物40名”(2018),厦门大学人文社会科学资深教授、国务院学科评议组成员(1982—1985特邀;1985—1996召集人),获国务院政府特殊津贴、中国高等教育研究终身成就奖、福建省高校领导人才。主要研究方向为高等教育理论、高等教育管理。
刘海峰	教授、博导,厦门大学考试研究中心主任,国务院学科评议组成员,长江学者特聘教授、国家教育咨询委员会委员、国家教育考试指导委员会委员、统筹推进世界一流大学和一流学科建设专家委员会委员、全国教育专业学位研究生教育指导委员会委员。获国务院政府特殊津贴、教育部“高校青年教师奖”。主要研究方向为高等教育理论与历史、考试制度与科举学。
邬大光	教授、博导,第七届国务院学科评议组成员、教育部社会科学委员会委员、教育部学科发展与专业设置专家委员会委员、闽江学者特聘教授,获国务院政府特殊津贴、教育部跨世纪人才、教育部“高校青年教师奖”。主要研究方向为高等教育原理、高等教育管理、比较高等教育。

续表

姓名	简介
史秋衡	教授、博导，厦门大学高教质量与评估研究所所长。国务院政府特殊津贴专家、教育部全国高校设置评议委员会委员、教育部中国教育智库联盟顾问委员会副主任，入选教育部新世纪优秀人才、福建省哲学社会科学领军人才、福建省高校领军人才、福建省“百千万人才”。主要方向为高等教育理论、高校分类设置与规划、大学生学情与质量评价。
刘振天	特聘教授，博导，教育研究院党委书记。中国高等教育学会副理事长。教育部人文社会科学重点研究基地厦门大学高等教育发展研究中心主任。主要研究方向为高等教育原理、高校教学理论、高等教育评估与质量保障。
别敦荣	教授、博导，教育研究院院长，教育研究院党委副书记，全国教育专业学位研究生教学指导委员会委员、中国高教学会院校研究会副理事长、中国学位与研究生教育学会研究生教育学专业委员会副理事长、中国教育发展战略学会高等教育专业委员会理事长。主要研究方向为高等教育理论、高等教育管理、大学发展战略与规划、大学教学与评估。
王洪才	教授、博导，教育研究院副院长，入选教育部新世纪优秀人才、福建省优秀青年社科专家。主要研究方向为高等教育理论、高等教育管理。
张亚群	教授、博导，厦门大学考试研究中心副主任、教育史研究所所长。入选福建省新世纪人才，中华炎黄文化研究会科举文化专业委员会常务理事兼副秘书长、中国教育学会教育史分会第八届理事会副理事长。主要研究方向为高等教育历史与理论、考试理论、通识教育及教师专业发展。
林金辉	教授、博导，厦门大学中外合作办学研究中心主任、中国高等教育学会中外合作办学研究会理事长。入选教育部新世纪优秀人才、福建省哲学社会科学领军人才。主要研究方向为中外合作办学、跨境教育、高等教育理论与管理、课程与教学论。
武毅英	教授、博导，主要研究方向为高等教育与经济、大学生就业流动与分层、两岸高等教育。
郑若玲	教授、博导，厦门大学考试研究中心副主任。入选教育部新世纪优秀人才、福建省优秀青年社会科学专家。主要研究方向为高等教育理论与历史、考试制度、教育公平。

续表

姓名	简介
陈武元	教授,入选福建省新世纪人才计划。主要研究方向为高等教育政策、比较高等教育。
赵叶珠	教授,主要研究方向为高等教育学、女子高等教育比较、欧洲高等教育政策。
覃红霞	教授、博导,教育研究院副院长,入选福建省高校杰出青年科研人才计划。主要研究方向为高等教育学、考试研究、高等教育政策与法规。
郭建鹏	教授、博导,教育心理研究所所长,入选福建省高校杰出青年科研人才计划。主要方向为课程与教学论、教育心理学研究。
吴薇	教授、博导,比较教育研究所所长,入选福建新世纪优秀人才,福建省高校杰出青年科研人才培育计划。主要研究方向为大学教师发展、比较高等教育、高等教育国际化、跨文化学习。
徐岚	教授、博导,教育经济与管理研究所所长。主要方向为高等教育政策、学术职业与大学教师发展、大学教学创新、研究生教育。
杨广云	副教授,主要研究方向为高等教育基本理论、俄罗斯高等教育。
张彤	副教授,主要研究方向高等教育管理、高等教育学、教育技术与教育设计。
陈兴德	副教授,教育理论研究所所长,主要研究方向高等教育基本理论、中国近现代高等教育史、科举学。
乔连全	副教授,主要研究方向为高等教育学、课程与教学。
王璞	副教授,主要研究方向为外国高等教育史、外国高等教育思想、高等教育理论与实践。
连进军	副教授,主要研究方向为比较高等教育、高等教育理论。
李国强	副教授,主要研究方向为高等教育理论、教育经济与管理、教育政策分析、民办教育。
文静	副教授,主要研究方向为高等教育经济、高等教育管理、大学生学习与发展、高等教育理论与实践。
钱兰英	助理教授,主要研究方向为心理咨询、心理健康教育。

续表

姓名	简介
林敏	助理教授，主要研究方向为汉语发展性阅读障碍、学校心理学、大学生心理健康。
洪志忠	助理教授，主要研究方向为课程与教学论、教师专业发展、学校变革。
刘梦今	助理教授，主要研究方向为中外合作办学、跨境教育。
蔡秀英	助理教授，主要研究方向为比较与国际教育、美国高等教育、全球贫困与高等教育教学论。
陈斌	助理教授，主要研究方向为高等教育基本理论、大学教师发展、高校招生考试制度。

资料来源：1.刘海峰，郑冰冰主编：《厦门大学教育研究院40周年》（内部资料），厦门大学教育研究院，2018年，第26～29页。2.厦门大学教育研究院：《教师名录》，https://ihe.xmu.edu.cn/16606/list.htm，访问日期：2021年1月30日。编者据此整理。

近二十年来，教育研究院（高教所）教师努力为国家和社会培养高质量的教育专门人才，在教学、科研和社会服务等方面发挥了重要作用。据初步统计，专任教师获得省市和国家级奖励与荣誉称号共51项，在全国学术团体担任理事及以上学术职务49项，其中担任全国教育团体二级学会理事长（包括名誉理事长、主席团主席）7人次、副理事长13人次（见附录3）。这从一个侧面反映了教育研究院教师在全国的学术影响。

在学术交流方面，教育研究院教师参加国内外众多学术活动。这里主要简述专任教师出国（境）访学等学术交流活动。

（二）教师出国学术交流

随着我国高等教育改革开放的发展，厦门大学、教育研究院（高教所）积极创造条件，推动教学科研和管理人员对外学术交流发展。多名教师赴国外知名大学访学、参加合作研究和国际学术会议，拓展学术视野，提升科研能力，促进了高等教育国际化的发展。

2000 年 3 月至 9 月，刘海峰赴日本创价大学教育学部做访问教授。2001 年 5 月至 2002 年 5 月，王伟廉赴日本广岛大学做高级研究学者。2002 年 1 月至 10 月，赵叶珠赴荷兰阿姆斯特丹大学访学，研修荷兰皇家妇女研究院博士生课程。陈武元（2002 年 1 月—2003 年 1 月）、郑若玲（2005 年 11 月—2006 年 12 月）、连进军（2007 年 2 月—2008 年 2 月）分别赴日本创价大学、美国哥伦比亚大学、美国佛罗里达大学进行为期一年的学术访问。2002 年 10 月—2003 年 7 月，邬大光赴伯克利－加利福尼亚大学做高级访问学者。2007 年 10 月—2008 年 4 月，杨广云赴俄罗斯联邦莫斯科大学做访问学者。2008 年，王洪才、乔连全分别赴美国印第安纳大学教育学院、美国佐治亚大学高等教育研究所进行为期 6 个月和 1 年的学术访问。

2012 年 10 月—2013 年 10 月，覃红霞、陈兴德赴美国波士顿学院访学一年。郑若玲（2013 年 8 月—2014 年 8 月）、郭建鹏（2013 年 10 月—2014 年 10 月）、赵叶珠（2014 年 12 月—2015 年 12 月）分别赴美国维克森林大学、美国爱荷华大学、西班牙德乌斯托大学访学。2014 年 6—9 月，史秋衡赴德国哥廷根大学做访问学者。2015 年 12 月—2016 年 3 月，史秋衡赴美国哥伦比亚大学、夏威夷大学、哈佛大学、托莱多大学和东密歇根大学参访。2015 年 1—7 月，武毅英赴新加坡国立大学做访问学者。2015 年 12 月—2016 年 8 月，乔连全赴美国俄亥俄肯特州立大学教育学院做访问学者。

教育研究院教师多次参加国外短期研修和学术交流。2002 年 1 月—2007 年 12 月，郑若玲、张彤、张亚群、林金辉、王璞、王洪才先后赴澳大利亚阳光海岸大学、英国威斯敏斯特大学、澳大利亚阳光海岸大学、英国萨塞克斯大学和澳大利亚墨尔本皇家理工学院，参加为期一个月的研修项目。2014 年 7—9 月，魏艳、叶燕先后赴美国圣地亚哥州立大学、特拉华大学参加短期研修项目。

2007 年 10 月，潘懋元率教育研究院师生 7 人赴俄罗斯、立陶宛维尔纽斯大学、科拉斯大学参加第五届大学质量发展国际学术研讨会。2009 年 8 月 26 日—9 月 5 日，刘海峰、张亚群赴日本北海道大学参加“第五届科举制与科举学国际学术研讨会”，并赴东京参加早稻田大学文学学术院学术交流活动。2012 年 3 月，张亚群赴美国威斯康星州密尔沃基市参加美国核心文本与课程协会（ACTC）第十八届年会，并参访迦太基学院、马凯大学及威斯康星大学密尔沃基分校，考察美国高校通识教育课程设置及人才培养模式。2014 年 10 月，张亚群赴美国哥伦比亚大学参加“郭秉文与中国近现代高等教育和中美教育交流——纪念郭秉文哥伦比亚大学博士毕业 100 周年国际研讨会”。2015 年 1 月，张亚群赴新加坡参加“生命如斯精彩——纪念林文庆先贤国际研讨会”。

近五年来，教育研究院教师出国访学、参加国际学术会议等交流活动更为频繁。

2016 年 3 月，刘海峰赴格鲁吉亚第比利斯自由大学进行讲学交流。别敦荣赴加拿大参加比较与国际教育学会、联合国教科文组织的学术会议。4 月，王洪才赴美国中美后现代发展研究院参加学术会议。5 月，邬大光赴美国威斯康星大学做学术考察。6 月，覃红霞、陈兴德赴美国纽约州立大学 OLD WESTBURY 分校开展合作研究。8 月，赵叶珠、徐岚赴澳大利亚悉尼出席联合国第 14 届亚太地区高等教育资格认证国际研讨会。7—8 月，史秋衡赴印度对印度浦那大学进行学术考察。8 月 21—26 日，乔连全赴美国佐治亚大学做学术调研。11 月，郑若玲赴奥地利格拉茨大学参加“一带一路机会与挑战：第三届中国论坛”会议。郭建鹏赴泰国曼谷参加高等教育国际化指标会议。11 月 4—11 日，王璞赴美国加利福尼亚院校参加学术会议、进修培训。12 月 19—25 日，史秋衡赴俄罗斯远东联邦大学参访。2017 年 7 月 5 日—8 月 18 日，乔连全赴美国佐治亚大学参加学术会议。2017 年 8 月—2018 年 8 月，王璞赴美国纽约州立大学布法罗分校访学一年。

（三）赴台港澳地区学术交流

厦门大学地处经济特区，与台湾隔海相望，人文、亲缘关系密切，在海峡两岸教育文化交流中能够发挥重要作用。教育研究院（高教所）教育研究人员发挥自身的学科优势，与台湾、香港、澳门高等教育学界进行广泛、深入的学术交流。

早在 1993 年 10 月，潘懋元赴台湾参加 21 世纪海峡两岸高等教育研讨会，揭开高教所赴台湾进行教育交流的序幕。进入新世纪后，本院教师有更多机会赴台进行教育学术交流。粗略统计，迄今，教育研究院（高教所）教师赴台湾参加学术会议、访学近百人次，会议研讨的主题包括大学教育教学、高等教育政策与管理、文化变革、教育历史、高等教育经济、科学技术教育等领域。

2002 年 9 月 28 日—10 月 5 日，武毅英赴台湾参加“海峡两岸加入 WTO 后之教育兴革研讨会”。2003 年 10 月，张亚群赴台湾暨南国际大学，参加“两岸青年学者论坛”，参访嘉义大学、中正大学、中山大学、台湾师范大学等校。10 月 26 日至 11 月 2 日，刘海峰参加政治大学教育学系举办的“卓越与效能——21 世纪两岸高等教育发展前景”学术研讨会；12 月 27 日至 2004 年 1 月 1 日，参加台湾大学东亚文明研究中心与喜马拉雅基金会联合举办的“中华文明二十一世纪的新意义——东亚教育与考试的传统特色”；2004 年 3 月 24—30 日，参加淡江大学教育学研究所举办的“大学卓越政策之检讨与展望两岸学术研讨会”；2006 年 9 月，参加中华民俗艺术基金会、高雄孔庙举办的“中国科举文化展”暨科举文化讲座；2008 年 5 月 23 日至 6 月 22 日，赴政治大学教育学院访问研究。其间，先后参加台湾交通大学通识教育委员会举办的“大学核心通识课程中的经典阅读研讨会”、政治大学教育学院举办的“海峡两岸高等教育交流与合作高峰论坛”；2010 年 10 月，先后参加政治大学教育学院举办的“第七届两岸高等教育学术研讨会：高等教育与未来社会”、台湾师范大学教育学系举办的第四届“两岸四地”教育史研究论坛。2011 年 5 月，刘海峰、张亚群参加台湾清华大学历史研究所举办的“第七届科举制与科举学国际学术研讨会：东亚的书院与科举”。2013 年 9 月，刘海峰参加成功大学文学院举办的“科举制度在台湾学术研讨会暨两岸台湾进士展”；11 月，参加政治大学教育学院举办的“海峡两岸教育学院院长系主任主管论坛——后现代教育发展与两岸教育新方向”。2014 年 7 月，刘海峰、张亚群参加清华大学人文社会研究中心举办的“中国近代教育史研究与方法研讨会”。2015 年 11 月，刘海峰参加暨南国际大学教育学院举办的“第三届海峡两岸暨世界华人教育领导者论坛”；2016 年 9 月，参加成功大学人文社科中心举办的“科举制度在金门学术研讨会”；2018 年 10 月，参加台中教育大学教育学院举办的“第六届海峡两岸暨澳门教育学院领导人论坛”。

2012 年 9 月 5—6 日，邬大光赴金门大学参加两岸清华大学百年研讨会。2016 年 2 月，别敦荣赴台湾对“2016TEMI 两岸高职高校机器人暨创新竞赛”做筹划指导、进行高等教育暨职业教育教学成果分享交流。9 月 27—30 日刘海峰赴台湾出席“科举制度在金门学术研讨会”。10 月，别敦荣赴台湾参加 2016 两岸高等教育论坛。2017 年 3 月 23—27 日，林金辉赴中国台湾铭传大学参加学术会议。2017 年 12 月 21—24 日，覃红霞赴台湾嵌入式暨单晶片系统发展协会进行访问考察。2017年12月28日—2018年1月3日，史秋衡、文静赴台湾嵌入式暨单晶片系统发展协会及中州科技大学进行学术交流。2018年1月4—8日、4月4—9日，别敦荣赴台湾为嵌入式暨单晶片系统发展协会进行授课讲学。2月24日—3月2日，邬大光赴中国台湾TIRT机器人教育参访。2019年9月至2020年9月，李国强赴中国台湾政治大学访学一年。

与香港教育交流始于20世纪90年代初。随着香港回归祖国，教师赴香港参加学术交流越来越多。2002年8月5日，林金辉赴中国香港中文大学做高级研究学者。10月，潘懋元赴香港中文大学教育学院访问教授工作室工作。

2016年4月，吴薇、郭建鹏赴香港参加比较教育学年会。7月，徐岚赴香港进行有关高校课程改革与教学创新的调查研究。7月31日—8月4日，刘海峰赴香港参加香港中文大学教育行政与政策学系出席博士学位论文答辩并做学术报告。12月，徐岚赴香港参加"教育实证研究方法新动向"学术研讨会。2016年6月—2017年6月，刘梦今赴中国香港大学做博士后。

2017年3月23—26日，文静赴香港参加比较教育学会会议。6月28日—7月2日，郑若玲赴香港大学教育学院华正中国教育研究中心参加学术会议。8月10—16日，林金辉赴香港华正中国教育研究中心进行合作研究。2018年4月21—27日，林金辉赴香港参加中外合作办学质量保障以及香港与内地合作办学研讨。9月23—28日，林金辉赴香港参加"粤港澳大湾区高等教育合作问题研讨活动"。11月28日—12月2日，徐岚赴香港参加香港中文大学教育学院"华人社会的教育研究：挑战与契机"学术研讨会。12月13—16日，郑若玲、徐岚赴香港参加香港教育研究学会2018国际研讨会。

澳门回归祖国后，教师赴澳门参加学术活动增多。2007年，刘海峰参加澳门大学教育学院举办的首届"两岸四地"教育史研究论坛。2014年11月29—30日，刘海峰、张亚群、郑若玲等赴澳门参加第八届"两岸四地"教育史研究论坛。2016年6月，范怡红参加澳门大学举办的教学评价国际研讨会。2018年8月23—31日，徐岚赴澳门进行与澳门大学教师发展与教学创新有关内容的调研访谈。

第三节 教育学科建设与人才培养的发展

2000年以来，厦门大学教育研究院的学科建设取得丰硕成果，形成了国家重点学科、博士学位授权学科、教育学博士后流动站、教育部研究生教育创新计划（高等教育学）研究生访学基地、硕士学位授权学科的学科建设体系。2002年、2007年，厦门大学高等教育学科以优异业绩连续被评为国家重点学科，始终居于国内高等教育学科的领先地位。

一、硕士和博士学位授权学科的发展

在硕士学位授权学科建设上，教育研究院在原有高等教育学硕士学位授权学科的教育管理方向和青年心理学方向基础上，先后获得教育经济与管理硕士点（2000）、发展与教育心理学硕士学位授权（2005）。在教育史硕士点（2003）、比较教育学硕士点（2003）、课程与教学论硕士点（2003）的基础上，2006年，本研究院获批教育学硕士学位授权一级学科。现设教育学原理、高等教育学、教育史、比较教育学、课程与教学论、国防教育学、教育心理学等多个二级学科硕士点。

在博士学位授权学科建设方面，教育研究院原有三个博士学位授权学科，即高等教育学、教育史、教育经济与管理博士点；另有教育博士专业学位授予点。博士生导师有潘懋元、刘海峰、王伟廉、邬大光、谢作栩、史秋衡、李泽彧、王洪才、张亚群、武毅英、林金辉、郑若玲、覃红霞、郭建鹏、吴薇、徐岚等教授。高等教育学博士点注重高等教育基本理论、高等教育经济与管理、考试研究、高校课程与教学及中外合作办学研究等，处于国内高等教育研究领先水平。教育史博士学位授权学科2006年设立，主要研究方向为科举学研究和中国近现代高等教育史，其中科举学研究被同行誉为独创性的学科，在国内外具有重要影响。教育经济与管理博士学位授权学科2006年设立，研究重点为高等教育体制、高等教育管理与评估等领域，在全国具有重要影响。在全体教师努力下，博士学位点建设取得新的发展。

经过教育研究院的申请和答辩，2009年7月，国务院学位办下发学位（2009）47号文件，正式批准厦门大学为全国首批招收教育博士专业学位研究生的培养单位之一，并于2010年开始招生。这是厦门大学首个专业博士学位授

权，该学位点主要关注教育领导与管理及学生发展与教育领域。2010 年 9 月，教育研究院招收的首批 7 名教育博士生入学。

在教育研究院积极申报和不懈努力建设下，根据国务院学位委员会《关于下达 2010 年审核增列的博士和硕士学位授权一级学科名单的通知》，厦门大学教育研究院获得教育学一级学科博士学位授权。这标志着教育研究院在学科建设上实现了新的跨越，可自主设置二级学科博士点。2013 年，开始招收比较教育学博士生，另设有国际汉语教育、教育发展与治理博士点。教育研究院高等教育学学科实力依然保持国内领先、国际先进水平，教育史、教育经济与管理学科建设取得较大进展，基本具备申报国家重点学科的能力。

2016 年 3 月，厦门大学教育研究院教育博士专业学位（简称 Ed.D.）授权点顺利通过评估。9 月，刘海峰被国务院学位委员会和教育部聘为全国教育专业学位教育指导委员会委员暨教育博士分委员会召集人。迄今，教育研究院共设有 6 个博士学位授权学科、1 个专业博士授予学科，包括高等教育学、教育史、教育经济与管理、比较教育学、国际汉语教育、教育发展与治理以及教育博士，在学科建设方面取得了重要成就。

2002—2017 年，教育部学位与研究生教育发展中心对全国具有博士或硕士学位授予权的一级学科整体水平进行了四轮学科评估。厦门大学教育研究院教师人数规模虽然较小，但在全国教育学科强手林立的学科评比中以高等教育学科研究特色和靓丽的学术成果，获得学术同行的高度评价。在全国教育学科四轮学科评估中，分别获得了第五名、第六名、第六名、B＋（居 B＋等级的首位，总排名第十一名）的佳绩。这是来之不易的学科建设成就，它从一个侧面反映了教研院在人才培养、学术研究等方面的实力。

二、教育学博士后流动站的建立

2003 年 10 月，经国家人事部和全国博士后管委会批准，教育研究院设立教育学一级学科博士后流动站，为人才培养和科研攻关的进一步发展拓展空间。此后，教育学博士后科研流动站博士后研究人员逐渐增加。

据统计，2004 年，新进站 1 人；2005 年，新进站 2 人，在站共 3 人；2006 年，新进站 5 人，在站共 8 人；2007 年，新进站 3 人，在站共 11 人；2008 年，新进站 2

人，出站3人，在站共10人；2009年，新进站3人，出站3人，在站共10人；2010年科研流动站新进站1人，出站3人，在站8人；2011年，新进站4人，出站2人；2012年，新进站1人，出站2人；2013年，新进站1人，2人完成出站报告，在站8人；2014年，进站3人，出站1人，在站10人。2015年，流动站新进站6人，3人完成出站报告，7人通过开题报告。2010年博士后作为主持人新获教育部人文社科研究青年基金项目1项；获2010年中国博士后科学基金(第48批)1项。2010年共发表论文15篇，人均发文2篇/年，其中在CSSCI刊物上发表6篇。

2015年，教育研究院教育学博士后流动站顺利通过年度全国博士后科研流动站评估，评估结果为良好。2016年，积极推进教育学博士后科研流动站及教育部高等教育学博士生访学基地等高层次人才交流平台建设。教育学博士后科研流动站在站研究人员在申请博士后基金项目和发表高水平论文方面取得良好成效，谢妮的出站研究报告正式出版并被俄罗斯远东联邦大学关注与索要。

2017年，教育研究院5名博士后通过出站报告答辩，其中已出站的4名博士后共出版3本专著，发表国际期刊论文5篇、一类核心2篇和二类核心5篇。另一方面，因受学校博士后招收类别限制，2016—2017年，没有博士后进站。2018年，教育研究院平稳开展教育学博士后科研流动站及教育部高等教育学博士生访学基地等高层次人才交流平台建设。1名博士后通过出站报告答辩，新进站1人，并通过了开题报告。现有在站博士后工作人员7人。教育研究院积极向学校博士后管理部门反映脱产博士后招收实际，推动学校修订博士后管理条例。

三、教育部文科重点研究基地的发展

近十多年来，厦门大学高等教育发展研究中心在巩固前期成绩的基础上，更加注重质量提高、内涵发展，使重点研究基地成为“211工程”“985工程”平台建设的核心和支撑，成为国家哲学社会科学创新体系的重要组成部分。基地聚集和培养优秀学术人才，建立健全研究队伍，围绕国家发展战略，针对学科前沿和社会经济发展中的重大理论与实践问题，组织高水平研究，在产出创新成果，形成学术交流开放平台，带动高校哲学社会科学发展创新等方面发挥着重要作用。

2010年5月，在教育部社科司组织的“高校人文社会科学重点研究基地第二次评估”中，厦门大学高等教育发展研究中心获得“优秀”评价。在参与评估的151个基地（包括135个教育部基地和16个省部共建基地）中，厦门大学高等教育发展研究中心名列第10名，居前7.4%位次。

2015年，教育研究院积极推进教育部人文社会科学重点研究基地——厦门大学高等教育发展研究中心的各项工作。2016年，评选公布，该研究中心入选“中国智库索引”（CTTI）首批来源智库（2017年1月—2018年12月）（图5-2）。2016年6月，在教育部社科司组织的“高校人文社会科学重点研究基地第三次评估”中，厦门大学高等教育发展研究中心获得“合格”评价。2017年，厦门大学教育研究院入选中国核心智库（图5-3）。2018年12月22日，“2018中国智库治理暨思想理论传播高峰论坛”在南京召开，厦门大学高等教育发展研究中心成功入选2018“中国智库索引”（CTTI）高校智库百强榜，被评为“A+”类智库。本次论坛上发布的CTTI高校智库百强榜，是从706家来源智库中经过多重指标科学测算的结果，百强榜中A+为最优等级。

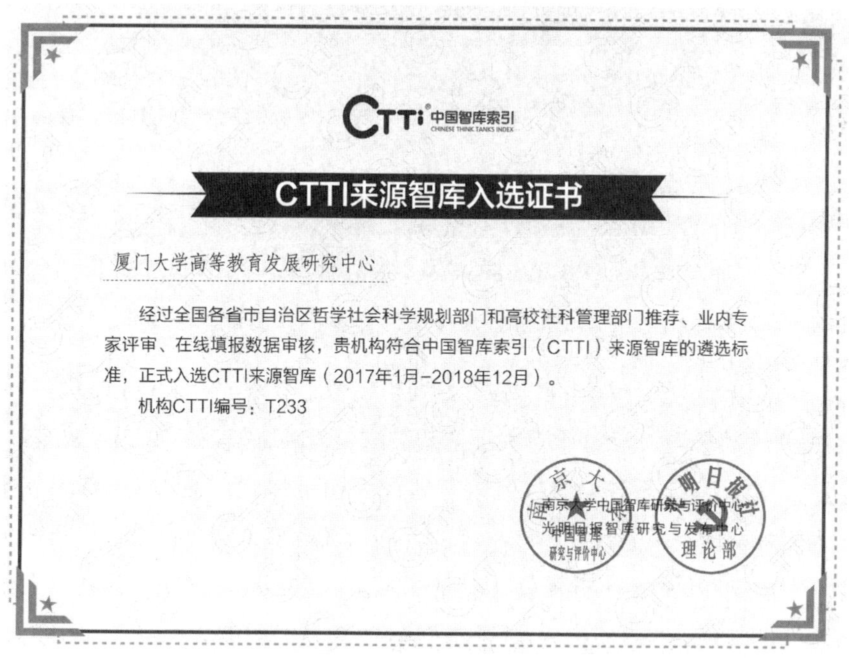
CTTI 中国智库索引 CHINESE THINK TANKS INDEX

CTTI来源智库入选证书

厦门大学高等教育发展研究中心

经过全国各省市自治区哲学社会科学规划部门和高校社科管理部门推荐、业内专家评审、在线填报数据审核，贵机构符合中国智库索引（CTTI）来源智库的遴选标准，正式入选CTTI来源智库（2017年1月-2018年12月）。

机构CTTI编号：T233

南京大学中国智库研究与评价中心
光明日报智库研究与发布中心

图5-2　厦门大学高等教育发展研究中心入选中国智库证书

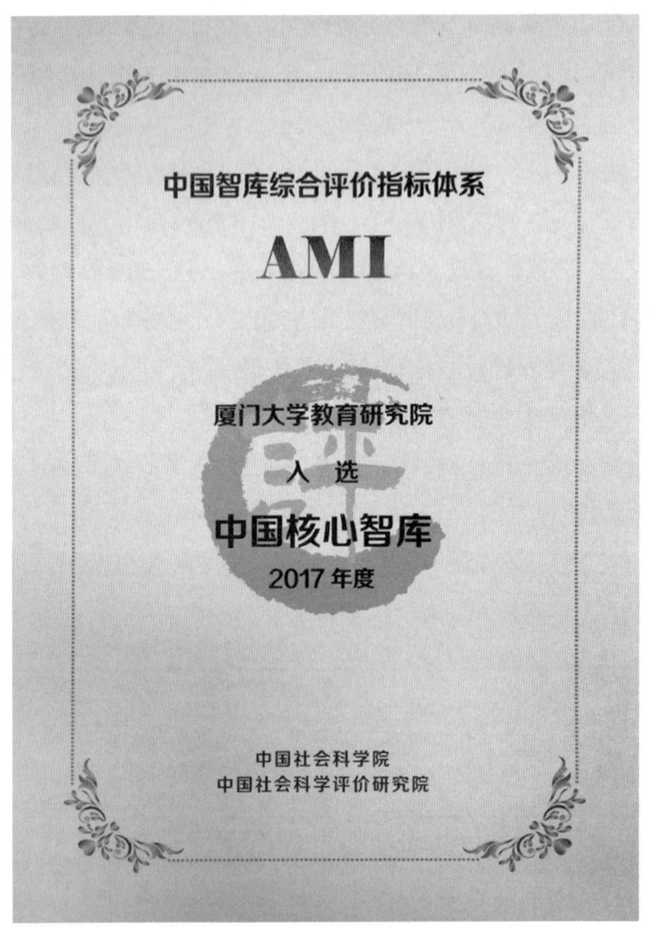

图 5-3　2017 年厦门大学教育研究院入选中国核心智库

2001 年至今，厦门大学高等教育发展研究中心专职研究人员作为第一负责人，主持教育部哲学社会科学重大课题攻关项目 5 项、国家社科基金（教育学科）国家重点课题 8 项、教育部重点研究基地重大项目 35 项（参附录 4）；荣获中国高校人文社科优秀成果奖 16 项（一等奖 5 项）、教育部全国教育科学优秀成果奖 13 项（一等奖 3 项）、福建省社科优秀成果奖 73 项（一等奖 8 项）。厦门大学高等教育发展研究中心编辑出版了《中国高等教育评论》和《国际高等教育研究》。此外，制定完成文科基地十三五规划、主攻方向总体设计和重大项目文本，并与教育部和学校签订“十三五”任务合同书。

四、"985 工程"与"双一流"的建设

2004 年底，经教育部批准，教育研究院入选厦门大学"985 工程"第二期建设，建立了"985 工程"——中国特色高等教育体系哲学社会科学创新Ⅰ类基地，成为全国唯一的高等教育研究"985 工程"基地。该基地建设主要依托厦门大学教育研究院、厦门大学高等教育发展研究中心，以及经济学院、公共事务学院和管理学院的科研力量，整合汇聚校内外多学科的人力资源，形成具有跨学科创新能力的学术集群。该创新基地主要的科研力量集中于中国特色高等教育体系的战略研究、中国高等教育体系与运作机制研究、高等教育体系创新与社会协调发展研究。目标是做出高显示度的科研成果，为各级政府教育行政部门提供具有重要采纳价值的咨询报告；同时建设面向全国和世界的开放性高等教育研究数据库。

这一时期，谢作栩教授主持建设的"中国高等教育研究性数据库"，取得了重要成果。这是由高等教育发展研究中心建立的有关中国高等教育调查与统计资料的全国性数据库，通过问卷抽样调查，收集全国高等院校基本状况、在校学生及毕业生基本情况等多方面数据，旨在为高等教育科学研究、管理决策及其他相关人员提供正确、完整、可靠的数据服务。经过几年努力，建成了三个可供使用的数据库以及一个对外开放的网站，访问者涉及三十几个国家和地区，达 27000 人次以上，在国际上初具影响。其中"2007 级大一新生问卷调查数据库（近 2000 万个数值）"，建立了数据库和互联网技术搭建的在线数据分析系统（DAS），在国内同领域具有唯一性。该系统不仅允许普通访问者通过网络即可共享"中国高等教育研究数据库"的庞大数据记录，而且其对用户免费开放的在线分析功能比当今国际上先进的美国教育部"国家教育统计中心"（NECS）研究性数据库"网上分析系统"的功能还多。另外，基于中国高等教育研究数据库数据，已经指导完成硕博士论文数篇，在国内外核心期刊发表论文数十篇，这反映了该数据库成果对科学研究的重大促进作用和强大的生命力。

2010 年，史秋衡主持研发"国家大学生学情研究数据库"（NCSS），对大学生学习与发展规律进行实证研究和理论分析，获得多项成果。迄今，史秋衡组织开展了十年国家大学生学情调查，内容包括思政成效、学习观、学习方式、学习投入

度、学习力、学习收获、学习满意度、学生压力、就业能力等，形成了具有国内外先进水平的"国家大学生学情调查研究数据库"。至2020年，该研究团队已拥有自主知识产权的中国、巴基斯坦、文莱三国大学生学情研究数据库，并开展中英国家大学生学情调查与交流。

史秋衡指导项目组成员，基于"国家大学生学情研究数据库"，完成了11篇博士学位论文，出版了8部专著，在《教育研究》发表7篇论文、SSCI期刊发表1篇论文。其中，2部著作获教育部奖，多篇（部）论著获福建省社科优秀成果奖，学位论文获首届全国优秀教育博士专业学位论文奖、全国高教学会优秀博士学位论文奖各1篇，获全国高教学会优秀博士学位论文提名奖、福建省优秀博士学位论文各1篇。史秋衡的专著《国家大学生学情发展研究》入选"厦门大学南强丛书"100周年校庆专辑。

在中国高教学会、中国学位与研究生教育学会指导下，2013年12月成立厦门大学高等教育质量建设协同创新中心（筹）。该中心由厦门大学牵头，挂靠教育研究院，携手教育部高等教育教学评估中心、教育部学位与研究生教育中心、清华大学、华中科技大学等单位共同建设，邬大光任该协同创新中心（筹）主任。该中心聚焦高等教育质量，坚持问题导向，围绕高等教育质量建设重大理论创新、高等教育人才培养体系、立德树人与大学生思想政治教育、高等教育质量评估与监测、高等教育质量政策与治理体系研究等领域，探索高等教育培养模式和方案。

2017年年底，教育研究院启动"双一流"建设方案工作，与公共事务学院、法学院一起组成"公共治理学科群"。共同完成的"厦门大学公共治理学科群建设方案"作为国家一流大学、一流学科建设的重要组成部分。其中，将重点建设"中国高等教育质量保障体系建设""国家教育考试制度改革与历史""高等教育制度现代化"三个方向。

五、人才培养的发展

教育研究院主要培养博士、硕士研究生，以立德树人为根本，坚持高等教育研究和基础研究的办学特色，严把入口关，加强质量建设，培养高水平的教育专门人才。

教育研究院不断改革和完善硕士生、博士生招生选拔方式，通过举办学术夏令营、实行“申请—考核”制等方式，选拔优秀生源。2019 学年度，招收博士生 38 人，其中 Ph.D.13 人，Ed.D.25 人；招收硕士生 39 人，其中推免生 17 人。2020 学年度，招收博士生 43 人，其中 Ph.D.13 人，Ed.D.30 人；招收硕士生 32 人，其中推免生 18 人。截至 2021 年 3 月，教育研究院在学研究生共 300 人，包括博士生 198 人，占 66%；硕士生 102 人，占 34%。历年招收硕博士生人数参见表 5-3。

表 5-3　2000—2020 年教育研究院（高教所）招收硕博士生统计

单位：人

类别	硕士生		博士生	
	全日制	在职*	Ph.D	Ed.D
2000 年	11	12	13**	0
2001 年	17	6	12	0
2002 年	20	2	16	0
2003 年	21	34	24	0
2004 年	37	25	20	0
2005 年	38	30	17	0
2006 年	32	40	15	0
2007 年	51	36	16	0
2008 年	45	29	24	0
2009 年	42	16	24	0
2010 年	36	0	34	0
2011 年	29	0	14	10
2012 年	26	0	16	19
2013 年	29	0	16	12
2014 年	29	0	10	19

续表

类别	硕士生		博士生	
	全日制	在职*	Ph.D	Ed.D
2015 年	29	0	13	15
2016 年	28	0	13	18
2017 年	33	0	16	12
2018 年	29	0	12	22
2019 年	39	0	13	25
2020 年	32	0	13	30
总计	653	230	338	182

注：* 在职硕士包括中职教师在职硕士生、高校教师在职硕士生、军事教育高师在职硕士生。

** 包括论文博士生 1 人。

资料来源：厦门大学教育研究院内部数据统计。

在研究生培养过程中，不断优化人才培养结构，深入推进教学改革，稳步提高人才培养质量。教育研究院已培养了大批高质量的硕博士研究生（参表 5-4）。

表 5-4　2000—2020 年教育研究院（高教所）毕业硕士博士统计

单位：人

类别	硕士生		博士生	
	全日制	在职*	Ph.D	Ed.D
2000 年	2	0	6	0
2001 年	5	0	6	0
2002 年	7	0	1	0
2003 年	11	12	6	0
2004 年	17	6	9	0

续表

类别	硕士生		博士生	
	全日制	在职*	Ph.D	Ed.D
2005 年	17	2	15	0
2006 年	42	10	17	0
2007 年	31	32	21	0
2008 年	22	13	11	0
2009 年	26	31	18	0
2010 年	49	27	16	0
2011 年	45	29	18	0
2012 年	41	18	18	0
2013 年	41	13	23	1
2014 年	29	3	14	1
2015 年	26	0	17	5
2016 年	26	1	10	6
2017 年	31	0	8	3
2018 年	27	0	10	8
2019 年	25	0	15	15
2020 年	30	0	5	6
总计	550	197	264**	45

注：* 在职硕士包括同等学力硕士、中职教师在职硕士、高校教师在职硕士、军事教育高师在职硕士。

** 包括论文博士 3 人。

资料来源：厦门大学教育研究院内部数据统计。

为了探索和创新研究生培养机制，教育研究院自 2007 年开始，启动与国外一流大学联合培养研究生计划。每年派出博士生在国外大学进行联合培养，多所大学对所派出的研究生给予较高评价。2008 年教育研究院获批设立“教育部厦门大学(高等教育学)访学基地”,接受国内外高等教育学相关专业的在读博士生来院进行短期访学。当年接收访学博士生 9 人。2020 年招收访学博士生 6 名。2008 年至 2020 年,共有访学博士生 70 人。通过这一平台,促进了高等教育研究领域博士生的交流与沟通,进一步拓宽研究生的研究视野和学术空间。

教育研究院保持博士生教学实践特色。积极建设实习基地,为学生实践所学提供更好的平台。每年集中一次由潘懋元等导师带队外出,进驻有关高校进行调研。2011 年 5 月 27 日、2012 年 9 月 23 日分别在龙岩学院、浙江工商职业技术学院挂牌,作为教育研究院博士硕士研究生实习基地。2012 年 6 月,在泉州理工学院举行硕博研究生实习基地挂牌仪式,由潘懋元先生和邬大光教授带领 2011 级博士生进行实地调研,深入了解民办高校的办学现状、面临的挑战和发展趋势。这是教育研究院在其他高校挂牌的第三个实习基地。2017 年,潘懋元先生带领博士生到厦门理工学院调研(图 5-4)。2019 年,教育研究院组织外出实地教学和专题调研 4 批次,涵盖大部分硕、博士生,生均参加 1~2 次。

图 5-4 2017 年潘懋元先生带领博士生到厦门理工学院调研

除了按计划招收博士生外,2000 年 8 月高教所还举办了一期博士生班。博士生班只是课程学习,与博士学位不直接挂钩,主要培养具有较高理论水平的管理人才。当年博士生班采取的招生方式是现今流行的申请—审核招生方式,主要考察申请者的过往管理经历及实际理论水平。原定计划招收20人，实际招生16人，其中，福建5人，广西3人，辽宁2人，广东2人，山东、河北、江西、湖南各1人。这些博士生都是各高校管理人员，还有两位是高校领导。这种招生方式当年在全国属于创新的方式，有效选拔和培养了高层次人才。

据教育研究院毕业生余小波回忆："博士生班采取灵活的弹性学制，主要利用寒暑假授课，集中两年四个单元，每个单元十天左右时间，5天集中完成一门课程学习任务。班级人数虽然不多，所里却十分重视，为我们安排了丰富的课程内容，配备了最强师资，提供了周全的教学服务。除了政治和英语外，专业课程就开出了八门，分别是先生主讲的高等教育学专题研究和中国高等教育问题研究、刘海峰和谢作栩老师的高等教育史专题、邬大光老师的西方高等教育思想专题、王伟廉老师的高等学校课程与教学论专题、靳希斌老师的教育经济学、邬大光老师的高等教育管理专题、邬大光和谢作栩老师的比较高等教育专题。针对我们这个班的特点，老师们都做了精心准备，都非常精彩。"[①]对博士生班和正常招生计划的博士生，是一样的培养标准和要求，力求培养出高质量的人才。

实践证明，这期博士生班办得很成功。经过两年课程班的严格训练，学员们不仅广泛收获了教育理论，也全面提升了管理水平，16位同学中，先后出现了福州大学、桂林电子工业大学、衡水学院、广东体育学院、辽宁警察学院、辽宁金融职业学院等高校的党委书记，以及中国石油大学、桂林航空航天工业学院、广西教育学院、泉州幼儿高专、闽江学院、广州工程职院等高校校长和副校长，汇成厦门大学高教所人才培养的一道靓丽的风景线。

2018年5月17日，教育研究院举行了40周年院庆（图5-5）。教育部副部长林蕙青以及清华大学教育研究院、北京师范大学教育学部、大连理工大学高等教育研究院、华中科技大学教育科学研究院等院校发来贺信。教育部高等教育司司长吴岩，中国教育学会会长钟秉林，中国高教学会副会长管培俊，全国人大常委会委员、湖北省人大常委会副主任周洪宇，清华大学前副校长、教育研究院院长谢维和，华中科技大学教育科学研究院院长张应强等知名学者在大会发言，总结教育研究院40年来的成就，表达由衷的期望与祝福。

---

① 余小波：《我和潘先生的故事：受业三段缘 感念一世情》，厦门大学教育研究院公众号，2020年7月16日。

图 5-5 教育研究院 40 周年院庆暨新时代高等教育研究与高等教育内涵式发展国际学术研讨会合影

2000 级院友、教育部副部长林蕙青在贺信中回顾:“40 年前,潘先生以非凡的智慧和胆识,创建了高等教育学这门新学科,翻开了我国高等教育从理论上探索教育发展规律的时代篇章。40 年来,作为全国第一家以高等教育为研究对象的专门机构,厦门大学教育研究院,从最初的高等学校教育研究室开始,经历了从小到大的发展历程。在全院师生的共同努力下,研究院以繁荣中国高等教育、创新中国高等教育理论为己任,始终坚持社会主义办学方向,全面贯彻党的教育方针,高举服务高等教育事业发展的大旗,一手抓学科建设,一手抓服务国家高等教育政策和高校改革发展,形成了鲜明的办学特色和专业优势,培养了大批具有良好思想道德品质、较高理论水平的高素质专业人才,取得了高等教育研究的累累硕果。”

1995 级院友吴岩司长强调:“从某种意义上来说,没有高等教育研究理论的支撑,中国高等教育很难有可持续发展的强劲后劲,也不能行将致远。因此,这支队伍怎么做、做得怎么样,直接决定了中国高等教育的昨天,也将直接决定中国高等教育的明天。在这支队伍里面,在四十年的发展中,可以说厦门大学教育研究院是排头兵、是领头羊。他们做出了无与伦比的重要贡献。”

中国教育学会副会长周洪宇以唐代名臣虞世南的《蝉》中诗句:“居高声自远,非是藉秋风”,表达了厦大教育研究院给学人留下的深刻印象。他指出:厦门大学教育研究院 40 年来的发展史,是中国改革开放 40 年来教育学科特别是高等教育学科发展的一个缩影,也是一个典型的“现象级”案例;厦门大学教育研究院是中国高等教育学科的发源地和制高点；潘懋元先生是我国高等教育学科的一面旗帜，一棵洋溢生命活力的“常青树”，人民教师的楷模、名副其实的“当代教育名家”。这是以周洪宇为代表的国内同行对厦门大学教育研究院40年发展的莫大肯定。

管培俊副会长高度评价教育研究院的成就：“教育研究院的四十年是勇开先河、独树一帜的四十年。伴随中国改革开放的第一缕春风，潘懋元先生亲手创建了厦门大学高等学校教育研究室，立时代潮头，开学术先河，发思想先声，由此诞生了我国第一个以高等教育学为研究对象的专门研究机构，第一个高等教育学硕士学位授权学科和高等教育学博士学位授权学科，第一个高等教育学国家重点学科，以及国内唯一的高等教育研究的国家‘985工程’创新基地，唯一的专门研究高等教育的教育部人文社科重点研究基地。四十年的积淀，厦门大学教育研究院已经成为令人敬仰的中国高等教育研究领域的一面旗帜。”

张应强院友深情回顾说：“今年是改革开放40年，40年来改革开放大潮涌动，厦大高教所沐浴改革开放春风，应运而生，紧跟改革开放步伐，与时俱进，成为我国第一个专门的高等教育研究机构和我国高等教育研究和人才培养的中心。我国大学中的院系数不胜数，学术水平和人才培养能力高于教育研究院者当不在少数，但就一门学科的开创、建设和发展而言，就对国家学术研究和人才培养事业的贡献而言，该无有出其右者。”（图5-6）

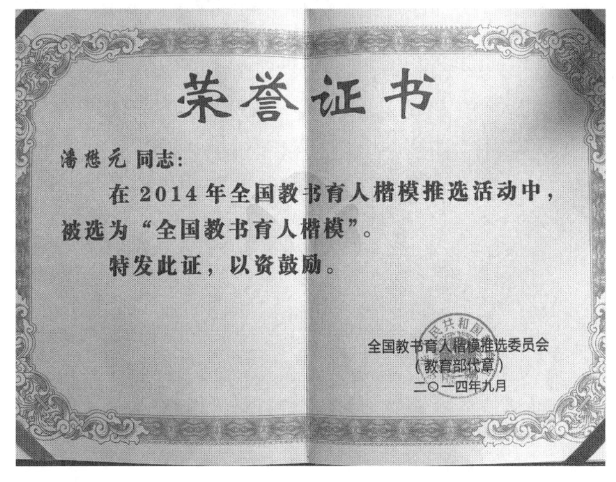
荣誉证书

潘懋元同志：

在2014年全国教书育人楷模推选活动中，被选为“全国教书育人楷模”。

特发此证，以资鼓励。

全国教书育人楷模推选委员会
（教育部代章）
二〇一四年九月

图5-6 潘懋元先生获选为2014年全国教书育人楷模

潘懋元先生说:“中国高等教育学科建立已经四十年了,有媒体曾经问我:‘中国能不能建立有中国特色、中国学派的高等教育理论?’我的回答是:‘这已经不是能不能的问题,中国学派的高等教育理论正在建设与形成之中。’做出这样判断的原因何在?第一,新时代中国特色社会主义思想是高等教育理论研究及发展的指导思想。第二,高等教育研究及发展扎根于中国优秀的传统文化,同时,不断借鉴西方国家高等教育的经验。因此,我们有信心把高等教育理论研究的中国学派展示在全世界面前。”(图 5-7)

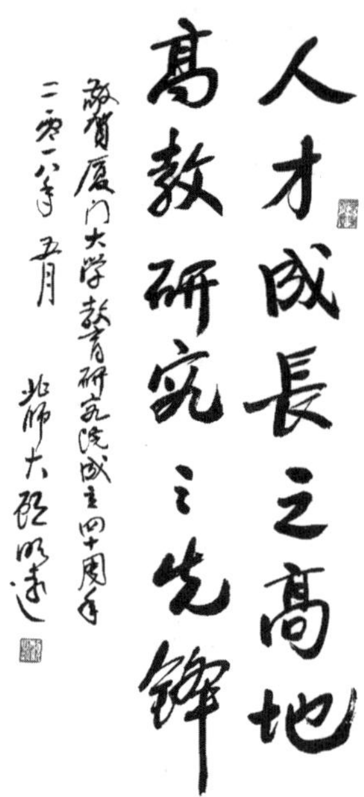

图 5-7 顾明远先生题写的厦门大学教育研究院 40 周年院庆贺词

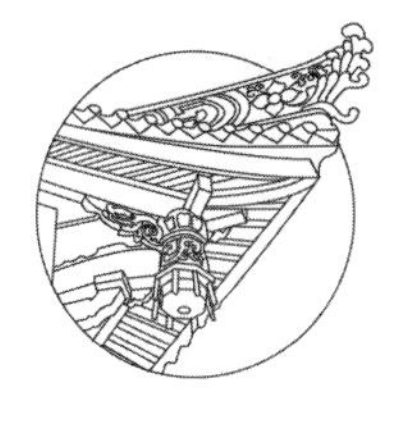

第六章
新世纪高等教育学科的拓展（下）

厦门大学教育研究院作为中国高等教育教学与研究的重镇，积极探索中国特色的高层次人才培养模式，在高等教育理论研究领域取得了开创性的学术成果。此外，以服务国家高等教育发展重大战略决策和社会发展需要为宗旨，教育研究院面向各级政府、教育行政部门和高校，承担与高等教育相关的重要课题，开展理论研究和实证研究，为各级政府和高校提供政策咨询。2016 年 10 月 16 日上午，教育部陈宝生部长在厦门大学党委书记张彦陪同下，莅临教育研究院考察调研，与潘懋元先生等教师代表座谈。这是教育研究院（高等教育科学研究所）发展史上的一件大事。陈宝生部长听取了刘海峰院长作的《高等教育研究与决策咨询的国家队——厦门大学教育研究院简况汇报》，对潘懋元教授为首的高等教育研究团队的卓越成就给予充分肯定，并题词勉励（图 6-1）。[①]

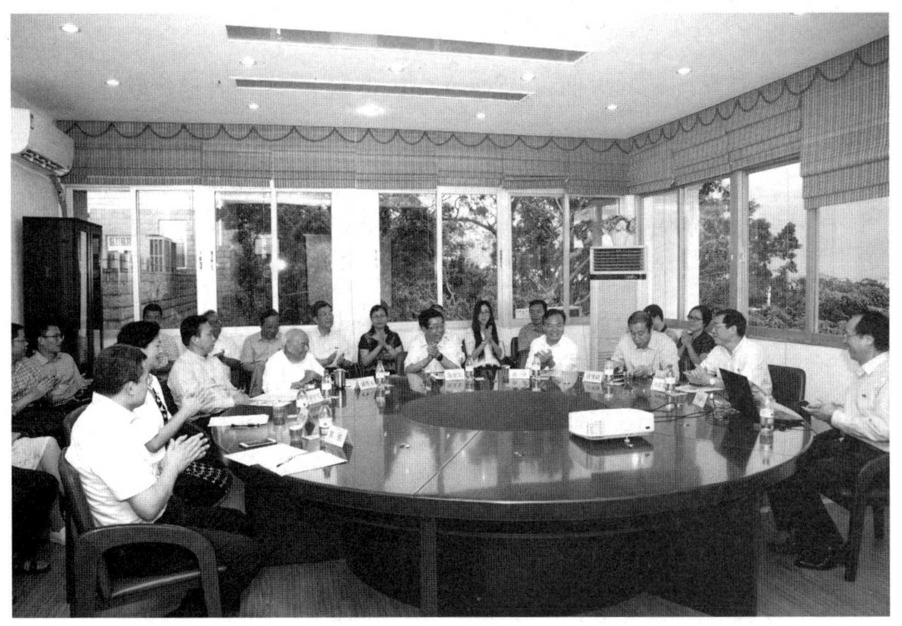

图 6-1　2016 年陈宝生部长莅临厦门大学教育研究院考察

① 陈宝生部长的题词为："努力把研究院建设成为国内一流、国际上有较大影响力的教育研究机构和国家级智库。"题词原件存教育研究院。

第一节　教育教学实践的成果

教育研究院秉承厦门大学尊师爱生、育人为本的办学传统，不断更新教育理念，改革教学方式方法，走在教育改革前列。作为以高等教育学为主要研究对象的教学科研机构，教育研究院长期致力于高等教育的理论研究、学科建设和专门人才培养；同时兼任全校本科生的教育理论课、心理健康教育教学、人文社会科学通识课程的教学工作，获得了各级优秀教学成果奖及研究生科研成果奖。高教所创立的“潘懋元高等教育基金会”，推动了高等教育科学研究与人才培养的发展，产生重要的教育成效。

一、研究生及本科教学成果

在研究生教学与培养方面，在潘懋元先生带领下，教育研究院取得了丰硕的教学成果。

2001 年，潘懋元主持完成的“高等教学学科建设，人才培养与教学改革咨询”项目获第四届高等教育国家级优秀教学成果奖一等奖，这是迄今为止我国高等教育学学科获得的唯一的国家级教学成果一等奖(图 6-2)。该项目还获得第四届福建省高等教育教学成果奖特等奖。潘懋元通过教学创新，创立了“学习—研究—教学”三结合的教学方式，为教育研究院乃至国内研究生教育提供了一种全新的培养模式。基于这项研究成果，教育研究院广泛采用这一教学方式，鼓励所有课程采用研讨式教学，创新研究生课程教学范式，大力培养研究生创新能力。

2009 年，潘懋元申报的“学术沙龙:情理交融中的人才培养实践”项目，获得国家级优秀教学成果二等奖。多年来，潘懋元采用“学术沙龙”的形式(图 6-3)，将研究生培养融入业余学习生活中，取得了显著的育人效果。受这一特殊的教育形式的启发，教育研究院众多教师在业余时间，举办学术沙龙，不仅增加师生的交流，活跃了学习氛围，也促进了学术研究的发展，产生广泛的育人成效。

图 6-2　潘懋元等获国家级教学成果奖一等奖

图 6-3　潘懋元先生举办学术沙龙

此外,2014 年、2018 年,史秋衡主持的“项目育人:研究生教育模式的归真与创新”、王洪才主持的“应用型研究生培养模式探索”教学改革项目,先后获得厦门大学教学成果一等奖。

在本科教学方面,教育研究院教师积极参与教学改革研究,获得各级教学成果奖。

2009 年,邬大光等完成的“建立本科教学评估长效机制:质量监测标准研制和质量监控机制探索”项目获福建省教学成果二等奖。计国君和邬大光完成的“本科教学质量提升机制建设”项目获福建省教学成果一等奖。2014 年,邬大光主持的“三学期制的十年探索”项目获国家级教学成果二等奖。2016 年以来,教育研究院教师获国家级教学成果奖二等奖 2 项,省级教学成果奖特等奖 1 项、一等奖 1 项。其中,邬大光等完成的“高等教育内部质量保障优秀原则和创新实践——厦门大学联合国教科文组织 IQA 项目建设”获福建省教学成果一等奖(2017 年)、国家级教学成果二等奖(2018 年)。

在教学研究方面,教育研究院承担多项教学改革研究课题。2016 年,获得了省级教改项目 3 项、校级教改项目 4 项,省级研究生导师团队 1 个。邬大光主持的“‘四轮驱动’深化创新创业教育改革的研究与实践”课题、郭建鹏主持的“通过翻转课堂实现研究生教学创新”课题、覃红霞主持的“厦门大学研究生教育国际化问题研究”课题,均获得福建省教师教育科研项目立项。2020 年,徐岚主持的“研究生培养质量及其影响因素研究:以满意度调查助推‘双一流’建设”获福建省本科高校教育教学改革研究一般项目立项。2014 年,张亚群主持的“通识教育核心文本课程改革与评估计划(QNA)项目”,获厦大教学改革立项。2019 年,王洪才主持的“研究型教学:高水平研究生课堂教学探索”、张亚群主持的“研究生招生与培养模式改革研究”、林敏主持的“互动体验式大学生心理健康课程开发与实施”等课题,均获得学校教学改革研究立项。2019 年、2020 年,陈兴德讲授的“高等教育哲学”、徐岚讲授的“高等教育研究方法”、刘梦今讲授的“新技术在教育研究中的应用”等课程相继获批为学校研究生“课程思政”建设项目。

在课程数量方面,2019 年,全院开设研究生课 49 门,人均开课 1.5 门;开设本科生课 82 门次(其中,大学生心理健康 51 门次),人均开课 2.6 门。新增 3 门国际化课程。2020 年,全院开设研究生课程 39 门次,师均开课 1.4 门次;开设本科生课 63 门次，其中，大学生心理健康 45 门次，师均开课 1.8 门。

教育研究院教师积极探索高等教育创新，将教书育人理念融入课堂教学，提升师德水平和业务能力，获得校级教学竞赛和教学成果奖 6 项。乔连全、郭建鹏、吴薇、周序、蔡秀英等青年教师获得学校青年教师教学比赛奖，引领厦门大学 MOOC、翻转课堂、微课、英语教学等教学改革创新。

在精品课程建设方面，加强在线开放课程建设，实施翻转课堂和混合式教学改革，取得了显著成效。2019 年，郭建鹏主持申报的“大学生心理健康”课程入选福建省精品在线开放课程。该课程由郭建鹏组织学校心理健康教师团队，共同协作建设，2019 年上线试运行，2020 年开始采用线上线下结合的教学形式。慕课作为线上学习内容，主要实现知识讲解和练习反馈、讨论的教学过程。学生需要每周学习 1.5 小时，并参加线上单元测试和期末考试，取得合格评价后结合线下课程评价以获得学分。该课程每年修课人数 5000 余名，线上修课人数超 5 万人次，取得了良好的教学成效。

教育研究院重视落实网络教学及其研究。2020 年，认真贯彻落实中央、省市和学校关于疫情防控的统一部署，保障教学质量，教育研究院探索线上教学与线下教学混合形态的教学体系，借助腾讯会议、腾讯课堂、钉钉、QQ、企业微信、ZOOM、雨课堂等网络平台开设了本科课和研究生课 80 余门次，组织教师以课程班级为单位建立联络群，组织课程助教、技术人员建立技术支持与服务保障工作群，并组织党政领导管理干部听课、看课，保障线上教学质量，做到了线上教学与线下教学实质等效。2020 年 6 月 7 日，潘懋元先生百岁之际“云”开讲，以《高等学校内涵式发展的内涵与样板》为题，作“师说课改”公益讲坛的首场报告，与全国各地四万余名师生通过网络进行互动交流。

此外，适应防疫要求，教育研究院采用了线上线下相结合的方式开展了毕业答辩 10 余场、学术例会 18 场和学术沙龙 30 余场，形式多样，互动积极，学习体验丰富。7 月份，首次采取“云夏令营”模式，举办了教育研究院第八届学术夏令营，为来自全国各大高校的 52 名同学提供了一场学术盛宴。

教育研究院教师跟踪疫情环境下高校线上教学情况，开展大规模调查和专题研究，受到高教界广泛关注。调查研究形成了多份调研报告，并在《教育发展研究》《教育科学》《华东师范大学学报（教育科学版）》《中国高教研究》《教育研究》《高等教育研究》等刊发表论文近 40 篇。

二、研究生科研成果奖

高教所、教育研究院坚守高质量的研究生教育标准，所培养的研究生取得了高水平的科研成果。2000 年以来，博、硕士学位论文获得省级各类奖共计 53 篇次，包括全国百篇优秀博士学位论文 2 篇、海峡两岸暨港澳“思源人文社会科学博士论文奖”1 篇以及中国高等教育学会优秀博士论文奖及提名奖、福建省优秀博士学位论文奖、其他全国一级学会优秀博士论文奖等奖项(见附录 5)。

2007 年，胡赤弟的博士论文《教育产权与大学制度构建的相关性研究》获得全国百篇优秀博士学位论文奖。这是国内第一篇高等教育学科的全国百篇优秀博士学位论文(图 6-4)。2013 年，刘希伟的博士论文《中国历史上的“高考移民”:清代科举冒籍研究》获得全国百篇优秀博士学位论文奖(图 6-5)。同年，虞宁宁的博士学位论文《中国近代教会大学招生考试研究》获得台湾政治大学承办的“第二届思源人文社会科学博士论文奖”心理与教育学门首奖，这是中国大陆博士生首次在该奖项获得的最高奖。

证书

胡赤弟：

您的《教育产权与大学制度构建的相关性研究》被评为2007年全国优秀博士学位论文。

教育部　　国务院学位委员会

编号：2007054　　二零零七年十一月

图 6-4　胡赤弟获全国百篇优秀博士学位论文奖证书

证书

刘希伟：

您的《中国历史上的"高考移民"：清代科举冒籍研究》被评为2013年全国优秀博士学位论文。

2014年3月14日

编号：2013054

图 6-5　刘希伟获全国百篇优秀博士学位论文奖证书

从获奖论文的指导教师分布来看，共有 13 位导师指导的硕博士学位论文获奖，其中邬大光指导的博士生论文获奖数最多(16 篇)。就全校文科研究生获奖的数量和级别而言，教育研究院研究生的科研成果居前列。

据 2008 年校科研工作会议发布的统计，2007 年全校科研成果排名前 11 的文科研究生，教育研究院研究生占 7 名(除第 3 名外的前 8 名)。2008 年，教研院研究生获得福建省优秀博士学位论文一等奖 1 篇，中国高等教育学会第四届"高等教育学"优秀博士论文奖 1 篇，厦门大学优秀博士论文奖 2 篇，获得学校"嘉庚奖""本栋奖"各 1 项、学校 2007 年度研究生科研成果奖 4 项(特等奖 1 位，一、二、三等奖各 1 位)、"宝钢优秀学生奖学金"1 人、学校"光华奖"一等奖学金 3 人，是全校获得"光华奖"一等奖最多的单位。这也从一个侧面反映了教育研究院研究生培养的成效。

三、潘懋元高等教育基金会的创立与颁奖

高教所创立以来，成立了教育发展基金会，并设置奖教奖学金。1996 年，高教所成立厦门大学高等教育科学研究所发展基金会。2000 年，根据《厦门大学

懋元奖评选办法》，该基金会更名为“潘懋元高等教育基金会”，隶属厦门大学发展基金会，捐赠的所有款项进入厦门大学发展基金会下设的专项基金账号。该基金会旨在彰显著名高等教育学家、高等教育学科创建人潘懋元先生在高等教育领域所取得的卓越成就和杰出贡献，鼓励更多学生投身于中国高等教育事业，促进教育科学研究的全面发展，为中国高等教育发展服务。经申请，其中 200 万为留本基金，余下资金作为机动基金，而基金利息用作发放每年一次的“懋元奖”奖教奖学金之用。“懋元奖”是潘懋元高等教育基金的重要项目之一，也是教育研究院最高奖教奖学项目，激励高等教育研究者秉承厦门大学“自强不息，止于至善”的校训精神，践履潘懋元先生倡导并率先垂范的“板凳敢坐十年冷，文章不写半句空”的学术精神和“敢为天下先”的创新精神。2020 年 8 月，潘懋元先生再次向厦门大学设立的“潘懋元高等教育基金”捐献人民币 100 万元。

2000 年以来，“懋元奖”奖教奖学金每年评选一次，由个人申请或导师推荐，经潘懋元高等教育研究基金委员会评审组以无记名投票方式选定。截至 2020 年，共举办 21 届评奖，教育研究院师生计有 242 人次获得“懋元奖”。其中，教师获得奖教金 74 人次，学生获得奖学金 168 人次(图 6-6)。“懋元奖”评选范围，目前主要集中在厦门大学，今后将逐步面向全国高等教育研究机构开放。

图 6-6　教育研究院院庆“懋元奖”颁奖仪式

四、研究生获得学校其他奖项与荣誉称号

据统计，2000 年以来，教育研究院研究生获得各项荣誉 290 人次，其中，获福建省优秀三好学生 1 人次，校级优秀毕业生 61 人次，优秀学生干部 49 人次，校级优秀三好学生 25 人次、校级三好学生 154 人次。教育研究院研究生获得多项校级奖学金。其中，获“嘉庚奖”3 人次，“文庆奖”和“本栋奖”各 1 人次，“亚南奖”5 人次；获得其他各类校级奖项 122 人次。2012 年至 2020 年，教育研究院研究生获得国家奖学金 57 人次，其中，博士 22 人次，硕士 35 人次。

第二节　教育科学研究的成就

教育研究院是学校院系中规模较小的单位，教学科研人员数量不多，但就科研成果产出和学术影响而言，可谓学校文科科研大户。多年来，在高等教育基本理论、高等教育管理、招生考试制度与科举学、高等教育史等研究方向，取得了一系列重要成果，某些研究达到国内外领先水平。这些学术成就的取得，得益于潘懋元先生的高瞻远瞩及百年学科优良传统的弘扬，得益于学校的大力支持和教育研究院（高教所）历任党政领导的精心管理，也得益于全体师生的奋力拼搏与默默耕耘。

一、科研成果

科学研究是大学和高等教育研究机构的主要任务，科研成果的产出是衡量办学成效的重要指标。多年来，教育研究院（高教所）承担各类科研项目，在高等教育基本理论、高等教育考试、高等教育管理、高校教学改革、高等教育经济、高等教育史、研究生教育、比较教育等学科领域发表大量高水平的论文，出版了一系列具有重要学术影响的著作，获得省部级科学研究优秀成果奖，为学校和研究院赢得了诸多荣誉。

(一)科研论文著作

在教育研究中,教育研究院(高教所)发表了大量高质量的学术论文。据初步统计,2000—2020年,本院教师在学校认定的核心刊物(SSCI、CSSCI期刊)发表论文约1270多篇,其中被《新华文摘》全文转载(重点转摘)60多篇。这些学术成果大多集中在高等教育学科领域,体现了本学科的特色、专长和学术影响。

从校内来看,多年来,教育研究院(高教所)的科研业绩居学校文科前列。例如,2005年,有7篇论文被《新华文摘》转载,占全校被该刊转载论文总数(14篇)的二分之一。2007年,在学校科研业绩统计中,教育研究院科研业绩在文科各单位中人均第一;全校文科一类核心论文数量最多的10位教师中,教研教师占3位。2008年,有7篇论文被《新华文摘》转载;在全校文科一类核心论文数量最多的8位教师中,教研院教师占2位。另据《中国高校文科学术总排名》中的各学科最高学术刊物发文量排名,2005年至2008年9月,在教育学科国内最高学术刊物发表论文数,厦门大学(即教育研究院教师)在《教育研究》发表29篇,绝对数居全校各单位第一。仅有25名专职教师的单位,占全校全部文科单位在各学科最高刊物发文量总数113篇的25.7%,为厦大该项指标排名靠前做出了重要贡献。

从全国来看,厦门大学教育研究院(高教所)发表高等教育研究论文的数量居前列。据《中国高教研究》编辑部历年发布的全国普通高校每年在14家教育类期刊[①]发表的高等教育科研论文统计,近二十年,教育研究院教师发表论文数量排名居全国前10名之内,其中有十二年排名居前5名之内(参表6-1)。这从一个侧面反映出厦门大学教育研究院作为高等教育研究重镇的学术实力。

① 14家教育类期刊包括《教育研究》(北京)、《中国高教研究》(北京)、《高等工程教育研究》(武汉)、《清华大学教育研究》(北京)、《高等教育研究》(武汉)、《高校教育管理》(镇江)、《北京大学教育评论》(北京)、《复旦教育论坛》(上海)、《江苏高教》(南京)、《中国高等教育》(北京)、《高教探索》(广州)、《学位与研究生教育》(北京)、《大学教育科学》(长沙)、《现代大学教育》(长沙)。部分年份统计来源于16家或18家核心期刊。

表 6-1　厦门大学教育研究院(高教所)
在 14 家核心期刊发表高等教育科研论文统计(2000—2020)

年份	2000—2002			2003	2004	2005	2006	2007	2008	2009	
排名	7			7	10	10	4	4	3	3	
数量	96			47	37	38	74	83	73	85	
年份	2010	2011	2012	2013	2014	2015	2016	2017	2018	2019	2020
排名	4	2	5	3	6	3	1	5	2	6	6
数量	66	89	63	86	59	69	104	70	68	＞40	49

资料来源:《中国高教研究》编辑部统计数据,发表在 2003 年至 2020 年相关期。

在学术著作方面,也取得了丰硕成果。2000 年以来,共出版学术著作 165 部(含多卷本),其中,专著 118 部,编著 39 部,译著 8 部(见附录 6)。这些成果主要集中在高等教育研究及相关研究领域,在国内外产生了广泛的学术影响。

值得指出的是,教育研究院部分著作在国外出版了英文版。如:2006 年,范怡红在挪威 Tapir Academic Press 出版 *Assuring University Learning Quality: Cross-Boundary Collaboration*;2007 年,潘懋元、范怡红、朱宇主编的 *key to university quality assurance: faculty/staff development in the global context*,由福建教育出版社出版英文版;2015 年,《潘懋元文选》英文版由荷兰 Brill Press 出版,这是迄今中国高等教育研究领域唯一一本由 Brill Press 出版的专著;2018 年,刘海峰的《中国科举文化》英文版由英国 Paths International Ltd 出版。这些英文版著作的问世,扩大了中国学者在海外的学术影响。

(二)科研项目及科研成果奖

在科研项目方面,2000 年以来,教育研究院承担了各类纵向课题和委托课题,其中省部级以上纵向课题共计 155 项。除了前述教育部人文社科重点基地攻关项目外,纵向课题还包括:教育部哲学社会科学研究重大课题攻关项目、国家社科基金国家重大项目 5 项;国家社会科学基金重点课题 10 项;国家社会科学基金一般课题 11 项；国家社科基金青年项目 4 项；国家自然科学基金青年项目和面上项目各 1 项；教育部人文社会科学一般项目 3 项、青年项目 9 项；教育部普及读物项目 3 项；教育部专项任务项目 8 项；教育部应急项目 2 项；教育部发展报告项目 1 项；全国教育规划教育部重点项目 9 项、青年项目 4 项；福建省社科规划课题 49 项（见附录 7）。

从研究主题来看，主要聚焦于高等教育改革与发展的重要问题。如教育研究院所承担的教育部人文社会科学重大课题攻关项目、国家社科基金国家重大项目，两项为高考改革研究："高校招生考试制度改革的理论与实践研究"（刘海峰主持）、"高考综合改革试点完善措施研究"（郑若玲主持），两项为高等教育管理及质量建设研究："高等学校分类体系及其设置标准研究"（史秋衡主持）、"我国本科人才培养质量研究"（邬大光主持），一项为教育体制改革研究："构建服务全民终身学习的教育体系研究"（史秋衡主持）。

在国家社科重点课题研究方面，主要探究我国高等教育大众化的实施与影响、对策问题，包括："中国高等教育大众化的结构与体系研究""高等教育大众化与缩小社会阶层高等教育差异的研究""中国现阶段高等教育大众化过程中的重大问题与对策研究""高等教育大众化阶段质量保障与评价体系研究"。

其次探究高等教育大众化发展中人才培养、招生选拔、学习情况调查和国际比较等问题，包括："高等教育应用型创新人才培养研究""高素质创新人才培养模式研究""大学生学习情况调查研究""高校招生制度改革研究""高等教育人才培养模式的国际比较研究""中国特色、世界水平的一流本科教育建设标准与建设机制研究"。

国家社科基金一般项目、青年项目和国家自然基金一般项目，主要探究与高等教育改革、发展相关的理论、实践、历史、国际比较等问题。

一是高等教育管理研究："民办高校产权理论与政策研究""中国高等学校学科划分与设置研究""我国巨型大学的管理与组织模式研究""建设世界一流大学和高水平大学的途径与模式研究""中美大学管理中的法律问题比较研究"。

二是考试制度改革及其影响研究："科举学研究""中国高等教育对社会阶层代际流动的影响研究""高考录取制度与社会公平的关系研究"。

三是高等教育史研究："中国近代大学通识教育与创新人才培养""现代大学

制度研究——历史与现实的反思”“欧洲大学教师发展制度历史与现状研究”。

四是大学教学改革、学生发展及就业研究:“翻转课堂学习机制及在高校教学中的有效性研究”“大学生参与高校教师发展的理论与实践研究”“高校学生发展的互动模型及促进机制研究”“高校毕业生就业流动的社会分层案例研究”“大学生创新创业能力评价体系与结构模型研究”。

五是研究生教育研究:“师生关系视角下我国研究型大学博士生培养质量研究”。

教育研究院教师主持完成的科研项目取得了众多高水平的研究成果,为教育部等部门制定高等教育发展规划、政策举措提供重要参考。多项学术成果获得了科研优秀成果奖,产生了广泛的学术影响。

据统计,2000 年以来,教育研究院教师出版的论著或提交的政策咨询报告等成果,获得教育部以上科研优秀成果奖 31 项,省级科研优秀成果奖 72 项,共计 103 项。(见附录 8)。其中,获省部级及其以上科研优秀成果奖一等奖 17 项,包括历届高等学校科学研究优秀成果奖(人文社会科学)一等奖 5 项,“全国教育科学研究突出贡献奖”1 项,吴玉章人文社会科学奖一等奖 1 项,历届全国教育科学优秀成果奖一等奖 2 项,福建省历届社会科学优秀成果奖一等奖 8 项。

从厦大文科、全国各高校教育学科比较来看,教育研究院教育科研成果获奖的数量与级别居于前列。

如:2009 年,教育研究院获第五届高等学校科学研究优秀成果奖(人文社会科学)3 项,包括一等奖、二等奖、三等奖各 1 项,获奖成果的数量和等级排名全校第一;2010 年,获得福建省第八届社会科学优秀成果奖荣誉奖 1 项、一等奖 2 项,二等奖 5 项,三等奖 3 项,获奖等次高,人均获奖数排名全校文科各单位第一;2011 年,本院获教育部第四届教育科学研究优秀成果奖二等奖以上 5 项,位列全国第三位,仅次于北京师范大学和华东师范大学;同年,获福建省第九届社会科学优秀成果奖 5 项,共计获部、省级优秀科研成果奖 10 项,其中二等奖以上 8 项,人均获奖数在全校各单位中遥遥领先,二等奖以上获奖数也居全校第一。2020 年,本院教师获第八届高等学校科学研究优秀成果奖(人文社会科学)5 项,其中,一等奖(图 6-7)1 项,二等奖 4 项,获奖级别和获奖总数列全校首位。

第八届高等学校科学研究优秀成果奖
（人文社会科学）

成果名称：大学教师发展论纲——理念、内涵、方式、组织、动力
高等教育研究　2017年第1期

主要作者：潘懋元

奖项类别：著作论文奖

获奖等级：一等奖

教社科证字（2020）第0117号

中华人民共和国教育部
2020年12月10日

图 6-7　潘懋元获第八届高等学校科学研究优秀成果奖一等奖证书

从获奖者来看，潘懋元是厦门大学唯一一位连续八届高校人文社科奖均获奖的教师；2012年，潘懋元获得教育部颁发的“全国教育科学研究突出贡献奖”（图 6-8）。刘海峰先后6次获得部级科研优秀成果奖一等奖（含吴玉章人文社会科学奖）（图 6-9），成为厦门大学文科获得部级科研成果一等奖最多的教师。

奖励证书

授予 潘懋元教授：

全国教育科学研究突出贡献奖

（代表作：《高等教育学》、《市场经济的冲击与高等教育的抉择》、《多学科观点的高等教育研究》）

中华人民共和国教育部
教育部

二〇一二年七月十日

图 6-8　潘懋元获全国教育科学研究突出贡献奖证书

高等学校科学研究优秀成果奖

（人文社会科学）

成果名称：《科举学导论》

华中师范大学出版社 2005年8月

主要研究者：刘海峰 著

成果类型：著作

学科：教育学

等级：一等奖

中华人民共和国教育部

二〇〇九年九月[illegible]日

教社科证字（2009）第033号

图 6-9　刘海峰获第五届高等学校科学研究优秀成果奖一等奖证书

二、举办学术会议及对外教育合作

教育研究院高度重视学术交流，着力打造中国高等教育学术交流的高地。教育研究院（高教所）积极开拓境内外高等教育学术交流与合作，除了支持教师出国（境）访学、参加学术活动外，多还次承办重要学术会议及论坛，与国内众多大学保持了密切的学术交流关系，与国外10多所知名大学教育研究机构建立了稳定的学术合作交流关系。

（一）举办学术研讨会

2000年以来，高等教育科学研究所、教育研究院凭借教育部人文社科重点研究基地“高等教育发展研究中心”的高端学术平台，先后在校内或异地举办高端系列国际国内学术研讨会近八十场，促进了国内外高等教育研究与学术交流。这些学术会议的主题（见表6-2），主要分为以下几类：

（1）结合校庆、院庆及潘懋元先生从教65周年等庆典的时间节点，主办了一系列颇具影响的高等教育专题学术研讨会。如:举办中国高等教育百年学术研讨会暨潘懋元先生从教 65 周年大会、庆祝校庆 80 周年高等教育科学讨论会、教育研究院 30 周年院庆暨大学教育质量的理论与实践研究国际学术研讨会、潘懋元教授从教 75 周年庆典暨高等教育研究的社会责任学术研讨会、潘懋元高等教育思想研讨会暨从教 80 周年庆祝会、潘懋元教授从教 85 周年暨新时代中国高等教育改革与发展高峰论坛等,深入探究高等教育史、高等教育学科建设、高等教育思想、新时代高等教育改革发展等专题。

(2)主办高等教育发展战略、教育改革政策研究学术研讨会。如:高等教育大众化的理论与政策学术研讨会、公平与效率:21 世纪国际高等教育研讨会、"中华高等教育改革"国际学术研讨会、"大学教师发展"国际学术研讨会、大数据与高等教育研究论坛、"面向 2030 年"的高等教育发展——理念与行动国际学术研讨会、厦门大学高等教育发展研究中心暨智库建设发展战略研讨会等,这些研讨会深化了高等教育理论与政策研究,推动了我国高等教育的改革与发展。

(3)首创并推动"科举制与科举学国际学术研讨会"。教育研究院自 2005 年起召开首届"科举制与科举学国际学术研讨会",已连续举办 19 届(含异地举办),参会人员累计近 2000 人。此外,举办纪念恢复高考三十年高峰研讨会、恢复高考 40 周年暨高考改革学术研讨会。这些研讨会成为多学科学者互相切磋、交流考试研究成果的重要平台,具有广泛的学术影响。

(4)主办民办高等教育发展、高等教育高质量发展系列学术研讨会。如:国有民营二级学院改制研讨会、"民办高等教育与资本市场高级论坛"学术研讨会、全国高等教育研究机构协作组会议、"高等教育质量与就业:内部质量保障的贡献国际研讨会"、"大学教学创新与一流本科教育国际学术研讨会"等,对推进民办高等教育发展、建设高等教育强国发挥了重要的影响。

(5)主办全国中外合作办学系列学术研讨会。以中国高教学会中外合作办学分会为依托,连续主办中外合作办学学术研讨会 11 次,参会人员累计达 5000 多人次,成为中外合作办学研究与交流的重要平台。

(6)主办海峡两岸暨港澳教育专题学术研讨会。如:第六届两岸高等教育学术研讨会,第六届、第十二届教育史论坛,"两岸四地"大学教学文化与教师发展学术研讨会、首届中华书院教育发展论坛暨第三届中国书院学会年会等,这些研讨会促进了中国大陆与台港澳地区的教育交流与合作。

(7)主办高等职业技术教育研讨会，包括高职院校“县校合作模式”国际学术研讨会、国际高等职业基础教育研讨会、国际高等职业基础教育研讨会等，推动高等职业技术教育发展。

(8)发起共同主办全国高校高等教育学研究生学术论坛。2018 年发起打造全国高校高等教育学研究生学术交流平台，已举办两届论坛，得到全国高校高等教育学专业和相关方向的硕博士生的广泛关注和踊跃参与，参会人数 540 余人。

表 6-2　2000—2020 年教育研究院(高教所)举办的部分学术会议一览

时间	主题	地点
2000 年 4 月	国有民营二级学院改制研讨会	厦门
2000 年 9 月	中国高等教育百年学术研讨会暨“潘懋元先生从教 65 周年”大会	厦门
2001 年 4 月	庆祝校庆 80 周年高等教育科学讨论会	厦门
2001 年 9 月	高等教育大众化的理论与政策学术研讨会	厦门
2002 年 9 月	公平与效率：21 世纪国际高等教育研讨会	厦门
2003 年 12 月	“中华高等教育改革”国际学术研讨会	厦门
2004 年 1 月	“民办高等教育与资本市场高级论坛”学术研讨会	厦门
2004 年 4 月	“高等教育的科学发展观”学术研讨会	厦门
2005 年 9 月	科举制与科举学国际学术研讨会	厦门
2006 年 2 月	“大学教师发展”国际学术研讨会	厦门
2006 年 10 月	第四届高等教育质量国际学术研讨会	厦门
2007 年 2 月	《借鉴与超越：中国高等教育发展路径研究》学术研讨会	厦门
2007 年 7 月	纪念恢复高考三十年高峰研讨会	北京
2007 年 10 月	第五届大学质量发展国际学术研讨会：变革中的大学文化	立陶宛
2007 年 10 月	促进创新型高等教育国际学术研讨会	厦门
2008 年 5 月	30 周年院庆暨“大学教育质量的理论与实践研究”国际学术研讨会	厦门

续表

时间	主题	地点
2009 年 6 月	第六届大学质量发展国际研讨会:对高等教育质量、排名、标准的理解	厦门
2009 年 10 月	第六届两岸高等教育学术研讨会	厦门
2010 年 10 月	潘懋元教授从教 75 周年庆典暨“高等教育研究的社会责任”学术研讨会	厦门
2011 年 6 月	中外合作办学:规范办学、依法管理、可持续发展国际学术研讨会	厦门
2012 年 11 月	鉴古知今的教育史研究:第六届“两岸四地”教育史论坛	厦门
2012 年 11 月	“中外合作办学与高水平大学建设”国际学术研讨会	三亚
2012 年 12 月	第九届科举制与科举学国际学术研讨会	昆明
2013 年 5 月	高职院校“县校合作模式”国际学术研讨会	宁波
2013 年 12 月	全国高等教育研究机构协作组会议	厦门
2014 年 10 月	“两岸四地”大学教学文化与教师发展学术研讨会	厦门
2015 年 6 月	潘懋元高等教育思想研讨会暨从教 80 周年庆祝会	济南
2015 年 11 月	第十二届科举制与科举学国际学术研讨会	厦门
2016 年 5 月	一流大学本科教学高峰论坛	厦门
2016 年 12 月	首届中华书院教育发展论坛暨第三届中国书院学会年会	厦门
2016 年 12 月	第十四届科举制与科举学国际学术研讨会	南京
2016 年 12 月	大数据与高等教育研究论坛	厦门
2017 年 5 月	恢复高考 40 周年暨高考改革学术研讨会	厦门
2017 年 5 月	国际高等职业基础教育研讨会	厦门
2017 年 11 月	“面向 2030 年”的高等教育发展——理念与行动国际学术研讨会	厦门
2018 年 5 月	教育研究院 40 周年暨新时代高等教育研究与高等教育内涵式发展国际学术研讨会	厦门

续表

时间	主题	地点
2018 年 10 月	教育研究院首届全国高校高等教育学研究生学术论坛：高等教育学学科建设与人才培养模式变革	厦门
2018 年 11 月	第十二届“两岸四地”教育史论坛	厦门
2019 年 11 月	大学教学创新与一流本科教育国际学术研讨会	厦门
2020 年 8 月	潘懋元教授从教 85 周年暨新时代中国高等教育改革与发展高峰论坛	厦门
2020 年 12 月	厦门大学高等教育发展研究中心暨智库建设发展战略研讨会	厦门

资料来源：刘海峰，郑冰冰主编：《厦门大学教育研究院 40 周年》（内部资料），厦门大学教育研究院，2018 年，第 75 页。厦门大学教育研究院官网、办公室等统计资料。

（二）与境外高校开展教育合作

随着我国对外开放的扩大和高等教育国际化的发展，近十多年来，教育研究院与境外高等院校开展合作取得了较多成果。

2006 年，教育研究院与荷兰莱顿大学教师教育研究院首次签订合作协议，在博士生联合培养、联合举办国际会议以及建立联合研究项目等方面有频繁且深入的合作。2011 年，与荷兰莱顿大学续签合作协议，提升了国际教育合作的层次。

2008 年，教育研究院分别与台湾政治大学教育学院、英国南安普顿大学高等教育管理与政策研究中心、英国伦敦大学教育学院、香港中文大学教育学院签订了合作协议，包括开展科研课题研究，教师、研究生学术交流，合作出版论著等方面；2009 年 6 月，与俄罗斯贝加尔师范大学签订合作协议。2010 年，教育研究院分别与哥伦比亚大学师范学院、香港教育学院、台湾暨南大学教育学院签订合作协议；与香港大学中国教育研究中心联办厦门大学中外合作办学研究中心。2011 年，教育研究院与伦敦大学教育学院签订合作协议；2012 年，与台湾师范大学教育研究与评鉴中心签订合作协议，在学术与人才培养等方面进行合作和交流。

广泛的国际学术交流、合作活动，不仅拓展了师生的国际视野，也使国外研究机构和研究人员对中国高等教育历史、现状、发展战略形成较深层次认识，增加了理解，扩大教育研究院的国际学术影响。

在开展国际教育方面，教育研究院部分教师积极参与海外孔子学院办学等活动。2011 年 1 月至 2014 年 12 月，谢作栩赴南非斯坦陵布什大学担任孔子学院中方院长。2017 年 1 月，赵叶珠赴新西兰惠灵顿维多利亚大学担任孔子学院中方院长。7 月，李武静至厦门大学马来西亚分校服务。2020 年 2 月，郑若玲赴英国南安普敦大学担任孔子学院中方院长。

（三）邀请境内外专家交流讲学

长期以来，教育研究院坚持邀请国内外高教研究领域专家前来讲学，广泛吸收高等教育研究的最新成果。

以近十年为例，2010 年，教育研究院举办南强讲座 2 场，主办厦门大学高教讲座 11 期。先后邀请了荷兰教育协会主席、莱顿大学教师教育研究院前院长 Nico Verloop 教授，美国哥伦比亚大学师范学院教育评估中心主任、富布莱特学者 Madhabi Chatterji 教授，美国宾夕法尼亚州立大学教育学院杰出教授孙开键教授，教育部教育发展研究中心副主任范文曜教授，全国教育科学规划办曾天山教授，香港教育学院比较政策讲座教授及文理学院院长，长江学者讲座教授莫家豪（Ka-Ho Mok）等著名专家来校做专题讲座。通过这些学术交流活动，进一步增强了全院学术氛围，不断拓展高等教育学术领域，提升学术研究水平。

2011 年，教育研究院举办厦大高教讲座 6 场、南强学术讲座 2 场。邀请日本广岛大学高等教育研究开发中心黄福涛教授，西安交通大学高等教育研究所陆根书教授，加拿大多伦多大学安大略教育学院许美德（Ruth Hayhoe）教授，华东师范大学教育科学学院院长丁钢教授，美国著名比较教育家，波士顿学院国际高等教育研究中心主任阿尔特巴赫教授，浙江大学教育学院肖朗教授，台湾世新大学林孝信教授，马萨诸塞大学波士顿分校教育领导系严文蕃教授到校讲学。另外，新聘阿尔特巴赫教授为客座教授。

2012 年，研究院共举办南强学术讲座 2 场、厦大高教讲座 4 场。邀请国内外高等教育相关领域著名专家学者到校讲学，包括北京师范大学顾明远教授、林崇德教授、徐勇教授、周满生教授，华东师范大学戚业国教授、德国多特蒙德工业大学高等教育与教师发展研究中心主任 Prof. Dr. h.c. Johannes Wildt。

2013 年，教育研究院举办南强学术讲座 1 场（中山大学原校长黄达人教授）、厦大高教讲座 10 场（广西电视大学校长贺祖斌教授、华中师范大学教育学院周洪宇教授、上海师范大学现代教育研究所所长杨德广教授、临沂大学原党委副书记韩延明教授、英国赫尔大学副校长 Ian Robert Pashby 教授、台湾亚洲大学讲座教授杨国赐教授、台湾淡江大学教育政策与领导研究所所长杨莹教授、北京大学教育学院副院长阎凤桥教授、西南大学教育学部谢长法教授、清华大学副校长谢维和教授）。

2016 年，教育研究院共举办学术讲座 36 场，其中包括南强学术讲座 2 场、厦大高教讲座 10 场。邀请台湾师范大学社会学系名誉教授杨国赐、台湾教育大学系统总校长吴清基教授、英国赫尔大学教育研究院 Catherine Montgomery 教授、天津大学教育研究院院长闫广芬教授等 12 位专家做学术报告。

2017 年，教育研究院共举办学术讲座 36 场，包括南强学术讲座 1 场、厦大高教讲座 11 场，演讲人包括北京师范大学钟秉林教授、清华大学谢维和教授、香港中文大学倪玉菁教授、南非斯坦陵布什大学 Catherine Montgomery 教授、南京师范大学胡建华教授等 12 名专家。

2018 年，教育研究院邀请美国协和大学约瑟夫·斯科特·李教授、加州大学洛杉矶分校熊秉纯教授、麻州州立大学波士顿分校严文蕃教授、加拿大多伦多大学露丝·海霍教授等国外著名专家学者到校做学术报告、讲学。

2019 年，教育研究院共邀请 31 位国（境）外著名学者到校访问。

2020 年，受到新冠肺炎疫情的影响，教育研究院国际交流与合作的线下项目暂时中断。国内交流合作工作虽受波及，但仍顽强推进。研究院邀请国内外著名专家学者到校讲学，主办厦大高教讲座 6 场，其他学术报告 11 场，每场讲座吸引上百人在线同步参会。

（四）师生境内外交流与校外学者来访

2014 年，教育研究院师生团队赴湖南第一师范学院、湖南大学教育科学研究院、四川电影电视学院、四川标榜国际职业学院、西南交通大学、宁波工程学院、浙江工商职业技术学院、泉州信息职业技术学院、漳州职业技术学院、南宁学院、台湾师范大学、台湾中州科技大学、台湾淡江大学、台湾龙华科技大学、台湾修平科技大学、台湾铭传大学及其金门分部等调研考察，收到良好效果。

2015 年，教育研究院教师赴美国、日本、俄罗斯、南非等国和台港澳地区参加学术会议、合作研究、博士后研究共 24 人次。1 名博士生作为国家公派留学人员赴美国哥伦比亚大学教育学院联合培养一年。2 名硕士生赴新西兰维多利亚大学孔子学院和南非斯坦陵布什大学孔子学院担任汉语教师志愿者，5 位硕士生赴台湾铭传大学、静宜大学等交流学习一个学期。2015 年 8 月至 2016 年 9 月，文静赴美国哥伦比亚大学作博士后。

2017 年，教育研究院师生赴美国、丹麦、新西兰、瑞典等国家和台港澳地区参加学术会议、合作研究和进修培训等交流活动，共 28 人次。2018 年，教育研究院师生赴美国、丹麦、新西兰、瑞典等国及台港澳地区参加学术会议和进修培训，共 27 人次。2019 年，教育研究院师生赴美国、英国、德国、波兰、沙特阿拉伯、马来西亚、越南等国和台港澳地区参加学术会议、合作研究和进修培训，共 38 人次，较上年增加了 41%。

多年来，教育研究院接待诸多校外学者、研究生来院访问、调研，既传播和扩大了教育研究院的学术成果影响，也促进了学术交流。如：2013 年，接待众多外校来访团队，包括运城幼儿师范高等专科学校、上海财经大学高教所、中国人民解放军空军空降兵学院训练部、澳大利亚西悉尼大学、台湾铭传大学、美国托莱多大学教育学院、广州大学徐俊忠副校长、邯郸学院高等教育研究所、华东交通大学、黑河学院、陕西国际商贸学院、福州大学阳光学院等 12 个参访团，共计 90 余人。2014 年，接待了英国霍尔大学教育学院、新加坡南洋理工大学、德国弗莱贝格工业大学、浙江大学教育学院、天津大学教育学院、广东嘉应学院、台湾辅仁大学、台湾铭传大学、江苏省教育考试院等单位的参访团。

第三节　教育服务的发展

多年来，厦门大学教育研究院（高教所）积极发挥高等教育学科的研究优势和智库作用，引领高等教育学科建设和学术研究，推动我国高等教育的内涵式发展。适应高等教育改革和发展的现实需要，研究院加强高等教育应用性问题特别是政策性问题的研究，将科研成果转化为政策建议；借助学科专业特长，广泛开展社会服务活动。

一、为国家和区域高等教育发展提供政策咨询

作为教育部直属高校的科研机构，厦门大学教育研究院教师承担国家和地方各类高等教育研究项目，深入探索社会关注的教育问题，积极参与高等教育改革，发挥教育决策咨询的重要作用。

1.参与国家和地区重要教育政策文件的制定与咨询服务

在国家教育决策层面，2010 年，潘懋元、刘海峰、邬大光担当《国家中长期教育改革和发展规划纲要（2010—2020 年）》政策制定及咨询的重要成员。刘海峰作为国家教育咨询委员会委员，应邀赴教育部参加“高考改革方案研制研讨会”，提出改革建议。2012 年 7 月，刘海峰被聘为首届国家教育考试指导委员会委员，参与国家教育考试重大问题调研、对国家教育考试重大政策进行论证、研究制定国家教育考试改革方案等工作。11 月，刘海峰、邬大光受教育部社科司委托，分别承担“学习贯彻党的十八大精神理论研究课题”，契合教育发展需要，实现教育科研服务社会发展的功能。

刘海峰带领的高考研究团队还与部分省市招生考试管理机构合作，服务于省级教育考试改革。通过课题合作、开设讲座、合办公开学术刊物等方式，为合作省市的教育考试改革决策提供全方位的理论支持与咨询服务。2014 年、2015 年，张亚群教授作为专家顾问组成员，参与教育部考试中心制定和修订《残疾人参加普通高校招生全国统一考试暂行管理办法》。

邬大光主持的课题组与教育部高等教育教学评估中心合作，完成《中国高等教育质量报告 2016》。史秋衡作为教育部相关工作小组成员，参与《普通高等学校设置暂行条例》的起草；并受教育部高等教育教学评估中心委托，开发“双满意度调查平台”。教育研究院教师应教育部规划司和教育部领导邀请，参与《民办

教育促进法》及相关文件起草和修改工作;受福建省教育厅等部门委托,承担制定福建省相关"十三五"教育事业规划任务、《福建省中外合作办学发展规划(2016—2020年)》,为福建省教育事业的发展出谋划策。

2.多项咨询报告为政府有关部门采纳

教育研究院各研究团队紧密结合中国高等教育实践,为国家和教育部司局提供了一系列咨询报告。2020年以来,获采纳的重要咨询报告共计57项(参附录9)。

高考研究团队深入研究高校招生考试改革问题,发表了大量高水平的论著,为高考改革提供了理论支撑和决策参考。刘海峰主持完成了教育部哲学社会科学重大课题攻关项目"高校招生考试制度改革的理论与实践研究",主编出版全国第一套成系列的"高考改革研究丛书",研究成果居国内领先水平。2012年,刘海峰主持的三项咨询报告被国家教育体制改革领导小组办公室采用。2016年,刘海峰的咨询报告《建议在13个省区设立教育部直属高校》获得刘延东国务委员的重要批示。教育部随后展开了认真的研究论证,并于2018年初开始启动"部省合建"14所高校的工作。

高等教育质量研究团队多次承担国家级重大课题,完成了近40份咨询报告,逾20份获教育部等有关部门的采纳,包括新华通讯社内参、国家教育咨询委员会等,其中两份报告得到教育部的采纳及部长批示,为教育部出台相关政策文件提供了参考。2015年,邬大光受国家教育体制改革领导小组办公室委托,承担完成《高等教育第三方评估报告》,全面分析我国高等教育改革发展现状并提出深化改革的政策建议,该报告得到教育部副部长林蕙青的批示。

教育经济与管理研究团队在国家政策顶层设计、攻关课题研究方面具有国内领先优势,多次承担国家级重大课题,为我国教育体制改革提供政策建议。史秋衡主持完成的教育部哲学社会科学重大课题攻关项目和国家社科基金国家重点课题研究成果分别被新华通讯社《国内动态清样》、教育部发展规划司、教育部高教评估中心采纳。

厦门大学中外合作办学研究处于全国领先地位,着力打造中外合作办学的重要"智库",成为国家中外合作办学的研究重镇。教育部国际司委托编辑《中外合作办学月报》，每月呈报教育部国际司等相关司局，为领导决策提供信息服务。此外，积极参与相关政策文件的研究制定。

3.主编系列《全国普通高校本科教育教学质量报告》

邬大光主持完成教育部哲学社会科学重大课题攻关项目“我国本科人才培养质量研究”，受教育部高等教育教学评估中心委托，主持编撰《中国高校本科教育质量报告（2016 年度）》《中国高校本科教学质量报告（2017 年度）》《中国高校本科教育质量报告（2013—2017 年度）》《全国普通高校本科教育教学质量报告（2019 年度）》。该系列报告聚焦高等教育本科教育教学质量，以数据和事实为依据，研判高校本科教学质量状况，全面总结我国本科教育教学改革经验，分析影响高校本科教学质量的主要因素，积极回应了社会对中国本科教育质量的关切，为政府决策、高校改革、社会监督提供权威的参考。2017 年 10 月，教育部高等教育教学评估中心发布中国高等教育系列质量报告，其中《中国本科教育质量报告》受到 280 多家新闻媒体关注。

二、支援西部教育科研建设

2012 年秋，赵叶珠受厦大组织部委派，作为“中组部”第七批援疆干部赴新疆维吾尔自治区乌鲁木齐市教研中心担任副主任。就职后，赵叶珠按照专业援疆的实际需要，坚持以“智力援助”为出发点，以教育科研为立足点，积极推动教育理念更新、课题申报、课题研究、人员培训、东西部教育科研交流，取得显著成效。

在工作中，赵叶珠组织乌鲁木齐市教研中心科研力量，申报教育部民族教育司的研究课题，成为该类获批项目中唯一一项由市级教育科研单位申报的课题，实现了该教研中心在国家级科研课题申报工作上零的突破；帮助乌鲁木齐市与厦门市的学校建立“友好学校”；为乌鲁木齐市中心教研员进行业务培训积极联络培训专家、设计培训课程；为乌鲁木齐市教育研究发展建言献策，撰写调研报告。此外，发挥其在高等教育研究和妇女/性别研究方面的专业特长，为新疆大学、石河子大学、新疆师范大学、新疆维吾尔自治区妇女联合会等机构提供业务指导或咨询帮助等。

2014 年 8 月 11 日，新疆维吾尔自治区召开了第七批中央和国家机关、中央企业援疆工作总结表彰大会，赵叶珠被中共新疆维吾尔自治区党委、自治区人民政府授予“第七批中央和国家机关、中央企业优秀援疆干部人才”称号，荣记二等功；被中共乌鲁木齐市委、市政府授予“乌鲁木齐市优秀援疆干部”的荣誉称号。

三、心理咨询服务

教育研究院利用专业知识，承担学校诸多心理咨询服务工作，积极向校内外不同机构和对象提供专业服务。1999 年 11 月，在罗杞秀等老师的努力下，厦门大学心理咨询与教育中心建立(图 6-10)。该中心参与各项心理健康与教育工作，开设主题心理讲座、沙龙，提供个别心理咨询、团体心理咨询，参与危机干预工作，担任心理咨询督导，开展心理咨询师培训工作等。该中心每年为上百人提供咨询，罗杞秀还为大学生开心理咨询方面的讲座 50 余场，听众合计一万多人。2001 年，罗杞秀获得“全国大学生心理咨询开拓奖”。

图 6-10　教育研究院心理咨询工作坊

钱兰英老师除了投身心理咨询与教育中心的工作外，还在厦门市青少年宫心灵小屋、厦门市心理咨询师协会等机构担任心理咨询督导，常年开办各类心理咨询师个人成长与专业成长的课程，如咨询师自我成长疗愈工作坊，音乐治疗、绘画治疗、舞蹈动作治疗、内在小孩治疗、呼吸疗愈、心理创伤治疗、家庭系统排列等体验式工作坊，沙盘游戏治疗观摩学习小组，新手咨询师心理咨询实战团体等；任原劳动部心理咨询师职业资格证书讲师与论文评审；为厦门市公安局民警提供多种心理保健服务；为妇联家庭教育研究会、厦门监狱等单位、学校、社区举办心理讲座；作为厦门市灾区青少年心理康复支援服务队召集人并提供培训。

多年来，教育研究院承担的心理咨询服务主要包括：(1)开设厦门大学全校性"大学生心理健康"课程；(2)在厦门大学心理咨询与教育中心、厦门市青少年宫心理咨询中心等机构担任心理咨询督导；(3)为妇联家庭教育研究会、厦门市公安局、厦门监狱等单位、学校、社区举办心理讲座；(4)提供厦门市公安局心理保健服务；(5)常年开办自我成长工作坊，舞蹈动作治疗体验式工作坊，沙盘游戏治疗观摩学习小组、家庭系统排列工作坊，心理咨询师成长团体等活动；(6)担任厦门市灾区青少年心理康复支援服务队召集人，并提供培训教室(2008 年 5 月 12 日成立，救灾期间，赴都江堰 10 天提供心理援助)；该服务队常年积极开展各项心理志愿服务。

四、校史研究的贡献

多年来，教育研究院(高教所)在高等教育史，特别是中国近现代大学史研究方面，取得了不少成果，产生了较为广泛的学术影响。研究成果主要有潘懋元主编的《南方之强：厦门大学文化研究》、刘海峰主编的《中国大学校史研究的问题与展望》、张亚群著《自强不息 止于至善：厦门大学校长林文庆》、郑宏著《厦门大学文化的历史与解读》、石慧霞著《抗战时期的厦门大学：民族危机中的大学认同》《萨本栋传：民族危机中的大学校长》《抗战烽火中的厦门大学》，陈炳三主编的《厦门大学革命史画册：1921.4—1949.10》《厦门大学革命史资料汇编(上下册)》等著作(见表 6-3)。这些论著为厦门大学校史研究增添光彩。

此外，教育研究院(高教所)继 1984 年举办首届中国大学校史学术研讨会后，2014 年主办了中国高等教育学会校史研究分会第十三届学术年会，促进了全国校史研究的交流。

表 6-3　教育研究院教师完成的校史研究部分成果统计

作者	主题	出版社	时间
潘懋元	主编《南方之强:厦门大学文化研究》	高等教育出版社	2011 年
刘海峰	主编《中国大学校史研究的问题与展望》	厦门大学出版社	2016 年
张亚群	著《自强不息　止于至善:厦门大学校长林文庆》	山东教育出版社	2012 年
郑宏	著《厦门大学文化的历史与解读》	厦门大学出版社	2010 年
	编写(执笔)《鹭江学人潘懋元》	厦门音像出版社	2015 年
石慧霞	著《抗战时期的厦门大学:民族危机中的大学认同》	厦门大学出版社	2012 年
	著《萨本栋传:民族危机中的大学校长》	厦门大学出版社	2015 年
	著《抗战烽火中的厦门大学》	河南大学出版社	2015 年
陈炳三	编著《囊萤之光:福建省第一个中共支部诞生地》	中央文献出版社	2006 年
	主编《厦门大学革命史画册:1921.4—1949.10》	中央文献出版社	2007 年
	编著《隐藏战线之星肖炳实:厦门大学历史革命人物》	中央文献出版社	2010 年
	主编《厦门大学革命史资料汇编(上下册)》	厦门大学出版社	2018 年

资料来源:刘海峰,郑冰冰:《厦门大学教育研究院 40 周年》(内部资料),厦门大学教育研究院,2018 年,第 65 页。

五、为高校及地方教育发展规划服务

教育研究院充分发挥高等教育学重点学科优势和专业智库力量,承担多项委托项目和教育发展规划任务,积极为国内高校及厦门市教育文化建设与发展服务。

1.为高校提供战略规划咨询

教育研究院教师为高校发展战略规划提供专业化服务，打造基础研究和应用研究相辅相成、学术研究和成果转化相互促进的社会服务体系。

2010 年，以潘懋元为顾问、史秋衡为主持人的课题组受江苏宿迁学院委托，为其制定学校发展规划。此外，史秋衡受宁波大学科技学院和运城职业技术学院委托，启动中期、长期社会服务项目各 1 项。2011 年，史秋衡与浙江工商职业技术学院、宁波大学科技学院等单位合作，启动短、中期社会服务项目。

近五年来，教育研究院教师为更多高校提供战略规划咨询。2017 年，潘懋元、邬大光、史秋衡、别敦荣、王洪才、郭建鹏、洪志忠等受福建、江苏、江西、陕西等地高校委托，承担高校发展规划与战略咨询项目研究，为高校的发展出谋划策。2019 年，受北京、浙江等地高校和教育管理部门委托，承担项目 16 项。2020 年，受北京、四川等地高校和教育管理部门委托，承担咨询和规划项目 13 项。这些发展规划与咨询服务具有以下特点：

一是面向国家重点区域战略发展需求。为长江经济带、长三角一体化、成渝地区双城经济圈、海南自由贸易港、新一轮东北振兴、西部大开发、粤港澳大湾区等战略核心区域高校，如江苏理工学院、贵州师范大学、重庆三峡学院、海南大学、黑龙江工程学院、渭南师范学院、中山大学等校，提供战略咨询服务，有力地促进了高校发展与国家经济社会发展的深度融合。

二是面向新时代高等教育改革发展需求。围绕高校转型发展主题，聚焦治理体系和治理能力现代化、人才培养模式改革、学科建设、高水平国际化等重要主题，为高校实现内涵式发展、可持续发展和高质量发展提供指导。

三是面向行业高校特色发展需求。聚焦行业特色高校发展需要，提供专业化的精准咨询服务。服务对象涉及师范院校、外语院校、医学院校、高职院校、民办院校等类型，如宁德师范学院、四川外国语大学、潍坊医学院、浙江工商职业技术学院、西安外事学院等。

2.为厦门市文化建设和教育发展服务

教育研究院注重理论联系实际，为地方经济文化建设服务。2007 年，受厦门市政府委托，由张亚群承担了“中华教育园的学术设计与论证”项目，主持中华教育园的内容设计和文本编写。潘懋元先生、刘海峰教授作为该项目顾问，与北京师范大学王炳照教授、华东师范大学丁钢教授、澳门大学单文经教授等专家参与了学术论证。

中华教育园作为厦门市“园博苑”的重要组成部分，于 2008 年初建成。1 月 5 日，教育研究院配合厦门市政府和厦门大学，举行了隆重的开园仪式及“中华教育传统座谈会”。作为国内第一个以教育为主题的文化园区，中华教育园生动展现了中华文化教育的历史，促进民族优秀文化传统的传播。其二期项目“名校风华园”，于 2009 年 9 月完成并开园。中华教育园面向社会开放后，受到专家学者和游客的好评，发挥了重要的社会教育功能。

2011 年，史秋衡受厦门市教育局委托，启动横向课题 2 项，服务地方教育发展。2013 年，潘懋元、别敦荣受厦门市教育局委托，深入厦门市 8 所民办高校调研，了解厦门市民办高校发展建设现状，提供政策咨询。史秋衡完成的 2 份研究报告被厦门市教育局采纳，发挥了决策咨询作用。此外，教育研究院教师受厦门市教科院委托，制定《厦门市“十三五”教育事业发展专项规划》；受厦门市思明区教育局委托制定《思明区“十三五”教育事业发展规划》，均被委托部门采纳。

六、各类教育培训

教育研究院积极利用学术研究成果，在完成全日制研究生培养任务的同时，面向全国开展教育传播和培训服务。建立培训中心，以“服务高校干部教师、服务高校改革发展”的宗旨，依托自身丰富优质的学科资源和师资力量，常年举办各种形式的专题培训，形成了以大中小学教师和管理干部培训为主的教育培训服务体系。

1.培训主题多样

教育研究院利用优势专业力量，积极开展教育培训，内容涵盖教育管理、人事管理、高考招生考试管理、教务管理、教师发展、创新创业教育、学生管理与指导、评估与质量保障、互联网教学与管理应用等。主要培养项目包括高校学科带头人和骨干培训、高校教师教学能力提升培训、高校领导干部履职能力建设专题研修与培训、高校新手教师教学技能研修与培训、翻转课堂教学改革研修与培训、高考改革专题研修与培训、高校党政管理干部专业化培训、高校党政管理干部人文素养提升培训、高校二级院系改革与学科建设研修与培训等。

在招生考试类培训中，主要内容涵盖了社会考试与考试社会、新高考改革的现状与问题、高等教育考试的挑战与对策、高考综合改革进展与难点、网络舆情管理、我国宏观经济形势分析和区块链与互联网时代社会变革、新高考改革方案的出台、新高考改革试点的进展、国际战略格局的构成要素及演变动因、中国周边安全的核心问题剖析、新高考改革现状、问题与发展趋势、中国考试史发展与变迁、高考改革进展、考试招生制度建设、管理实践经验以及国际形势研判、外国高校招考制度及其改革，新高考下的中学生职业规划等主题。

在高校管理类培训中，主要内容涵盖：院校教学管理、现代学校综合治理、院校心理学建设、现代大学制度建设、高校管理科学、大学管理中的经验与科学、研究生教育改革与发展、翻转课堂与混合金课、从理论到实践、高校的社会服务与特色发展、普及化时代高等教育的挑战及其应对、团队建设与卓越领导力提升、大数据时代的思维变革与创新、高等教育改革新阶段与高职教育内涵发展、地方院校内涵规划发展与战略规划、高校特色发展、创新推动的教学变革、新时代高等教育及本科教育改革、科研思维与项目申报技巧、学科建设理念、管理实践经验与教师发展国际化、高等职业教育主要理论、当代世界职业教育发展趋势、德国职教双元制成功奥秘与启示等研究主题。

2.培训形式灵活

教育研究院教育培训方式注重培训体验，采取了专题讲座、工作坊、分组讨论、交流座谈、实地考察等多种形式，在课程教学中融入“讨论式教学”“翻转课堂”“智慧教室”“MOOC”“微课”等先进教学技术与方法，活跃了课堂氛围，提高了培训效果，受到学员的一致好评。

3.培训受众广泛

2014 年，教育研究院共策划组织了 5 个高级研修班，学员 236 人。2015 年，为高等学校教学人员或管理人员、中小学的管理人员及教师开设培训班。2016年，共举办培训班7期，其中招生考试方面培训4期，共计培训360人次。2017年，共举办培训班9期，包括招生考试培训4期、高校管理培训3期、心理及其他教学相关培训2期，共培训440人次。2018年10月至2019年12月，共举办培训班20期，其中，考试培训类8期，高校管理类9期，其他3期；2019年共计培训965人次。2020年，共举办培训班3期，主要为高校管理培训，培训113人次。

从培训的课程范围和培训满意度而言，取得较好效果。在培训工作中，不断规范和优化组织和管理制度，加强培训需求分析，加快培训项目审批流程。培训工作提升了大中小学管理人员综合素质和教学水平，促进了中小学科研深入开展。教育培训的举办，不仅体现了教育研究院的研究特色和优势，也促进了自身的发展，受到社会更多认可。

结　语

百年院史，薪火相传。渊源于“嘉庚精神”的教育文化传统，厦门大学教育院系培育了一代又一代英才；沐浴改革开放春风的厦门大学高等教育科学研究所、教育研究院，在潘懋元先生带领下，敢为天下先，在高等教育学科建设、教育科学研究和高层次教育专门人才培养、社会服务等方面取得了辉煌成就。

2020年8月4—5日，厦门大学隆重举行了“潘懋元教授从教85周年暨新时代中国高等教育改革与发展高峰论坛”（图6-11）。作为厦门大学百年校庆系列活动之一，庆典受到了教育部、省市各级领导的高度重视。大会由厦门大学校长张荣主持，党委书记张彦致辞。福建省副省长林宝金，教育部原副部长、中国高等教育学会原会长周远清，中国高等教育学会会长、教育部原党组副书记副部长杜玉波，中国职业技术教育学会会长、教育部原副部长鲁昕，中国教育学会会长、教育部原副部长朱之文，中国高等教育学会副会长、教育部原副部长林蕙青，北京大学原校长林建华，民盟中央专职副主席徐辉，天津大学党委书记李家俊，教育部高等教育司司长、教育部直属高校工作办公室主任吴岩，福建省政府副秘书长赖碧涛，福建省教育厅副厅长刘健，厦门市副市长国桂荣，部分兄弟高校领导及专家、学者，厦门大学校领导、职能部门和学院（研究院）代表，厦门大学教育研究院全体师生及校友，共计400余人齐聚一堂，共庆潘懋元教授百岁华诞暨从教85周年。杜玉波、鲁昕、朱之文、林蕙青、吴岩、林宝金、国桂荣、李家俊先后致辞。校友代表刘华东、教师代表邬大光发言，高度评价潘懋元先生为高等教育学科建设、教育科学研究、专门人才培养和中国高等教育事业发展做出的杰出贡献，祝愿潘懋元先生学术之树常青。

图6-11　潘懋元教授从教85周年暨新时代中国高等教育改革与发展高峰论坛合影

庆祝会上播放电视片《先生》，并举行《潘懋元文集》（修订版）首发式。该套文集共9卷11册，计550余万字，收录了潘先生自20世纪50年代以来的主要论著，全面系统地反映了潘懋元教育思想发展脉络。

在高峰论坛上，围绕"新时代中国高等教育改革与发展"的主题，来自全国的20位领导、专家、学者做专题学术报告。潘懋元先生做了《新时代高等教育改革与发展：今天、明天与后天》的报告。他精辟指出："从高等教育大国向高等教育强国转变，成为我国高等教育改革与发展的必由之路。我国在成为高等教育强国之后，要坚持走世界各国共同奋斗、共同发展的人类命运共同体的道路。在新的阶段，迈向人类命运共同体的高等教育将面临新的挑战，高等教育既要培养自然人成为创新创业的专门人才，又要'培养'机器人的伦理道德思想和法律知识，使之成为智慧人。这就是高等教育发展的'后天'。"

此次庆祝大会和高峰论坛，除厦大主会场外，北京、上海、广东、辽宁、陕西等15个省市院友自发设立了线上分会场，参会人员约1200人次；更多观众在各大直播平台上收看了庆典，在线观看人数近39万人次，在国内外教育界产生热烈反响。潘懋元先生的报告《新时代高等教育改革与发展：今天、明天与后天》在《高等教育研究》发表后，被《新华文摘》2021年第2期全文转载。

回眸历史，厦门大学教育院系的演变轨迹与学科发展，折射了厦门大学百年校史的发展历程，也是新时代开展“四史教育”的生动教材。放眼未来，厦门大学教育学科面临新的发展机遇与时代挑战。在百年校庆与院庆之际，鉴史溯源，总结厦大教育院系的办学经验与发展成就，可激励来者，在厦门大学“双一流”建设中取得新的更大成就。

附录

附录 1：高教所师生获奖及学术兼职统计（1978—1999 年）

附表 1-1　高教所教学、科研成果获奖一览

年度	姓名	获奖项目名称	奖励名称及等级	授奖部门
1987	潘懋元等	高等教育学(上、下册)	福建省哲学社会科学“六·五”规划科研项目优秀奖	福建省政府
	潘懋元等	高等教育学(上、下册)	吴玉章基金教育学优秀奖	中国人民大学
	潘懋元等	马克思主义的教育理论家杨贤江	中国杨贤江基金会荣誉奖	杨贤江基金会
	潘懋元等	杨贤江教育文集	中国杨贤江基金会荣誉奖	杨贤江基金会
	罗杞秀等	心理学 150 问答	团中央优秀著作奖	团中央
1988	潘懋元等	高等教育学(上、下册)	高等学校优秀教材一等奖	国家教委
	王增炳等	陈嘉庚兴学记	福建省社科优秀专著二等奖	福建省政府
	王增炳等	王亚南治学之路	福建省社科优秀专著三等奖	福建省政府
	周川等	大学教育的两种价值观及其发展趋势	中国高教学会二等奖	中国高教学会
	徐俞	留学教育对政治、经济、文化影响的宏观分析	中国高教学会表扬奖	中国高教学会

续表

年度	姓名	获奖项目名称	奖励名称及等级	授奖部门
1989	潘懋元等	高等教育学(上、下册)	全国首届优秀教育理论著作优秀奖	教育部
	潘懋元	高等教育学讲座	全国教育科学优秀专著一等奖	教育部
	魏贻通等	高等教育管理体系	国家教育科学优秀专著二等奖	教育部
	王增炳等	以三学期制为主体内容的教学管理制度	国家教委优秀教学成果奖	国家教委
	王增炳等	以三学期制为主体内容的教学管理制度	福建省教委优秀教学一等奖	福建省教委
1990	潘懋元等	我国发展地区性高等教育的理论探讨	中国高教学会高教科研优秀论文二等奖	中国高教学会
	刘海峰	唐代教育与选举制度综论	中国高教学会高教科研优秀论文成果奖	中国高教学会
	罗杞秀	青年兴趣发展初探	福建心理学会优秀论文三等奖	福建省心理学会
	罗杞秀	大学生个性特征的初步研究	福建省心理学会优秀论文二等奖	福建省心理学会
	王增炳等	陈嘉庚教育文集	福建省高教学会优秀论文一等奖	福建省高教学会
	王增炳等	教育事业家陈嘉庚	福建省高教学会优秀论文一等奖	福建省高教学会
	刘海峰	唐代教育与选举制度	福建省高教学会优秀论文一等奖	福建省高教学会
	邬大光	关于中国高等教育地方化的理论探讨	福建省高教学会优秀论文一等奖	福建省高教学会

续表

年度	姓名	获奖项目名称	奖励名称及等级	授奖部门
1990	高教所	高等教育论文集	福建省高教学会优秀论文二等奖	福建省高教学会
	王增炳等	沿海开放城市高教概况与发展研究	福建省高教学会优秀论文三等奖	福建省高教学会
	郑冰冰	论目标在学习中的动力机制	大学学习学优秀论文奖	
1991	王伟廉等	教育科学学初探	“光明杯”全国哲学社会科学优秀学术著作三等奖	
	潘懋元	正确对待商品经济对高等教育的冲击	《光明日报》等单位评选的优秀高教论文奖	《光明日报》等
1992	刘海峰	科举学刍议	全国第四届教育考试科研讨论会优秀论文奖	
	刘海峰等	高教研究论著信息微机管理系统	交通教育科学优秀成果三等奖	
	李凌	高等教育为地方经济建设服务	上海市高等教育研究成果一等奖	上海市高教学会
1993	潘懋元	市场经济冲击与高等教育抉择	中国高教学会优秀论文一等奖	中国高教学会
	潘懋元	市场经济冲击与高等教育抉择	福建省高教学会优秀论文一等奖	福建省高教学会
	刘海峰等	高教研究论著信息微机管理系统	全国教育情报10年优秀成果一等奖	
	刘海峰	唐代教育与选举制度综论	福建高教学会优秀专著一等奖	福建省高教学会
	刘海峰	唐代教育与选举制度综论	中国高教学会优秀专著二等奖	中国高教学会

续表

年度	姓名	获奖项目名称	奖励名称及等级	授奖部门
1993	王伟廉	我国高等学校专业设置理想模式的探讨	福建省高教学会优秀论文一等奖	福建省高教学会
	李凌	高等教育为沿海地区加快发展服务的理论思考	福建省高教学会优秀论文三等奖	福建省高教学会
	王珊珊	谈高校情报资料工作的重要性及其设想	全国教育情报10年优秀成果二等奖	
	史秋衡等	大学本科教学质量管理研究	福建高教学会93年度专著二等奖	福建省高教学会
	王伟廉	建立我国高教专业设置理想模式的探讨	福建省高教学会优秀论文一等奖	福建省高教学会
1994	王伟廉	课程研究领域的探索	福建省第二届社会科学优秀成果二等奖	福建省政府
	谢作栩	《教育过程》评介	福建省第二届社会科学优秀成果二等奖	福建省政府
	林钟敏等	大学生思维心理学	福建省第二届社会科学优秀成果三等奖	福建省政府
	张祥云	论高校对教育范畴的突破及其认识意义	上海高教学会、《上海高教研究》杂志社优秀论文二等奖	上海高教学会
1995	潘懋元	社会主义市场经济与高等教育	国家教委人文社科一等奖	国家教委
	林金辉	大学生的逻辑思维及其对创造性思维发展的积极影响	1987年—1995年全国学习科学优秀研究成果二等奖	
	林金辉	加强大学生逻辑思维的培养，促进创造性思维的发展	福建省心理学会第二届优秀论文二等奖	福建省心理学会

续表

年度	姓名	获奖项目名称	奖励名称及等级	授奖部门
1995	林金辉	加强大学生逻辑思维的培养，促进创造性思维的发展	福建省自然科学优秀论文奖(1988—1994年)三等奖	福建省政府
1996	潘懋元 刘海峰 王伟廉等	学习—研究—教学实践三结合的研究生课程教学方法	福建省教学成果一等奖	福建省政府
	潘懋元	高等教育改革与市场经济	国家教委社科优秀论文二等奖	国家教委
1998	潘懋元等	高等教育的基本功能：文化选择与创造	中国高等教育学会优秀论文一等奖	中国高教学会
	刘海峰	传统文化与高校招生考试改革	中国高等教育学会优秀论文三等奖	中国高教学会
	王伟廉等	高等学校教学改革理论研究	福建省第三届社会科学优秀成果一等奖	福建省政府
	刘海峰等	福建教育史	福建省第三届社会科学优秀成果二等奖	福建省政府
	林金辉	大学生创造性的发展与教育	福建省第三届社会科学优秀成果二等奖	福建省政府
	李泽彧等	战后台湾高等教育与经济发展	福建省第三届社会科学优秀成果二等奖	福建省政府
	史秋衡等	企业家与高等教育	福建省社会科学青年佳作奖(社会学类)	福建省政府
	潘懋元	高等学校教学原理与方法	第二届社会科学优秀成果二等奖	教育部

续表

年度	姓名	获奖项目名称	奖励名称及等级	授奖部门
1999	刘海峰	科举考试的教育视角	第二届全国教育科学研究优秀成果二等奖	教育部
	王伟廉	高等学校教学改革的理论研究	第二届全国教育科学研究优秀成果二等奖	教育部
	林金辉	大学生创造性的发展与教育	第二届全国教育科学研究优秀成果二等奖	教育部

资料来源：1.厦门大学高教所编：《厦门大学等教育科学研究所建所以来大事记(1978.5—1998.6)》，内部资料，1998年，第19—28页。2.厦门大学社科处：《成果管理》，https://skc.xmu.edu.cn/，访问日期：2021年3月2日。

附表1-2 高教所部分教师获得的奖励和荣誉统计表

姓名	获奖或荣誉称号	获奖年份	授奖部门
罗杞秀	“儿童少年先进工作者”	1986年	福建省政府
王珊珊	全国教育情报战线先进个人	1990年	
潘懋元	突出贡献专家政府特殊津贴	1991年	国务院
罗杞秀	中国心理学科普积极分子	1992年	
王珊珊	全国教育信息工作优秀个人	1992年	
罗杞秀	全国家庭教育工作园丁奖	1996年	
刘海峰	突出贡献专家政府特殊津贴	1996年	国务院
刘海峰	教育部优秀青年教师资助计划	1999年	教育部

资料来源：1.厦门大学高教所编：厦门大学等教育科学研究所《建所以来大事记(1978.5—1998.6)》，厦门大学印刷厂印制，1998年，第19～28页。2.厦门大学教育研究院网站，https://ihe.xmu.edu.cn/16606/list.htm，访问日期：2021年3月2日。

附表 1-3 高教所教师兼任学术团体职务统计

<table>
<tr><th>起始时间</th><th>姓名</th><th>团体名称</th><th>职务</th></tr>
<tr><td rowspan="2">1979 年</td><td>潘懋元</td><td>中国教育学会理事会</td><td>常务理事</td></tr>
<tr><td>陈汝惠</td><td>全国教育学研究会</td><td>理事</td></tr>
<tr><td rowspan="7">1983 年</td><td>潘懋元</td><td>中国高等教育学会</td><td>常务理事</td></tr>
<tr><td>吴丽卿</td><td>中国高等教育学会</td><td>理事</td></tr>
<tr><td>潘懋元</td><td>福建省高等教育学会</td><td>副会长</td></tr>
<tr><td>陈汝惠</td><td>福建省高等教育学会</td><td>理事</td></tr>
<tr><td>刘正坤</td><td>福建省高等教育学会</td><td>理事</td></tr>
<tr><td>王增炳</td><td>福建省高等教育学会</td><td>理事兼副秘书长</td></tr>
<tr><td>吴丽卿</td><td>福建省高等教育学会</td><td>理事</td></tr>
<tr><td rowspan="7">1984 年</td><td>潘懋元</td><td>《福建高教研究》</td><td>主编</td></tr>
<tr><td>王增炳</td><td>《福建高教研究》</td><td>编委</td></tr>
<tr><td rowspan="2">潘懋元</td><td>杨贤江教育思想研究会</td><td>理事长</td></tr>
<tr><td>杨贤江基金会</td><td>主席</td></tr>
<tr><td>潘懋元</td><td>全国高等教育管理研究会</td><td>顾问</td></tr>
<tr><td>王增炳</td><td>全国高等教育管理研究会</td><td>理事</td></tr>
<tr><td>潘懋元</td><td>国务院学位委员会教育学科评审组</td><td>特邀专家</td></tr>
<tr><td rowspan="4">1985 年</td><td>潘懋元</td><td>国务院学位委员会第二届教育学、心理学学科评议组</td><td>成员</td></tr>
<tr><td>潘懋元</td><td>国务院教育学科评议组</td><td>召集人</td></tr>
<tr><td>潘懋元</td><td>全国高等教育学校师资管理研究会</td><td>顾问</td></tr>
<tr><td>罗杞秀</td><td>福建省家庭教育研究会</td><td>理事兼副秘书长</td></tr>
<tr><td rowspan="3">1986 年</td><td>陈炳三</td><td>福建省教育学研究会理事会</td><td>理事</td></tr>
<tr><td>潘懋元</td><td>全国自学考试研究委员会</td><td>主任</td></tr>
<tr><td>潘懋元</td><td>国务院学位委员会教育学科评审组</td><td>成员</td></tr>
</table>

续表

起始时间	姓名	团体名称	职务
1987 年	潘懋元	全国教育科学规划领导小组	成员兼高等教育学科规划组组长
	潘懋元	全国教育史研究会	理事
	潘懋元	福建省高等教育学会	副会长
1988 年	潘懋元	全国大学学习委员会	顾问
	林钟敏	福建省社会心理学分会	理事长
1989 年	潘懋元	全国教育科学优秀成果评选委员会	委员
1990 年	潘懋元	高等学校师资管理研究会理事会	顾问
	张夔	国际学校心理学会学术出版委员会	委员
	张夔	中国心理学会	理事
		全国学校管理心理学专业委员会	主任
	王珊珊	全国教育科学情报研究会	理事
1991 年	陈炳三	福建省教育学研究会	副会长
	林钟敏	全国社会心理学专业委员会	理事
	林金辉	全国大学学习科学研究会	理事
1992 年	潘懋元	国务院学位委员会第三届教育学评议组学科评议组	成员
	潘懋元	高等学校毕业生管理专业委员会理事会	顾问
1993 年	潘懋元	国务院学位委员会教育学科评审组	召集人
	潘懋元	中国高等教育学会	副会长
	潘懋元	福建省高等教育学会	会长
	魏贻通	福建省高等教育学会	理事
	刘海峰	福建省高校职称评审委员会教育学科组	副组长
	罗杞秀	福建省心理学理事会	副理事长
	潘懋元	全国高等教育学研究会	理事长
	王伟廉	全国高等教育学研究会	秘书长
	黄建如	全国比较教育学研究会	理事

续表

起始时间	姓名	团体名称	职务
1995年	潘懋元	全国民办高等教育委员会	高级顾问
	谢作栩	中国高教学会高教期刊研究会	常务理事
	李泽彧	中国高教学会公共关系专业委员会	常务理事
	李泽彧	福建省教育学会中青年理论工作者研究会	副理事长
	武毅英	福建省教育学会中青年理论工作者研究会	理事
1996年	刘海峰	全国教育考试暨自学考试研究委员会	委员
	刘海峰	中国教育学会教育史研究会	理事
	刘海峰	福建省自学考试指导委员会考试研究委员会	委员
	潘懋元	国家教委“面向21世纪高等学校教学内容与课程体系改革”顾问组	顾问
1997年	潘懋元	全国大学学习科学研究会第三届研究会	总顾问
	林金辉	全国发明协会高校创造教育分会委员会	委员
	史秋衡	福建省高等职业技术教育研究会	常务理事
	刘海峰	福建省高校职称评审委员会教育学科组	组长
	李泽彧	中国高等教育管理研究会理事会	理事
	刘海峰	1997年博士学位授权一级学以及博士点、硕士点通讯评议专家组	成员
1998年	潘懋元	全国高等学校教学研究会	顾问
	王伟廉	福建省高教学会	理事兼副秘书长
	谢作栩	福建省高教学会	理事
1999年	潘懋元	国家教育发展研究中心咨询委员会	委员
	潘懋元	国家教育发展研究中心专家咨询委员会	委员

资料来源：厦门大学高教所编：《厦门大学等教育科学研究所建所以来大事记(1978.5—1998.6)》，内部资料，1998年，第16～18页。

附录 2：高教所研究生学位论文统计（1981—1999 年）

附表 2-1 高教所 1981—1999 级硕士学位论文统计

姓名	年级	学位论文题目	指导教师
魏贻通	1981	论高等教育管理的性质特点	潘懋元 王增炳
陈列	1982	论高等学校教学过程的本质特点	潘懋元 吴丽卿
胡建华	1982	新技术革命与高等学校职能的变化发展	潘懋元
张国才	1982	菲、泰两国高等学校毕业生供求问题探讨	潘懋元
郝晓峰	1983	我国高教立法若干问题初探	潘懋元 吴丽卿
乔明宏	1983	社会文化观念对高等教育目标影响的一般分析	潘懋元
章达友	1983	我国高等学校学分制探讨	潘懋元
高德鸿	1985	大学课程的社会学分析	潘懋元
李文权	1985	西方青年社会化研究探析	潘懋元
张宝昆	1985	蔡元培高等教育改革实践与高等教育思想的探讨	潘懋元 刘海峰
李泽彧	1985	台湾高等教育的发展进程及其借鉴意义	潘懋元
柯佑祥	1985	日本私立高等教育的比较研究	潘懋元 杨汉清
秦国柱	1985	私人兴学与高等教育的发展	潘懋元 黄宇智
高新发	1985	高等教育专业层次培养目标	潘懋元 冷余生
周川	1985	生产力和科学技术的发展对高等学校教学改革的影响	潘懋元
曹自力	1985	泰国高等教育介评	潘懋元
徐俞	1985	人才外流的宏观分析研究——兼论我国的留学政策	潘懋元
邓存瑞	1985	印度发展高等教育的经验、教训及对我国的借鉴	潘懋元
陈国海	1986	关于高等教育评价的目的和作用的探讨	潘懋元 王增炳
林叶枫	1986	高等美育初探	潘懋元

续表

姓名	年级	学位论文题目	指导教师
刘南林	1986	深层教学理论探讨	潘懋元　张燮
林侯军	1987	性格特征与成败归因	林钟敏
林金辉	1987	大学生的逻辑思维对其创造性思维发展的影响	潘懋元　林钟敏
邱邑亮	1987	私立高等教育的国际比较	林钟敏
朱新涛	1987	民国时期私立高等教育浅探	潘懋元
刘立新	1988	对当前大学生学习心理的探讨	潘懋元　林钟敏
方跃林	1988	社会阶层化与高等教育入学机会的差异性研究	潘懋元
王晓滨	1988	实用推理图式在问题解决中的应用	潘懋元　林钟敏
朱建新	1988	练兵处奏议与清末军事学堂	潘懋元　刘海峰
刘根正	1988	论高校理论课课堂讲授中教学内容的选择与组织模式	魏贻通　林养素
滑文革	1988	论福建省高教结构的调整与改革	潘懋元　傅先庆
张振乾	1988	医学生临床实践能力培养研究	潘懋元
余小波	1988	我国成人高等教育改革发展的回顾与思考	潘懋元
薛彦华	1988	试论高等教育在文化发展中的协调作用	潘懋元
洪艺敏	1988	综合大学数学教育改革的探讨	潘懋元　王伟廉
张祥云	1989	大学问题性教学理论初探	潘懋元
陈传林	1989	高等教育综合社会效益初探	潘懋元
陈民	1989	高校教学管理制度的比较研究	潘懋元
戴小力	1989	大学生自杀心理初探	王仁欣
邓耀彩	1989	高等教育自学考试在高等教育体系中的地位和作用	潘懋元
胡振敏	1989	世界高等教育研究的历史、组织课程、文献、课题和方法	潘懋元

续表

姓名	年级	学位论文题目	指导教师
张治库	1989	大学生专业定向心理的理论研究	潘懋元　张燮
洪跃明	1990	能力的自我观念对成败的影响	林钟敏
胡四能	1990	国外高等教育为经济发展服务的历史、现实与经验	潘懋元
金维才	1990	关于“双向参与”的理论思考	潘懋元
王康平	1990	大学生品德教育机制研究	潘懋元　魏贻通
熊火金	1990	综合大学基础文科课程改革指导思想的探讨	潘懋元　王伟廉
赵叶珠	1990	建国后我国女性接受高等教育之研究	潘懋元　刘海峰
高迎春	1991	自考伸向农村的实践与理论探讨	潘懋元
钱兰英	1991	大学生社会胜任能力的价值取向及现有水平——对福建省三所主要高校学生的调查报告	林钟敏　潘懋元
王盛东	1991	大学生的专业价值观探讨	林钟敏　潘懋元
张超	1991	高等理科教育改革与发展研究	潘懋元
钟泉光	1991	大学生专业个性差异的研究	张燮　潘懋元
郑宏	1991	高等教育改革的文化分析	潘懋元
胡云	1992	中国高校招生考试制度变革的理论思考	潘懋元　刘海峰
刘喜才	1992	沿海地区乡镇企业人才开发与高等教育改革	潘懋元
樊建芳	1993	信息传播与高校教职工态度的关系——兼电话调查法的研究	张燮
傅频	1993	菲律宾私立高等教育政策、法规研究	潘懋元　张国才
沈少龙	1993	广东高校招生制度改革问题的探索	潘懋元　黄宇智
谭强	1993	高等职业教育地位与作用的探讨——兼论我国市办职业大学的发展与改革	潘懋元　王伟廉
汪家磨	1993	大学生学业成就意识的探讨	罗杞秀
叶文梓	1993	中国普通高校联合办学发展初探	潘懋元

续表

姓名	年级	学位论文题目	指导教师
郑若玲	1993	学分制研究的新视角	潘懋元
朱同琴	1993	海峡两岸学位制度比较研究	李泽彧
李均	1994	新中国高等专科教育变革的历史研究与理论探讨	刘海峰
梁燕玲	1994	高等学校辅导员制度研究	潘懋元
温红	1994	我国普通高等教育中的非智力因素问题探讨	潘懋元
许建领	1994	我国大学本科课程综合化改革的研究	王伟廉
刘志文	1995	我国高校教学过程中的师生人际关系研究	潘懋元　黄宇智
王香丽	1995	我国女性高等教育入学机会差异性的个案研究	潘懋元　赵叶珠
杨玉芝	1995	从文化视角看我国高师英语专业教学改革	潘懋元　黄宇智
张艳霞	1995	战后台湾高等教育法规建设历程探析	武毅英　李泽彧
周蕾	1995	香港高等教育政策研究	史秋衡　李泽彧
李桂红	1996	我国高校学分制改革研究	潘懋元
吕向虹	1996	我国大学教学计划修订历程及其类型分析	王伟廉
薛成龙	1996	近代中国高校招生考试研究	刘海峰
张晓琴	1996	高等教育自学考试与普通高等教育的比较研究	刘海峰
曹迎霞	1997	民办高校毕业生就业问题研究	邬大光
李峰	1997	大学生协作精神及其培养的初步研究	王伟廉
常小勇	1998	高等职业教育课程设置的初步研究	王伟廉
傅凰	1998	从可持续发展理念的角度看大学生的素质教育	潘懋元　杨广云
杨淑林	1998	大学生推理和创新思维能力与自我价值观研究	林钟敏　林金辉
张随刚	1998	民办高等教育政策研究	邬大光
彭旭	1998	高等教育自学考试与学历社会	刘海峰
段艳霞	1999	综合性高校办理教师教育的研究	潘懋元　史秋衡

续表

姓名	年级	学位论文题目	指导教师
王蔚	1999	大学生对日常行为的道德归因	林钟敏　林金辉
吴玫	1999	信息与通讯技术条件下高校教学过程变革研究	潘懋元　史秋衡
肖祖法	1999	大规模选拔性教育考试作弊问题研究	刘海峰　郑若玲
张洪亚	1999	马丁·特罗高等教育大众化理论研究	谢作栩
周蔺	1999	我国民办高校公共关系若干问题研究	李泽彧
王建华	1999	综合性高校办理教师教育的研究	邬大光

资料来源：1.厦门大学图书馆：硕博士论文数据库 https://etd.xmu.edu.cn/default.asp)，访问日期：2020 年 7 月 1 日。2.厦门大学教育研究院资料室：硕博士论文库。

附表 2-2　高教所 1986 级—1999 级博士学位论文统计

姓名	年级	论文题目	指导教师
王伟廉	1986	高等学校专业与课程改革的理论研究	潘懋元
邬大光	1987	高等学校教学改革四十年的理论研究	潘懋元
樊安群	1988	高等教育发展规模论	潘懋元
魏贻通	1988	民办高等教育立法之前期研究	潘懋元
黄福涛	1990	欧洲高等教育近代化的历史研究和理论探讨：近代法、英、德高等教育的形成与发展	潘懋元
李凌	1991	中国区域高等教育发展战略论	潘懋元
李盛兵	1991	研究生教育模式之嬗变	潘懋元
朱国仁	1992	西学东渐与中国高等教育近代化	潘懋元　刘海峰
邓耀彩	1992	高等教育自学考试的理论研究	潘懋元
秦国柱	1992	中国新大学运动——广东中心城市新办院校研究	潘懋元
张建奇	1993	我国普通高等教育中女性地位的研究	潘懋元

续表

姓名	年级	论文题目	指导教师
邱邑亮	1993	论大学校园文化及其对大学生素质的影响	潘懋元　王伟廉
张应强	1994	文化视野中的高等教育——高等教育与文化的基本关系	潘懋元
别敦荣	1994	中美大学学术管理比较研究	潘懋元
张德祥	1994	高等学校的学术权力和行政权力	潘懋元
张宝昆	1994	大规模教育考试的社会控制功能研究	潘懋元　刘海峰
何云坤	1994	科学进步与高等教育变革	潘懋元　王伟廉
周川	1994	科学的教育价值	潘懋元
高耀明	1995	高等教育通向农村研究	潘懋元
刘少雪	1995	书院改制与中国高等教育近代化	潘懋元　刘海峰
吴岩	1995	中国大学科技体制改革研究	潘懋元　王伟廉
王康平	1996	高校学费与学生资助政策研究	潘懋元
谢作栩	1996	中国高等教育大众化发展道路的研究	潘懋元　刘海峰
刘振天	1996	大学教学内容更新论	潘懋元　王伟廉
赵婷婷	1996	论大学理想与社会现实需要的矛盾	潘懋元　邬大光
张亚群	1997	科举革废与中国高等教育近代化	刘海峰
章达友	1997	MBA 教育质量控制系统研究	潘懋元
李泽彧	1997	我国高等学校办学自主权研究	潘懋元　邬大光
田建荣	1998	中国考试思想史研究	刘海峰
张彤	1998	中国高等教育改革与可持续发展	潘懋元
唐德海	1998	大学课程管理的理论与方法研究	潘懋元　王伟廉
柯佑祥	1998	民办高等教育盈利问题研究	潘懋元　邬大光
史秋衡	1998	高等教育产业的特殊性研究	潘懋元　邬大光

续表

姓名	年级	论文题目	指导教师
韩延明	1998	大学理念探析	潘懋元
刘承波	1999	信息时代高等学校教学过程的变革及其运行机制	潘懋元
赵叶珠	1999	美日中三国女子高等教育比较研究	潘懋元
胡弼成	1999	高等学校课程体系现代化研究	王伟廉
卢晓中	1999	当代世界高等教育理念及对中国的影响	潘懋元

资料来源：1.厦门大学高教所编：《厦门大学等教育科学研究所建所以来大事记(1978.5—1998.6)》，厦门大学印刷厂印制，1998 年，第 16—18 页。2.厦门大学图书馆：硕博士论文数据库 https://etd.xmu.edu.cn/default.asp，访问日期：2021 年 3 月 2 日。3.厦门大学教育研究院资料室：硕博士论文库。

附录 3：教育研究院教师获奖励荣誉及兼任学术团体职务（2000—2020 年）

附表 3-1　教师获奖励和荣誉统计

姓名	荣誉称号或奖励	获得时间
潘懋元	新浪网改革三十年教育人物候选人	2008 年
	中国校友会网 2011(第三届)中国杰出人文社会科学家	2011 年
	福建省第三届杰出人民教师	2012 年
	福建省高校领军人才资助人选	2013 年
	上海电机学院第二届“杰出贡献奖”	2013 年
	教育部“全国教书育人楷模”	2014 年
	当代教育名家	2017 年
	改革开放 40 年“教育人物 40 名”	2018 年

续表

姓名	荣誉称号或奖励	获得时间
刘海峰	福建省优秀青年社会科学工作者	2002 年
	高等学校优秀青年教师	2002 年
	新浪网 2005 年度文化人物	2005 年
	福建省闽江学者特聘教授	2006 年
	厦门大学南强奖	2007 年
	中国校友会网 2011(第三届)中国杰出人文社会科学家	2011 年
	长江学者特聘教授	2012 年
	福建省高校领军人才	2013 年
	福建省哲学社会科学领军人才	2014 年
	厦门市拔尖人才	2015 年
邬大光	教育部跨世纪人才	2000 年
	教育部优秀青年教师奖	2001 年
	福建省闽江学者特聘教授	2006 年
	新浪网改革三十年教育人物候选人	2008 年
	腾讯网中国民办教育发展 30 年之“群英谱”首位人物	2008 年
	中国校友会网 2011(第三届)中国杰出人文社会科学家	2011 年
史秋衡	厦门大学新世纪优秀人才	2005 年
	福建省第七批百千万人才工程	2006 年
	教育部新世纪优秀人才	2006 年
	国务院政府特殊津贴专家	2016 年
	福建省哲学社会科学领军人才	2016 年
	福建省优秀教师	2020 年

续表

姓名	荣誉称号或奖励	获得时间
王洪才	厦门大学新世纪优秀人才	2006 年
	福建省第六届优秀青年社科专家称号	2009 年
	教育部新世纪优秀人才	2011 年
	福建省哲学社会科学领军人才	2017 年
张亚群	福建省高等学校新世纪优秀人才	2006 年
	厦门市重点人才	2007 年
林金辉	教育部新世纪优秀人才	2006 年
	福建省哲学社会科学领军人才	2016 年
郑若玲	福建省高等学校新世纪优秀人才	2006 年
	福建省第六届优秀青年社会科学专家	2007 年
	教育部新世纪优秀人才	2011 年
	厦门市重点人才	2015 年
陈武元	福建省优秀教育工作者	2004 年
	福建省高等学校新世纪优秀人才	2007 年
	教育部社科司“高校社科科研管理先进个人”	2007 年
	福建省社会科学普及先进工作者	2015 年
	全国优秀社会科学普及工作者	2015 年
赵叶珠	第七批中央和国家机关、中央企业优秀援疆干部人才、乌鲁木齐市优秀援疆干部	2014 年
吴薇	福建省高校杰出青年科研人才	2015 年
	福建省高校新世纪优秀人才	2016 年
郭建鹏	福建省高校杰出青年科研人才培育计划	2016 年

资料来源：1.厦门大学教育研究院办公室：《历年工作总结(2008—2018)》，内部资料。2.厦门大学教育研究院，https://ihe.xmu.edu.cn/16606/list.htm，访问日期：2021 年 1 月 30 日。

附表 3-2 教师兼任全国学术团体职务统计

姓名	团体名称	职务	年份
潘懋元	中国高等教育学会第三届理事会	名誉理事长	2001 至今
	教育部"全国产学研合作教育九五试点"评估专家组	组长	2002 至今
	福建省炎黄文化研究会第三届理事会	顾问	2003 至今
	中国高等教育学会"全国产学研合作教育研究与推广中心专家指导委员会"	名誉顾问	2004 至今
	《国际教育大百科全书》学术指导委员会	委员	2004 至今
	全国高职高专协作会	名誉理事长	2005—2008
	教育部教育名词规范委员会	顾问	2006 至今
	全国高等学校教学研究会第二届理事会	顾问	2007 至今
	新世纪教学研究所专家委员会	顾问	2007—2009
	中国高等教育学会	终身名誉理事长	2010 至今
	《光明日报》教育专家委员会	委员	2014 至今
	厦门大学校友总会第 17 届理事会	荣誉理事	2015 至今
刘海峰	国家教育咨询委员会	委员	2010 至今
	国家教育考试指导委员会	委员	2012 至今
	统筹推进世界一流大学和一流学科建设专家委员会	委员	2017 至今
	国务院学位委员会教育学科评议组	成员	2003—2015
	全国教育专业学位研究生教育指导委员会	委员	2010—2019
	全国教育科学规划教育理论与教育史评审组	成员	2000 至今

续表

姓名	团体名称	职务	年份
刘海峰	全国高考内容改革专家工作委员会	委员	2018 至今
	中国高教学会学术委员会	副主任	2011—2016
	中国高教学会	常务理事	2011—2016
	中国高教学会校史研究分会学术委员会	主任	2014—2018
	中华炎黄文化研究生科举文化专业委员会主席团	主席	2010 至今
	中华炎黄文化研究生童蒙文化专业委员会	名誉会长	2016 至今
	中国教育学会教育史分会	副理事长	2008—2019
	中国教育学会教育史分会	顾问	2019 至今
	《光明日报》教育专家委员会	委员	2014 至今
	朱子学会中国书院分会	副理事长	2015 至今
邬大光	第七届国务院学位委员会学科评议组	成员	2014—2020
	第六届中国高等教育学会	副会长	2012—2017
	教育部社会科学委员会	委员	2004 至今
	中国高等教育学会学术委员会	委员	2004 至今
	中国高教学会第四届学术委员会	副主任	2017 至今
	全国高等教育研究机构协作组	组长	2008 至今
	教育部学科发展与专业设置专家委员会	委员	2010 至今
	教育部高等学校专业设置与教学指导委员会	副主任	2018 至今
	中国高等教育学会高等教育学专业委员会	顾问	2015 至今
	全国高等学校质量保障联盟	理事长	2019 至今
	全国大学生创新创业实践联盟	理事长	2017 至今

续表

姓名	团体名称	职务	年份
邬大光	第十三届福建省政府	特约督学	2017 至今
	福建省第二届高等教育评估委员会	主任	2018 至今
史秋衡	中国教育学会教育经济学分会	常务理事	2004—2019
	中国高等教育学会高教管理研究会	常务理事、副秘书长、学术委员会委员	2006—2020
	中国职业技术教育学会学术委员会	委员	2008—2020
	中国教育学会教育经济学分会教学研究会	副理事长	2008 至今
	中国高等教育学会全国高教研究机构	秘书长	2009 至今
	中国教育发展战略学会教育科研管理专业委员会	常务理事	2009 至今
	中国高等教育学会教育评估分会	副理事长	2009 至今
	中国伦理学会教育伦理学专业委员会	常务理事	2013—2017
	中国职业技术教育学会职教质量保障与评估研究委员会	副理事长	2014 至今
	教育部全国高等职业教育“校企一体化”创新联盟专家组	成员	2014 至今
	宁夏回族自治区	特聘专家	2015 至今
	教育部“国务院《普通高等学校设置暂行条例》起草工作小组”	成员	2016 至今
	《复印报刊资料·高等教育》学术编辑委员会	执行编委	2017 至今
	中国教育发展战略学会民办专业委员会	副理事长	2017 至今
	第七届全国高等学校设置评议委员会	委员	2017 至今

续表

姓名	团体名称	职务	年份
史秋衡	教育部中国教育智库联盟教育智库发展研究中心	主任	2017 至今
	教育部中国教育智库联盟顾问委员会	副主任	2017 至今
	“教育智库与教育治理 50 人圆桌论坛”	成员	2017
	首届国家职业教育指导咨询委员会	委员	2019 至今
	中华职业教育社职业教育评估指导委员会	副主任	2020 至今
别敦荣	中国教育发展战略学会高等教育专业委员会	副理事长	2017 至今
	中国高等教育学会	常务理事	2017 至今
	山东省高等教育专家咨询委员会	委员	2018 至今
	中国高等教育学会院校研究会	副理事长	2018 至今
	中国学位与研究生教育学会研究生教育专业委员会	副理事长	2018 至今
	教育部本科教学评估专家委员会	委员	2019 至今
	全国教育专业学位研究生教学指导委员会	委员	2019 至今
王洪才	中国高等教育学会高等教育学专业委员会	副理事长	2010—2020
	中国高等教育学会	理事	2015 至今
	中国高等教育学会高等教育学专业委员会	常务理事	2020 至今
刘振天	中国高等教育学会高等教育学专业委员会	副理事长	2020 至今

续表

姓名	团体名称	职务	年份
张亚群	中国教育学会教育史分会	副理事长	2019 至今
	中华炎黄文化研究会科举文化专业委员会	常务理事、副秘书长	2010 至今
	中国高等教育学会大学素质教育研究分会	理事	2010 至今
	中国高等教育学会校史研究分会	理事	2014 至今
	教育部考试中心制定《残疾人参加普通高校招生全国统一考试暂行管理办法》专家顾问组	成员	2014—2017
	新浪教育研究院	专家顾问	2019 至今
	福建省教育厅《福建省志·教育志(1990—2005)》编审组	编审专家	2019—2020
林金辉	教育部全国高等学校设置评议委员会	委员	2011—2016
	中国高等教育学会中外合作办学研究分会	理事长	2016 至今
	中国高等教育学会	常务理事	2017 至今
	教育部留学服务中心国(境)外学历学位认证专家组	成员	2017 至今
	教育部中外合作办学评议专家组	成员	2010 至今
	教育部中外合作办学评估专家组	成员	2010 至今
	吉林省高等学校设置评议委员会	成员	2018 至今
郑若玲	中国高等教育学会高等教育学专业委员会	常务理事	2010 至今
	炎黄文化研究会科举文化专业委员会	常务理事	2016 至今
	江苏省教育考试学术委员会	委员	2016—2020
	《教育与考试》	副主编	2016 至今
	中国教育学会教育史分会	理事	2019 至今

续表

姓名	团体名称	职务	年份
杨广云	中国高等教育学会高等教育学专业委员会	理事、副秘书长	2010—2015
赵叶珠	中国高等教育学会高等教育学专业委员会	理事	2010 至今
覃红霞	厦门市教育立法与政策研究基地	主任	2019 至今
	SSCI 刊物 Frontiers in Psychology	专题客座主编	2020 至今
	中国高等教育学会教师教育分会	理事	2020 至今
	中国高等教育学会高等教育学专业委员会	理事	2020 至今
连进军	中国高等教育学会期刊研究分会	理事	2014 至今
	中国教育学会比较教育分会	理事	2019 至今
	中国高等教育学会高等教育学专业委员会	理事	2020 至今

资料来源：厦门大学教育研究院办公室内部统计。

附录 4：厦门大学高等教育发展研究中心重大项目统计（2000—2020 年）

附表 4-1　厦门大学高等教育发展研究中心重大项目统计表（2000—2020 年）

序号	项目名称	负责人	立项时间	项目状态
1	21 世纪初中国高等教育体制改革研究	邬大光	2000 年 11 月	结项
2	中国高等教育大众化的理论与政策研究	潘懋元	2000 年 12 月	结项
3	高校招生考试改革研究	刘海峰	2001 年 11 月	结项
4	中国大学教学运行机制研究	王伟廉	2001 年 12 月	结项
5	知识经济与高等教育的地位、作用与改革	谢作栩	2002 年 11 月	结项

续表

序号	项目名称	负责人	立项时间	项目状态
6	高等学校内部管理的科学化与民主化研究	李泽彧	2002年11月	结项
7	高等教育质量保障体系研究	史秋衡	2005年6月	结项
8	高校素质教育与高质量创造型人才培养	林金辉	2005年6月	结项
9	高等教育大众化与终身教育体系构建	王洪才	2005年11月	结项
10	构建高校“全人”教育体系与和谐社会的发展研究	谢安邦	2005年12月	结项
11	高校毕业生就业流向对人力资源配置的作用及影响	武毅英	2006年11月	结项
12	民办高校产权、兼并、倒闭问题研究	邬大光	2006年12月	结项
13	中国与欧洲大学教师发展及高等教育保障比较研究	范怡红	2007年11月	结项
14	中国高等教育近代化研究	张亚群	2007年11月	结项
15	高等教育中外合作办学的政策走向与质量保证	林金辉	2008年11月	结项
16	高考改革与入学机会公平研究	郑若玲	2008年12月	结项
17	在终身教育体系平台上的多种教育模式研究	潘懋元	2009年12月	结项
18	自主招生与高考改革研究	刘海峰	2009年12月	结项
19	高等教育大众化与少数民族高等教育机会变化的调查研究	谢作栩	2010年12月	结项
20	大学生学习质量调查研究	史秋衡	2010年12月	结项
21	现代大学制度原理与中国大学模式探索	王洪才	2011年9月	结项
22	大学生结构性失业的教育审视与治理	武毅英	2011年9月	结项
23	有利于拔尖创新人才成长的环境建设与高等教育改革问题研究	林金辉	2012年2月	结项
24	中国近代私立大学招生考试研究	张亚群	2012年2月	结项
25	中国科举通史	刘海峰	2013年6月	结项

续表

序号	项目名称	负责人	立项时间	项目状态
26	世界一流大学多样化招生政策研究	郑若玲	2013 年 6 月	结项
27	大学教师发展的理念、内涵、方式与动力	潘懋元	2014 年 7 月	结项
28	创造性人才培养与大学教学文化研究	别敦荣	2014 年 7 月	结项
29	大学创新教学理论与实践机制构建	王洪才	2015 年 12 月	结项
30	大学内部质量保障体系建设研究	邬大光	2015 年 12 月	结项
31	高等教育中外合作办学提质增效问题研究	林金辉	2016 年 11 月	在研
32	高考制度改革研究	刘海峰	2016 年 11 月	在研
33	我国高等教育内涵发展和质量建设的理论与实践研究	别敦荣	2017 年 10 月	在研
34	高等学校分类设置与质量提升研究	史秋衡	2018 年 7 月	在研
35	中国特色的大学内部治理结构与质量保障机制建设研究	王洪才	2018 年 7 月	在研

资料来源：厦门大学高等教育发展研究中心：科研项目，https://che.xmu.edu.cn/index.htm，访问日期：2021 年 1 月 30 日。

附录 5：教育研究院博硕士学位论文获奖统计（2000—2020 年）

附表 5-1　教育研究院博硕士学位论文获奖统计表(2000—2020 年)

序号	年度	奖项	姓名	导师	学位论文题目
1	2003	全国优秀博士学位论文提名	谢作栩	潘懋元 刘海峰	中国高等教育大众化发展道路的研究
2	2004	中国高教学会优秀博士学位论文	谢作栩	潘懋元 刘海峰	中国高等教育大众化发展道路的研究
3	2004	福建省优秀博士学位论文	田建荣	刘海峰	中国考试思想史研究

续表

序号	年度	奖项	姓名	导师	学位论文题目
4	2004	中国高教学会优秀博士学位论文	田建荣	刘海峰	中国考试思想史研究
5	2006	福建省优秀博士学位论文一等奖	李兵	刘海峰	书院与科举关系研究
6	2006	中国高教学会优秀博士学位论文	李兵	刘海峰	书院与科举关系研究
7	2006	中国高教学会优秀博士学位论文	李均	潘懋元 刘海峰	中国高等教育研究史
8	2006	中国高教学会优秀博士学位论文	王建华	邬大光	第三部门视野中的现代大学制度
9	2006	中国高教学会优秀博士学位论文	胡赤弟	邬大光	教育产权与大学制度构建的相关性研究
10	2007	福建省优秀博士学位论文一等奖	胡赤弟	邬大光	教育产权与大学制度构建的相关性研究
11	2007	全国百篇优秀博士学位论文奖	胡赤弟	邬大光	教育产权与大学制度构建的相关性研究
12	2007	中国高教学会优秀博士学位论文	李立峰	刘海峰	我国高校招生考试中的区域公平问题研究
13	2007	中国高教学会优秀博士学位论文	林莉	邬大光	中国高校贷款问题研究
14	2007	福建省优秀博士学位论文一等奖	王建华	邬大光	第三部门视野中的现代大学制度
15	2008	中国高教学会优秀博士学位论文	卢彩晨	邬大光	中国民办高校倒闭问题研究
16	2009	福建省优秀博士学位论文二等奖	林莉	邬大光	中国高校贷款问题研究

续表

序号	年度	奖项	姓名	导师	学位论文题目
17	2009	中国高教学会优秀博士学位论文	刘小强	潘懋元	学科建设：元视角的考察——关于高等教育学科建设的反思
18	2010	中国高教学会优秀博士学位论文	吴薇	谢作栩	中荷研究型大学教师信念比较研究——基于厦门大学与莱顿大学的调查
19	2010	福建省优秀博士学位论文二等奖	周国平	谢作栩	社会资本与民办高校资源整合研究
20	2011	福建省优秀博士学位论文三等奖	董立平	潘懋元	高等教育管理的价值问题研究
21	2011	中国高教学会优秀博士学位论文	谭敏	谢作栩	我国少数民族子女高等教育入学机会研究——基于家庭背景的分析
22	2012	福建省优秀博士学位论文一等奖	李国强	邬大光	我国高校贷款效益分析——基于高校办学条件标准的视角
23	2012	全国百篇优秀博士学位论文提名奖	李国强	邬大光	我国高校贷款效益分析——基于高校办学条件标准的视角
24	2013	福建省优秀博士学位论文一等奖	刘希伟	刘海峰	中国历史上的“高考移民”：清代科举冒籍研究
25	2013	全国百篇优秀博士学位论文奖	刘希伟	刘海峰	中国历史上的“高考移民”：清代科举冒籍研究
26	2013	中国高教学会优秀博士学位论文奖	杨院	史秋衡	我国大学生学习方式研究——基于学习观与课堂学习环境的探讨
27	2013	台湾“思源人文社会科学博士论文奖”心理与教育学门首奖	虞宁宁	张亚群	中国近代教会大学招生考试研究

续表

序号	年度	奖项	姓名	导师	学位论文题目
28	2014	中国高教学会优秀博士学位论文奖	吴凡	邬大光	我国研究型大学本科人才培养质量研究——基于“985工程”高校大学生学习经验调查
29	2015	福建省优秀博士学位论文奖	包水梅	王洪才	我国高校学术型博士研究生课程建设研究
30	2015	福建省优秀博士学位论文奖	李玲玲	史秋衡	高校协同创新绩效评价研究
31	2015	福建省优秀硕士学位论文奖	陈春梅	吴薇	大学和高中英语教师“学生自主学习信念”比较研究——基于厦门大学和厦门外国语学校的调查
32	2015	福建省优秀硕士学位论文奖	易梦春	别敦荣	我国高等教育生源供给与需求关系研究——基于人口学的视角
33	2015	福建省优秀硕士学位论文奖	江利	王洪才	高校学生评教有效性研究——以X大学为例
34	2015	福建省优秀硕士学位论文奖	陈晓龙	武毅英	不同类型院校毕业生就业问题的教育审视与治理——基于大样本和个案调查的数据对比与分析
35	2015	福建省优秀硕士学位论文奖	李颖	徐岚	台湾地区大学教师发展研究——以台湾师范大学为例
36	2015	学位与研究生教育学会优秀博士学位论文奖	包水梅	王洪才	我国高校学术型博士研究生课程建设研究
37	2015	中国高教学会优秀博士学位论文奖	张晓报	邬大光	美国研究型大学跨学科人才培养模式研究

续表

序号	年度	奖项	姓名	导师	学位论文题目
38	2016	中国教育学会教育史分会优秀博士学位论文	程伟	刘海峰	清代河南乡试研究
39	2016	中国高教学会优秀博士学位论文奖	陈涛	邬大光	大学公私界限模糊现象探究
40	2016	福建省优秀硕士学位论文奖	康敏	史秋衡	我国高校分类核心指标的实证研究
41	2016	福建省优秀硕士学位论文奖	谢琼	武毅英	人力资本视域下研究型大学毕业生起薪现状研究——以某985高校为个案
42	2016	福建省优秀硕士学位论文奖	朱乐平	吴薇	澳大利亚不同类型大学的教师发展机构建设研究
43	2017	福建省优秀博士学位论文奖	陈斌	潘懋元	大学教师发展理念与内涵研究
44	2017	福建省优秀硕士学位论文奖	刘庆龙	周序	一名中学教师与应试教育的冲突与和解
45	2018	第二届教育实证研究优秀成果奖	万圆	郑若玲	美国精英高校录取决策机制研究——多重逻辑作用模型的建构
46	2018	福建省优秀博士学位论文	万圆	郑若玲	美国精英高校录取决策机制研究——多重逻辑作用模型的建构
47	2018	福建省优秀硕士学位论文奖	柯安琪	史秋衡	金砖国家高等学校设置标准研究
48	2018	“中国高等教育学会学术创新计划——高等教育学博士学位论文文库”入库论文	万圆	郑若玲	美国精英高校录取决策机制研究——多重逻辑作用模型的建构

续表

序号	年度	奖项	姓名	导师	学位论文题目
49	2019	第三届教育实证研究优秀成果奖	吕慈仙	刘海峰	异地高考政策认同对随迁子女教育期望的影响及作用机制研究
50	2019	福建省优秀博士学位论文	滕曼曼	邬大光	中国大学本科毕业率问题研究——基于质量的视角
51	2019	"高等教育学博士学位论文文库"入库论文	滕曼曼	邬大光	中国大学本科毕业率问题研究——基于质量的视角
52	2020	全国第四届教育实证研究优秀成果奖	刘红垒	武毅英	大众化背景下高等教育个人回报问题研究
53	2020	"高等教育学博士学位论文文库"入库论文	王兴宇	邬大光	我国高校毕业生就业与专业相关性研究

资料来源:(1)刘海峰,郑冰冰:《厦门大学教育研究院40周年》(内部资料),厦门大学教育研究院,2018年,第39—40页;(2)教育研究院内部数据统计。

附录6:教育研究院(高教所)教师出版著作统计(2000—2020年)

附表6-1 教育研究院(高教所)教师出版著作统计表(2000—2020年)

作者(含编译者)	著作名称	出版社	时间
潘懋元	潘懋元论高等教育	福建教育出版社	2000年
王伟廉 杨广云	潘懋元与中国高等教育科学	中国华侨出版社	2000年
李泽彧 史秋衡等	港澳台高等教育法规与政策研究	厦门大学出版社	2000年
史秋衡	赛伯化学堂:网络与教育	厦门大学出版社	2000年
刘海峰	高等教育自学考试比较研究	福建教育出版社	2001年
谢作栩	中国高等教育大众化发展道路的研究	福建教育出版社	2001年

续表

作者(含编译者)	著作名称	出版社	时间
王伟廉	高等教育学	福建教育出版社	2001年
潘懋元	多学科的高等教育研究	上海教育出版社	2001年
刘海峰等	中国考试发展史	华中师范大学出版社	2002年
史秋衡	高等教育产业的特殊性研究	厦门大学出版社	2002年
潘懋元　邬大光　张亚群	中国高等教育百年	广东高等教育出版社	2003年
张彤	中国高等教育改革与可持续发展	厦门大学出版社	2003年
刘海峰　谢作栩	公平与效率:21世纪高等教育的改革与发展	福建教育出版社	2003年
刘海峰　李兵	学优则仕:教育与科举	长春出版社	2004年
邬大光　赵婷婷	中国高等教育大众化问题研究	高等教育出版社	2004年
潘懋元　邬大光　杨广云	高等教育大众化的理论与政策	福建教育出版社	2004年
陈武元	萨本栋博士百年诞辰纪念文集	厦门大学出版社	2004年
刘海峰　李兵	中国科举史	东方出版中心	2004年
王洪才	大众高等教育论:高等教育大众化的文化——个性向度研究	广东教育出版社	2004年
潘懋元　林金辉　赵叶珠	传承与变革	厦门大学出版社	2004年
刘海峰	科举制与科举学	贵州教育出版社	2004年
潘懋元等	中国高等教育发展的宁波模式:博士论文篇	浙江人民出版社	2004年
潘懋元	高等教育:历史、现实与未来	人民教育出版社	2004年
史秋衡等	高等教育评估	贵州教育出版社	2004年
邬大光等	危机与转机:WTO视野中的中国高等教育	厦门大学出版社	2004年

续表

作者（含编译者）	著作名称	出版社	时间
张亚群	科举革废与近代中国高等教育的转型	华中师范大学出版社	2005年
潘懋元等	马克思主义教育理论家杨贤江	光明日报出版社	2005年
刘海峰	科举学导论	华中师范大学出版社	2005年
李泽彧等	我国巨型大学的管理与组织模式研究	厦门大学出版社	2005年
连进军	马来西亚与菲律宾高等教育比较研究	福建人民出版社	2005年
潘懋元	中国当代教育家文存:潘懋元卷	华东师范大学出版社	2006年
天野郁夫著，陈武元译	高等教育的日本模式	教育科学出版社	2006年
黄建如	英文教育经典著作选读	机械工业出版社	2006年
李泽彧	新编素质教育概论	厦门大学出版社	2006年
史秋衡 刘文华等	我国民办高校评估指标体系研究	陕西人民教育出版社	2006年
范怡红	Assuring University Learning Quality: Cross-Boundary Collaboration	Tapir Academic Press, Norway	2006年
范怡红译	未来高等教育:终生学习与虚拟空间	中国海洋大学出版社	2006年
刘海峰　张亚群	科举制的终结与科举学的兴起	华中师范大学出版社	2006年
刘海峰等	科举百年祭	湖北人民出版社	2006年
范怡红译	成功大学的管理之道	北京大学出版社	2006年
武毅英	高校毕业生就业问题的教育学审视	厦门大学出版社	2006年
郑若玲	科举、高考与社会之关系研究	华中师范大学出版社	2007年
乔连全	基于问题解决的数学教学研究	厦门大学出版社	2007年
谢作栩　乔连全	高等教育与社会发展	厦门大学出版社	2007年

续表

作者（含编译者）	著作名称	出版社	时间
帕克·罗斯曼著，范怡红译	未来的研究：解决全球危机任重而道远	中国海洋大学出版社	2007年
帕克·罗斯曼著，范怡红译	未来的教与学：构建全球终生学习体系	中国海洋大学出版社	2007年
林金辉	高等学校创造教育的理论研究	厦门大学出版社	2007年
潘懋元　范怡红　朱宇	key to university quality assurance: faculty/staff development in the global context	FuJian Education Press	2007年
刘海峰	高考改革的理性思考	华中师范大学出版社	2007年
覃红霞	高校招生考试法治研究	华中师范大学出版社	2007年
李泽彧	新课程背景下的教学策略	厦门大学出版社	2007年
赵叶珠	美日中三国女子高等教育比较研究	厦门大学出版社	2007年
潘懋元	现代高等教育思想的演变——从20世纪至21世纪初期	广东高等教育出版社	2008年
武毅英	高等教育经济学导论	广东高等教育出版社	2008年
黄建如	比较高等教育：国际高等教育体系变革比较研究	社会科学文献出版社	2008年
王璞	文化战争中的美国大学	北京师范大学出版社	2008年
王洪才	终身教育体系的建构：全国小康社会的呼唤与回应	厦门大学出版社	2008年
潘懋元　王洪才	高等教育研究方法	高等教育出版社	2008年
陈兴德	二十世纪科举观之变迁	华中师范大学出版社	2008年
刘海峰　李兵	学优则仕：教育与科举	长春出版社	2008年
刘海峰	高等教育历史与理论研究	中国海洋大学出版社	2009年
王洪才	大学校长：使命、角色、选拔	上海交通大学出版社	2009年
邬大光	变革中的高等教育理论研究	中国海洋大学出版社	2009年

续表

作者（含编译者）	著作名称	出版社	时间
林金辉等	海西青年创业教育和创业环境研究	厦门大学出版社	2009 年
潘懋元等	新编高等教育学	北京师范大学出版社	2009 年
范怡红译	发展中国家的高等教育：环境变迁与大学的回应	北京大学出版社	2009 年
刘海峰等	高校招生考试制度改革研究	经济科学出版社	2009 年
潘懋元　史秋衡等	大学教育质量的理论与实践研究	广东高等教育出版社	2009 年
刘海峰	二十世纪科举研究论文选编	武汉大学出版社	2009 年
武毅英	转型期的大学生就业问题与对策	广东高等教育出版社	2009 年
刘海峰　郑若玲	科举学的形成与发展	华中师范大学出版社	2009 年
林金辉　刘志平	高等教育中外合作办学研究	广东高等教育出版社	2010 年
朱宇	广告的语言资源与语文素养课程	天津教育出版社	2010 年
黄建如	知识社会中的大学	北京大学出版社	2010 年
刘海峰等	高等教育史	高等教育出版社	2010 年
刘海峰	中国科举文化	辽宁教育出版	2010 年
潘懋元 史秋衡主编	中国高等教育评论(第 1—6 卷)	教育科学出版社	2010—2016
潘懋元 史秋衡主编	中国高等教育评论(第 7—10 卷)	科学出版社	2017—2018
王洪才主编	中国高等教育评论(第 11—13 卷)	厦门大学出版社	2019—2020
潘懋元	潘懋元文集(八卷本)	广东高等教育出版社	2010 年
林金辉	潘懋元高等教育思想	广东高等教育出版社	2010 年
潘懋元主编	应用型人才培养的理论与实践	厦门大学出版社	2011 年
王洪才	心灵的解放与重塑：个性哲学的终身教育论	教育科学出版社	2011 年

续表

作者(含编译者)	著作名称	出版社	时间
潘懋元主编,郑宏执笔	南方之强:厦门大学文化研究	高等教育出版社	2011年
黄建如	发达国家高等教育体系变革比较研究	广东高等教育出版社	2011年
郑若玲等	苦旅何以得纾解:高考改革困境与突破	江苏教育出版社	2011年
史秋衡 陈蕾	中国特色高等教育质量评估体系的范式研究	广东高等教育出版社	2011年
林金辉	中外合作办学教育学	厦门大学出版社	2011年
王璞	20世纪美国教育史中的哲学冲突	安徽教育出版社	2011年
武毅英	高校毕业生就业流向度人力资源配置的作用与影响——以部委属院校为例	厦门大学出版社	2012年
张亚群	自强不息 止于至善:厦门大学校长林文庆	山东教育出版社	2012年
刘海峰	刘海峰演讲录	华中师范大学出版社	2012年
张亚群	高校自主招生与高考改革	中国社会科学出版社	2012年
潘懋元 陈兴德	中国高等教育自主发展路径研究——学术理念、学术语言与学术评价的视角	高等教育出版社	2012年
史秋衡等	高等教育大众化阶段质量保障与评价体系研究	广东高等教育出版社	2012年
吴薇	中荷研究型大学教师信念比较研究	广东高等教育出版社	2012年
刘海峰	高考改革论	浙江教育出版社	2013年
刘海峰	科举学的拓展与深化	华中师范大学出版社	2013年
别敦荣	现代大学及其图新:纽曼遗产在英国和美国的命运	北京大学出版社	2013年

续表

作者（含编译者）	著作名称	出版社	时间
林金辉主编	中外合作办学：政策、管理与质量保障	厦门大学出版社	2013 年
林金辉　傅国华	中外合作办学与高水平大学建设	厦门大学出版社	2013 年
郑若玲	高考思辨	经济科学出版社	2013 年
范怡红	中国与欧洲大学教师发展比较研究——基于多维学术的视角	西南交通大学出版社	2013 年
王洪才	中国大学模式探索：中国特色的现代大学制度建构	教育科学出版社	2013 年
张亚群　车如山等	中国研究生招生考试改革研究	广东高等教育出版社	2013 年
潘懋元	理论自觉与实践建构：高等教育的历史、现实与未来	北京师范大学出版社	2014 年
刘海峰	学术之美：海峰随笔	厦门大学出版社	2014 年
刘海峰	鉴古知今的教育史研究：第六届“两岸四地”教育史论坛论文集	厦门大学出版社	2014 年
王洪才	中国大学模式探索	教育科学出版社	2014 年
林金辉	中外合作办学质量工程系列丛书	厦门大学出版社	2014 年
林金辉　连进军等	中外合作办学质量建设研究	厦门大学出版社	2014 年
陈武元	日本高等教育改革：现实与课题	厦门大学出版社	2014 年
潘懋元　刘丽建等	潘懋元高等教育论述精要	福建教育出版社	2015 年
潘懋元	潘懋元文选	荷兰博睿出版社	2016 年
潘懋元　车如山	做强地方本科院校的理论与实践研究	高等教育出版社	2015 年
刘海峰　李兵	科举学的提升与推进	华中师范大学出版社	2015 年
史秋衡　汪雅霜	大学生学习情况调查研究	教育科学出版社	2015 年
张亚群	中国近代大学通识教育与创新人才培养	福建教育出版社	2015 年

续表

作者（含编译者）	著作名称	出版社	时间
林金辉　鄢晓等	中外合作办学与国际化人才培养	厦门大学出版社	2015 年
武毅英	高校毕业生就业流动与社会分层	厦门大学出版社	2015 年
文静	大学生学习满意度研究	教育科学出版社	2015 年
潘懋元　陈兴德	中国高等教育自主发展路径研究	高等教育出版社	2016 年
潘懋元　史秋衡	中国高等教育评论	教育科学出版社	2016 年
刘海峰	考试历史的现实观照：融会古今的教育研究	北京师范大学出版社	2016 年
刘海峰	高考改革的理论与历史	华中师范大学出版社	2016 年
刘海峰　欧七斤	中国大学校史研究的回顾与前瞻	厦门大学出版社	2016 年
刘海峰　胡宏伟	科举学的历史价值与现实意义	华中师范大学出版社	2016 年
刘海峰　郑若玲	科举学的系统化与国际化	华中师范大学出版社	2016 年
邬大光	中国高等教育质量报告(2014 年度)	教育科学出版社	2016 年
史秋衡	国家高校分类体系及其设置标准实证研究	科学出版社	2016 年
别敦荣等	世界一流大学教育理念	厦门大学出版社	2016 年
林金辉　刘梦今等	高素质创新人才培养模式研究	厦门大学出版社	2016 年
林金辉	中外合作办学发展报告(2010—2015)	厦门大学出版社	2016 年
潘懋元　李国强	现代终身教育理论与中国教育发展	高等教育出版社	2017 年
潘懋元	大学的沉思	商务印书馆	2017 年
刘海峰	高考制度变革综论	浙江教育出版社	2017 年
王洪才　莫玉婉	应用型研究生培养模式探索——关于研究生教学改革的行动研究叙事	厦门大学出版社	2017 年
王洪才	美国研究生教育风格与借鉴：一位高等教育学者留美访学札记	厦门大学出版社	2017 年

续表

作者（含编译者）	著作名称	出版社	时间
张亚群	中国教育活动通史(第三卷隋唐五代)	山东教育出版社	2017 年
林金辉	中外合作办学：提质增效、服务大局、增强能力	厦门大学出版社	2017 年
覃红霞	大学与政府之间的法律关系研究	厦门大学出版社	2017 年
周序	应试主义	厦门大学出版社	2017 年
周序　王卉	高考改革与基础教育变革	浙江教育出版社	2017 年
刘海峰	The Examination Culture in Imperial China	Paths International Ltd.	2018 年
刘海峰　李兵	科举学的继承与创新	华中师范大学出版社	2018 年
史秋衡　王芳	国家大学生学习质量提升路径研究	厦门大学出版社	2018 年
别敦荣	大学教学原理与方法	中国海洋大学出版社	2018 年
别敦荣	现代大学制度：原理与实践	中国海洋大学出版社	2018 年
王洪才	大学创新教学理论与实践	科学出版社	2018 年
张亚群	教育史研究与评论(第五辑)	人民教育出版社	2018 年
林金辉　廖菁菁	中外合作办学与高等教育改革	厦门大学出版社	2018 年
郑若玲等	国外高校招考制度研究	浙江教育出版社	2018 年
郑若玲等	中国教育改革 40 年：高考改革卷	科学出版社	2018 年
覃红霞　陶涛	厦门大学研究生教育发展史	厦门大学出版社	2018 年
覃红霞	高考法律问题研究	浙江教育出版社	2018 年
郭建鹏	翻转课堂与高校教学创新	厦门大学出版社	2018 年
别敦荣	大学战略规划：理论与实践	中国海洋大学出版社	2019 年
陈武元	私立高等教育研究：理论与政策	厦门大学出版社	2019 年
林金辉，刘梦今等	新时代的中外合作办学	厦门大学出版社	2019 年

续表

作者（含编译者）	著作名称	出版社	时间
潘懋元口述 郑宏整理	实践—理论—应用:潘懋元口述史	厦门大学出版社	2019 年
史秋衡　康敏	高等学校分类体系及其设置标准研究	经济科学出版社	2019 年
史秋衡	高等学校分类发展与质量卓越机制研究	厦门大学出版社	2019 年
王洪才	教育研究方法论与高等教育学建构	光明日报出版社	2019 年
吴薇	欧洲大学教师发展组织建设研究	厦门大学出版社	2019 年
徐岚	大学教师的学术责任:流沙之上的朝圣之路	厦门大学出版社	2019 年
史秋衡	国家大学生学情发展研究	厦门大学出版社	2020 年
王洪才	研究型教学:教学共同体构建	厦门大学出版社	2020 年

资料来源:厦门大学教育研究院:《重要著作》,https://ihe.xmu.edu.cn/,访问日期:2021 年 1 月 30 日。厦门大学教育研究院办公室内部统计资料。

附录 7：教育研究院（高教所）获省部级以上课题统计（2000—2020 年）

附表 7-1　教育研究院(高教所)获部级以上课题统计(71 项)

主持人	项目类别	项目名称	起止时间
刘海峰	教育部哲学社会科学重大课题攻关项目	高校招生考试制度改革的理论与实践研究	2003—2007
邬大光	教育部哲学社会科学重大课题攻关项目	我国本科人才培养质量研究	2010—2013
史秋衡	教育部哲学社会科学重大课题攻关项目	高等学校分类体系及其设置标准研究	2014—2017

续表

主持人	项目类别	项目名称	起止时间
郑若玲	教育部哲学社会科学重大课题攻关项目	高考综合改革试点完善措施研究	2018—2021
史秋衡	国家社科基金重大项目	构建服务全民终身学习的教育体系研究	2020—2023
潘懋元	国家社科基金重点项目	中国高等教育大众化的结构与体系研究	2002—2005
谢作栩	国家社科基金重点项目	高等教育大众化与缩小社会阶层高等教育差异的研究	2003—2006
邬大光	国家社科基金重点项目	中国现阶段高等教育大众化过程中的重大问题与对策研究	2005—2008
史秋衡	国家社科基金重点项目	高等教育大众化阶段质量保障与评价体系研究	2006—2009
潘懋元	国家社科基金重点项目	高等教育应用型创新人才培养研究	2008—2011
林金辉	国家社科基金重点项目	高素质创新人才培养模式研究	2010—2013
史秋衡	国家社科基金重点项目	大学生学习情况调查研究	2010—2013
刘海峰	国家社科基金重点项目	高校招生制度改革研究	2011—2014
邬大光	国家社科基金重点委托项目	高等教育人才培养模式的国际比较研究	2016—2019
邬大光	国家社科基金重点项目	中国特色、世界水平的一流本科教育建设标准与建设机制研究	2019—2022
邬大光	国家社科基金一般项目	民办高校产权理论与政策研究	2002—2005
王伟廉	国家社科基金一般项目	中国高等学校学科划分与设置研究	2002—2005
李泽彧	国家社科基金一般项目	我国巨型大学的管理与组织模式研究	2002—2005

续表

主持人	项目类别	项目名称	起止时间
陈武元	国家社科基金一般项目	建设世界一流大学和高水平大学的途径与模式研究	2003—2006
刘海峰	国家社科基金一般项目	科举学研究	2007—2010
谢作栩	国家社科基金一般项目	中国高等教育对社会阶层代际流动的影响研究	2009—2012
张亚群	国家社科基金一般项目	中国近代大学通识教育与创新人才培养	2010—2013
武毅英	国家社科基金一般项目	高校毕业生就业流动的社会分层案例研究	2011—2014
覃红霞	国家社科基金一般项目	中美大学管理中的法律问题比较研究	2013—2016
别敦荣	国家社科基金一般项目	现代大学制度研究——历史与现实的反思	2013—2016
吴薇	国家社科基金一般项目	大学生参与高校教师发展的理论与实践研究	2020—2023
郑若玲	国家社科基金青年项目	高考录取制度与社会公平的关系研究	2013—2016
吴　薇	国家社科基金青年项目	欧洲大学教师发展制度历史与现状研究	2014—2017
郭建鹏	国家社科基金青年项目	翻转课堂学习机制及在高校教学中的有效性研究	2015—2018
徐　岚	国家社科基金青年项目	师生关系视角下我国研究型大学博士生培养质量研究	2015—2018
文静	国家自然科学基金青年项目	高校学生发展的互动模型及促进机制研究	2019—2021
王洪才	国家自然科学基金面上项目	大学生创新创业能力评价体系与结构模型研究	2020—2023

续表

主持人	项目类别	项目名称	起止时间
林金辉	教育部社科司一般项目	中国大陆与香港地区高等教育合作办学机制研究	2007—2010
杨广云	教育部社科司一般项目	转型期俄罗斯高等教育制度改革研究	2007—2010
陈武元	教育部社科司一般项目	中国大学人文社会科学科研组织模式创新研究——以教育部人文社会科学重点研究基地为例	2009—2012
覃红霞	教育部社科司青年项目	大学与政府关系的法律调整	2008—2011
陈兴德	教育部社科司青年项目	中国高等教育现代性的反思与重构	2009—2012
王璞	教育部社科司青年项目	保守政治时代的美国大学发展史研究	2009—2012
吴薇	教育部社科司青年项目	中国与欧洲研究型大学教师信念比较研究	2010—2013
徐岚	教育部社科司青年项目	中国高校教师的学术责任建构与学术道德建设	2010—2013
乔连全	教育部社科司青年项目	我国研究型大学本科生科研的现状、问题和对策	2010—2013
林敏	教育部社科司青年项目	汉语阅读障碍儿童形—音捆绑机制研究	2012—2015
乔连全	教育部社科司规划基金项目	我国高校课程与教学改革七十年:经验、问题与对策	2017—2020
陈斌	教育部社科司青年项目	美国一流大学教师教学发展及其促进机制研究	2019—2022
潘懋元	教育部普及读物项目	现代终身教育理论与中国教育发展	2013—2014

续表

主持人	项目类别	项目名称	起止时间
刘海峰	教育部普及读物项目	正说科举	2013—2014
邬大光	教育部普及读物项目	大学的常识	2014—2015
邬大光	教育部专项任务项目	国外高校人文社会科学发展报告——教育学部分	2008
邬大光	教育部专项任务项目	国外高校人文社会科学发展报告 2009 子课题教育学	2009
邬大光	教育部专项任务项目	高等学校本科专业设置现状研究	2009
邬大光	教育部专项任务项目	《国外高校人文社会科学发展报告 2011》子课题	2010
刘海峰	教育部专项任务项目	学习贯彻党的十八大精神理论研究课题	2012—2013
邬大光	教育部专项任务项目	学习贯彻党的十八大精神理论研究课题	2012—2013
邬大光	教育部专项任务项目	习近平总书记关于高等教育的重要论述研究	2018—2018
别敦荣	教育部专项任务项目	习近平总书记关于中国特色世界一流大学建设的重要论述研究	2018—2018
邬大光	教育部应急项目	高校贷款效益分析与价值评估	2008
邬大光	教育部应急项目	加快我国高等教育强国建设研究	2008
邬大光	教育部发展报告项目	中国高等教育发展报告	2013—2016
史秋衡	全国教育科学规划教育部重点项目	市场资讯不对称性与高等教育政策的行动框架	2002—2005
林金辉	全国教育科学规划教育部重点项目	大学生创新能力发展的保障体系及其运行机制研究	2002—2005

续表

主持人	项目类别	项目名称	起止时间
武毅英	全国教育科学规划教育部重点项目	高校毕业生就业问题的教育学审视	2003—2006
张亚群	全国教育科学规划教育部重点项目	科举革废与近代中国高等教育的转型	2003—2006
林金辉	全国教育科学规划教育部重点项目	高等教育中外合作办学发展战略与人才培养模式研究	2007—2010
张彤	全国教育科学规划教育部重点项目	民办教育教师人力资源的可持续发展研究	2010—2013
吴薇	全国教育科学规划教育部重点项目	我国不同类型高校教师信念比较研究	2010—2013
赵叶珠	全国教育科学规划教育部重点项目	欧洲新学位制度下学生学术能力标准研究:基于欧洲教育结构调整计划的分析	2011—2014
郭建鹏	全国教育科学规划教育部重点项目	数学问题情境创设有效性研究	2011—2014
连进军	全国教育科学规划教育部青年项目	美国社区学院的发展及对中国高等教育改革的启示	2008—2010
王璞	全国教育科学规划教育部青年项目	美国现代大学制度的形成和发展研究	2013—2016
文　静	全国教育科学规划教育部青年项目	我国大学生学习满意度提升路径的实证研究	2014—2017
洪志忠	全国教育科学规划教育部青年项目	高校基层教研室组织重建与发展研究	2015—2018

资料来源:厦门大学教育研究院:《重大课题》,https://ihe.xmu.edu.cn/16610/list.htm,访问日期:2021 年 1 月 30 日。厦门大学教育研究院办公室内部统计资料。

附表 7-2　教育研究院(高教所)获省级课题统计表(49 项)

主持人	项目类别	项目名称	起止时间
谢作栩	福建社科"十五"规划项目	中国高等教育大众化的政策研究	2001—2002
李泽彧	福建社科"十五"规划项目	我省高校校院管理体制的两头调研和发展走向研究	2001—2002
邬大光	福建社科"十五"规划项目	福建省人才战略定位研究	2001—2002
史秋衡	福建社科"十五"规划项目	福建省人才结构调整的思路和对策	2001—2002
武毅英	福建社科"十五"规划项目	女大学生的自主择业与创业	2001—2002
郑若玲	福建社科"十五"规划项目	福建现代远程教育发展途径研究	2001—2002
武毅英	福建省社科规划特别委托项目	福建省人才战略定位研究	2002—2003
张亚群	福建社科"十五"规划项目	废科举对中国高等教育近代化的影响研究	2003—2004
陈武元	福建社科"十五"规划项目	我省终身教育体系与学习型社会的构建研究	2003—2004
谢作栩	福建社科"十五"规划项目	高等教育规模发展与缩小社会阶层高等教育差异研究	2003—2004
武毅英	福建社科"十五"规划项目	福建省高教投资体制改革模式研究	2003—2004
邬大光	福建省社会科学规划专项项目	高等教育可持续发展与构建社会主义和谐社会研究——福建省高校贷款状况调查与分析	2003—2004
林金辉	福建省社会科学规划重大项目	在国际金融危机背景下,营造崇高自主创新、保护创新成果的人文环境问题研究	2009—2012
林金辉	福建省社会科学规划重大项目	闽台高校合作办学机制研究	2011—2014

续表

主持人	项目类别	项目名称	起止时间
陈武元	福建省社会科学规划重大项目	福建省社会科学研究基地建设条例编制研究	2015—2017
陈武元	福建省社会科学规划重大项目	福建省哲学社会科学“十二五”发展规划	2010—2011
陈武元	福建省社会科学规划重大项目	福建省哲学社会科学研究“十三五”规划	2016—2017
陈武元	福建省社会科学规划重大项目	福建省哲学社会科学评价体系方案	2017—2019
林金辉	福建省社会科学规划重点项目	开放经济环境下海西青年创业教育和创业环境研究	2008—2011
谢作栩	福建省社会科学规划重点项目	福建省教育事业发展与体制改革研究	2008—2011
刘海峰	福建省社会科学规划重点项目	教育学研究	2009—2012
陈武元	福建省社会科学规划一般项目	福建省民办高等教育发展的制度环境变迁	2008—2011
赵叶珠	福建省社会科学规划一般项目	闽台高等教育一体化战略构想	2009—2012
谢作栩 陈兴德	福建省社会科学规划一般项目	教育学原理研究	2009—2012
张亚群 王璞	福建省社会科学规划一般项目	《福建省志·社会科学志》之《教育史研究》	2009—2012
吴薇	福建省社会科学规划一般项目	《福建省志·社会科学志》之《比较教育研究》	2009—2012
徐岚	福建省社会科学规划一般项目	《福建省志·社会科学志》之《高等教育研究》	2009—2012

续表

主持人	项目类别	项目名称	起止时间
连进军	福建省社会科学规划一般项目	《福建省志·社会科学志》之《基础教育研究》	2009—2012
朱宇	福建省社会科学规划一般项目	《福建省志·社会科学志》之《成人与职业技术教育研究》	2009—2012
覃红霞	福建省社会科学规划一般项目	《福建省志·社会科学志》之《教育学其他领域研究》	2009—2012
张彤 杨莉	福建省社会科学规划一般项目	《福建省志·社会科学志》之《心理学研究》	2009—2012
徐岚	福建省社会科学规划一般项目	海峡两岸大学生诚信教育的比较研究	2010—2013
陈武元	福建省社会科学规划一般项目	哲学社会科学机构、职能与管理	2010—2013
王洪才	福建省社会科学规划一般项目	教育学:化树育人与授道治学	2010—2013
别敦荣	福建省社会科学规划一般项目	高校高层次人才队伍建设研究	2012—2013
郑若玲	福建省社会科学规划一般项目	厦门市义务教育均衡发展规划研究	2012—2013
李国强	福建省社会科学规划一般项目	教育金融信贷理论与实践研究	2013—2016
连进军	福建省社会科学规划一般项目	美国社区学院的多元职能发展对福建省应用型大学的启示研究	2015—2017
陈兴德	福建省社会科学规划一般项目	中美公立大学公共性问题研究	2016—2018
覃红霞	福建省社会科学规划青年项目	大学与政府关系的法律调整	2008—2011

续表

主持人	项目类别	项目名称	起止时间
陈兴德	福建省社会科学规划青年项目	依附发展与自主创新:高等教育的“两种发展模式”比较研究	2008—2011
王璞	福建省社会科学规划青年项目	慈善捐赠与美国精英大学的发展	2011—2014
郭建鹏	福建省社会科学规划青年项目	福建省高校办学特色实证研究:基于学生的视角	2012—2013
洪志忠	福建省社会科学规划青年项目	基础教育阶段教师绩效评价研究	2012—2013
吴薇	福建省社会科学规划青年项目	福建省不同高校新生课余时间管理差异研究	2012—2013
周序	福建省社会科学规划青年项目	高考统摄下课堂教学的微观社会学机制研究	2013—2014
文静	福建省社会科学规划青年项目	福建省大学生就业能力实证研究	2014—2017
周序	福建省社会科学规划青年项目	大学课堂生成性教学研究	2016—2018
陈涛	福建省社会科学规划青年博士项目	公共角色与民营化:大学公私属性问题研究	2014—2017

资料来源:厦门大学教育研究院:《重大课题》,https://ihe.xmu.edu.cn/16610/list.htm,访问日期:2021年1月30日。厦门大学教育研究院办公室内部统计资料。

附录 8：教育研究院（高教所）获省部级科研优秀成果奖统计（2000—2020 年）

附表 8-1 教育研究院(高教所)获教育部级科研优秀成果奖统计(31 项)

获奖人	奖励名称	获奖项目名称	年度	获奖等级	颁奖单位
潘懋元	第三届高等学校科学研究优秀成果奖(人文社科)	潘懋元论高等教育	2003	二等	教育部
王伟廉	第三届高等学校科学研究优秀成果奖(人文社科)	高等教育学科、专业划分与授权问题探讨	2003	三等	教育部
潘懋元	第四届高等学校科学研究优秀成果奖(人文社科)	多学科观点的高等教育研究	2006	二等	教育部
刘海峰等	第三届全国教育科学优秀成果奖	中国考试发展史	2006	一等	教育部
邬大光	第三届全国教育科学优秀成果奖	民办高等教育与资本市场的联姻——国际经验与我国的道路选择	2006	三等	教育部
林金辉	第三届全国教育科学优秀成果奖	高等教育学学科建设的基本轨迹及其走向	2006	三等	教育部
潘懋元等	第五届高等学校科学研究优秀成果奖(人文社科)	现代高等教育思想演变的历程——从 20 世纪到 21 世纪初	2009	三等	教育部
刘海峰	第五届高等学校科学研究优秀成果奖(人文社科)	科举学导论	2009	一等	教育部

续表

获奖人	奖励名称	获奖项目名称	年度	获奖等级	颁奖单位
邬大光等	第五届高等学校科学研究优秀成果奖(人文社科)	中国高校贷款:问题与对策	2009	二等	教育部
刘海峰 李　兵	第四届全国教育科学优秀成果奖	中国科举史	2011	一等	教育部
邬大光 李国强	第四届全国教育科学优秀成果奖	我国高校贷款的效益分析与价值评估	2011	二等	教育部
史秋衡 吴　雪	第四届全国教育科学优秀成果奖	大学基层学术组织制度建设的内在逻辑	2011	二等	教育部
林金辉 刘志平	第四届全国教育科学优秀成果奖	高等教育中外合作办学研究	2011	二等	教育部
陈武元	第四届全国教育科学优秀成果奖	从补充教育走向选择教育:我国民办高校发展的必然选择	2011	二等	教育部
潘懋元	全国教育科学研究突出贡献奖		2012		教育部
刘海峰等	第六届吴玉章人文社会科学奖	高校招生考试制度改革研究	2012	一等	吴玉章基金委员会
潘懋元 肖海涛	第六届高等学校科学研究优秀成果奖(人文社科)	现代高等教育思想的转变——从20世纪到21世纪初	2013	一等	教育部
刘海峰	第六届高等学校科学研究优秀成果奖(人文社科)	中国科举文化	2013	一等	教育部
潘懋元 车如山	第七届高等学校科学研究优秀成果奖(人文社科)	应用型人才培养的理论与实践	2015	二等	教育部

续表

获奖人	奖励名称	获奖项目名称	年度	获奖等级	颁奖单位
刘海峰	第七届高等学校科学研究优秀成果奖(人文社会科学)	高考改革论	2015	一等	教育部
史秋衡 吴雪 王爱萍	第七届高等学校科学研究优秀成果奖(人文社科)	高等教育大众化阶段质量保障与评价体系研究	2015	三等	教育部
潘懋元 车如山	第五届全国教育科学优秀成果奖	做强地方本科院校的理论与实践研究	2016	三等	教育部
史秋衡 汪雅霜	第五届全国教育科学优秀成果奖	大学生学习情况调查研究	2016	三等	教育部
张亚群	第五届全国教育科学优秀成果奖	中国近代大学通识教育与创新人才培养	2016	三等	教育部
陈兴德	第五届全国教育科学优秀成果奖	晚清科举评价的负面化倾向	2016	三等	教育部
吴薇 谢作栩 Nico Verloop	第五届全国教育科学优秀成果奖	中荷研究型大学教师信念类型与取向之比较——基于厦门大学与莱顿大学教师的问卷调查	2016	三等	教育部
潘懋元	第八届高等学校科学研究优秀成果奖(人文社会科学)	大学教师发展论纲——理念、内涵、方式、组织、动力	2020	一等	教育部
刘海峰	第八届高等学校科学研究优秀成果奖(人文社会科学)	考试历史的现实观照:融汇古今的教育研究	2020	二等奖	教育部
别敦荣	第八届高等学校科学研究优秀成果奖(人文社会科学)	世界一流大学教育理念	2020	二等奖	教育部

续表

获奖人	奖励名称	获奖项目名称	年度	获奖等级	颁奖单位
史秋衡	第八届高等学校科学研究优秀成果奖(人文社会科学)	国家高校分类体系及其设置标准实证研究	2020	二等	教育部
张亚群	第八届高等学校科学研究优秀成果奖(人文社会科学)	中国近代大学通识教育与创新人才培养	2020	二等	教育部

资料来源:刘海峰,郑冰冰主编:《厦门大学教育研究院40周年》(内部资料),厦门大学教育研究院,2018年,第53—55页。厦门大学教育研究院:《省部奖励》,https://ihe.xmu.edu.cn/16611/list.htm,访问日期:2021年1月30日。

附表8-2 教育研究院(高教所)获福建省科研优秀成果奖统计(72项)

获奖人	奖励名称	获奖项目名称	年度	等级	颁奖单位
潘懋元	福建省第四届社会科学优秀成果奖	对发展民办高等教育若干问题的认识	2000	一等	福建省政府
刘海峰	福建省第四届社会科学优秀成果奖	“科举学”——21世纪的显学	2000	二等	福建省政府
王伟廉	福建省第四届社会科学优秀成果奖	教育研究中的“中介”问题探讨——兼谈课程编制的中介作用	2000	二等	福建省政府
谢作栩	福建省第四届社会科学优秀成果奖	论高等教育大众化的两大趋势:国营化与民营化	2000	二等	福建省政府
史秋衡	福建省第四届社会科学优秀成果奖	大学排名中社会科学研究与发展定量评价问题与对策	2000	三等	福建省政府
陈武元	福建省第四届社会科学优秀成果奖	日本高等教育与经济发展的关系	2000	三等	福建省政府

续表

获奖人	奖励名称	获奖项目名称	年度	等级	颁奖单位
李泽彧	福建省第四届社会科学优秀成果奖	不变与应变及其如何变——我国高等教育思想若干问题	2000	三等	福建省政府
武毅英	福建省第四届社会科学优秀成果奖	我国高等教育财政改革的理论思考	2000	三等	福建省政府
黄福涛	福建省第四届社会科学优秀成果奖	现代中国高等教育的形成	2000	三等	福建省政府
邬大光等	福建省第四届社会科学优秀成果奖	高等教育办学模式研究	2000	三等	福建省政府
谢作栩	福建省第五届社会科学优秀成果奖	中国高等教育大众化发展道路的研究	2003	一等	福建省政府
刘海峰等	福建省第五届社会科学优秀成果奖	中国考试发展史	2003	一等	福建省政府
邬大光	福建省第五届社会科学优秀成果奖	我国高等教育大众化的基本特征与政府的责任	2003	二等	福建省政府
史秋衡	福建省第五届社会科学优秀成果奖	高等教育产业的特殊性研究	2003	二等	福建省政府
王伟廉	福建省第五届社会科学优秀成果奖	高等教育学	2003	二等	福建省政府
郑若玲	福建省第五届社会科学优秀成果奖	考试公平与区域公平：高考录取中的两难选择	2003	三等	福建省政府
林金辉	福建省第五届社会科学优秀成果奖	研究硕士生创造性教学模式的理论与实践探索	2003	三等	福建省政府
武毅英	福建省第五届社会科学优秀成果奖	从经济学的视角审视高等教育的就业问题	2003	三等	福建省政府

续表

获奖人	奖励名称	获奖项目名称	年度	等级	颁奖单位
郑若玲	福建省第五届社会科学优秀成果奖	科举学:考试历史的现实观照	2003	三等	福建省政府
张亚群	福建省第五届社会科学优秀成果奖	科举学的文化视角	2003	三等	福建省政府
李泽彧	福建省第五届社会科学优秀成果奖	高等学校与政府关系的两个问题	2003	三等	福建省政府
刘海峰	福建省第六届社会科学优秀成果奖	科举制与“科举学”	2005	一等	福建省政府
邬大光	福建省第六届社会科学优秀成果奖	“高等教育大众化的理论内涵和概念解析”等	2005	二等	福建省政府
林金辉	福建省第六届社会科学优秀成果奖	高等教育学学科建设的基本轨迹及其走向	2005	三等	福建省政府
李泽彧	福建省第六届社会科学优秀成果奖	关于我国大学排行评价的几点质疑	2005	三等	福建省政府
王洪才	福建省第六届社会科学优秀成果奖	大众高等教育论	2005	三等	福建省政府
范怡红	福建省第六届社会科学优秀成果奖	从整合世界观到全人教育——理论与实践	2005	三等	福建省政府
陈武元	福建省第六届社会科学优秀成果奖	高等教育的发展阶段学说与制度类型论	2005	三等	福建省政府
刘海峰	福建省第七届社会科学优秀成果奖	科举学导论	2007	一等	福建省政府
陈武元	福建省第七届社会科学优秀成果奖	高等教育的日本模式	2007	二等	福建省政府
王洪才	福建省第七届社会科学优秀成果奖	教育学:学科还是领域	2007	二等	福建省政府

续表

获奖人	奖励名称	获奖项目名称	年度	等级	颁奖单位
张亚群	福建省第七届社会科学优秀成果奖	科举革废与近代中国高等教育的转型	2007	三等	福建省政府
史秋衡等	福建省第七届社会科学优秀成果奖	我国民办高校评估指标体系研究	2007	三等	福建省政府
邬大光	福建省第七届社会科学优秀成果奖	大学理想与理念断想	2007	三等	福建省政府
潘懋元	福建省第八届社会科学优秀成果奖	现代高等教育思想的演变——从20世纪到21世纪初期	2009	荣誉奖	福建省政府
刘海峰	福建省第八届社会科学优秀成果奖	高考改革的理论思考	2009	一等	福建省政府
邬大光	福建省第八届社会科学优秀成果奖	中国高校贷款:问题与对策	2009	一等	福建省政府
郑若玲	福建省第八届社会科学优秀成果奖	科举、高考与社会之关系研究	2009	二等	福建省政府
王洪才	福建省第八届社会科学优秀成果奖	人种学:教育研究的一种根本方法	2009	二等	福建省政府
武毅英	福建省第八届社会科学优秀成果奖	高等教育经济学导论	2009	二等	福建省政府
邬大光	福建省第八届社会科学优秀成果奖	我国民办教育的特殊性与基本特征	2009	二等	福建省政府
陈武元	福建省第八届社会科学优秀成果奖	从补充教育走向选择教育:我国民办高校发展的必然选择	2009	二等	福建省政府
赵叶珠	福建省第八届社会科学优秀成果奖	美日中三国女子高等教育比较	2009	三等	福建省政府

续表

获奖人	奖励名称	获奖项目名称	年度	等级	颁奖单位
覃红霞等	福建省第八届社会科学优秀成果奖	SSCI与中国高校人文社会科学学术评价之反思	2009	三等	福建省政府
林金辉等	福建省第八届社会科学优秀成果奖	中外合作办学中优质高等教育资源的合理引进与有效利用	2009	三等	福建省政府
刘海峰等	福建省第九届社会科学优秀成果奖	高校招生考试制度改革研究	2011	一等	福建省政府
张亚群	福建省第九届社会科学优秀成果奖	科举制下通识教育传统的演变及其启示	2011	二等	福建省政府
史秋衡 吴　雪	福建省第九届社会科学优秀成果奖	大学基层学术组织制度建设的内在逻辑	2011	二等	福建省政府
陈兴德 潘懋元	福建省第九届社会科学优秀成果奖	“依附发展”与“借鉴—超越”——高等教育两种发展道路的比较研究	2011	三等	福建省政府
郑若玲	福建省第九届社会科学优秀成果奖	自主招生改革何去何从	2011	三等	福建省政府
潘懋元 陈兴德	福建省第十届社会科学优秀成果奖	中国高等教育自主发展路径研究——学术理念、学术语言与学术评价的视角	2013	二等	福建省政府
王洪才	福建省第十届社会科学优秀成果奖	教育学:人文科学抑或社会科学?——兼与张楚廷先生商榷	2013	二等	福建省政府
史秋衡 吴　雪 王爱萍	福建省第十届社会科学优秀成果奖	高等教育大众化阶段质量保障与评价体系研究	2013	二等	福建省政府

续表

获奖人	奖励名称	获奖项目名称	年度	等级	颁奖单位
郑若玲	福建省第十届社会科学优秀成果奖	苦旅何以得纾解——高考改革困境与突破	2013	三等	福建省政府
邬大光	福建省第十届社会科学优秀成果奖	大学分化的复杂性及其价值	2013	三等	福建省政府
武毅英	福建省第十届社会科学优秀成果奖	高校毕业生就业流向对人力资源配置的作用与影响:以部委属院校为例	2013	三等	福建省政府
吴　薇	福建省第十届社会科学优秀成果奖	中荷研究型大学教师信念比较研究	2013	三等	福建省政府
陈武元	福建省第十一届社会科学优秀成果奖	日本高等教育改革:现实与课题	2015	二等	福建省政府
刘海峰	福建省第十一届社会科学优秀成果奖	高考改革:公平为首还是效率为先	2015	二等	福建省政府
武毅英	福建省第十一届社会科学优秀成果奖	劳动力市场分割视域下的大学生就业流动	2015	三等	福建省政府
史秋衡	福建省第十一届社会科学优秀成果奖	我国大学生学情状态与影响机制的实证分析	2015	三等	福建省政府
刘海峰	福建省第十二届社会科学优秀成果奖	科举停废110年祭	2018	二等	福建省政府
史秋衡	福建省第十二届社会科学优秀成果奖	国家高校分类体系及其设置标准实证研究	2018	二等	福建省政府
林金辉	福建省第十二届社会科学优秀成果奖	中外合作办学发展报告(2010—2015)	2018	二等	福建省政府
文静	福建省第十二届社会科学优秀成果奖	大学生学习满意度实证研究	2018	三等	福建省政府

续表

获奖人	奖励名称	获奖项目名称	年度	等级	颁奖单位
武毅英	福建省第十二届社会科学优秀成果奖	高校毕业生就业流动与社会分层	2018	三等	福建省政府
史秋衡	福建省第十三届社会科学优秀成果奖	国家大学生学习质量提升路径研究	2019	二等	福建省政府
邬大光	福建省第十三届社会科学优秀成果奖	大学本科毕业率与高等教育质量相关性分析——基于中美大学本科毕业率数据的比较分析	2019	二等	福建省政府
刘海峰	福建省第十三届社会科学优秀成果奖	建议在13个省区设立教育部直属高校	2019	三等	福建省政府
覃红霞	福建省第十三届社会科学优秀成果奖	大学与政府之间的法律关系研究	2019	三等	福建省政府
郭建鹏	福建省第十三届社会科学优秀成果奖	翻转课堂与高校教学创新	2019	三等	福建省政府
陈兴德	福建省第十三届社会科学优秀成果奖	高等教育学的“学科”“领域”之争——基于知识社会学视角的考察	2019	三等	福建省政府

资料来源：福建省政府网：http://www.fujian.gov.cn/，访问日期：2021年1月30日。厦门大学社科处：https://skc.xmu.edu.cn/，访问日期：2021年1月30日。

附录9：教育研究院教师获采纳的重要咨询报告统计（2000—2020年）

附表9-1 教育研究院教师获采纳的重要咨询报告统计表(2000—2020年)

序号	报告名称	采纳单位	采纳时间	作者
1	从比较研究看自学考试的长远生命力	全国高等教育自学考试指导委员会办公室	2001	刘海峰 郑若玲
2	台湾教育行政部门取消联考对台湾学生来大陆就读的影响	教育部港澳台事务办公室	2002	刘海峰 杨李娜
3	入世后两岸互认学历的必要性与可行性分析	教育部港澳台厅	2002	李泽彧 武毅英等
4	民办高等教育发展战略研究报告	教育部高等教育司	2003	邬大光
5	修订《普通高等学校办学条件标准》研究报告	教育部发展规划司	2004	刘海峰 谢作栩
6	高考制度改革专题研究	教育部高校学生司	2005	刘海峰
7	教育部人文社会科学重点研究基地“十五”建设的回顾与展望(征求意见稿)	教育部社会科学司	2006	陈武元
8	全国高校“十五”哲学社会科学的回顾与展望(征求意见稿)	教育部社会科学司	2006	陈武元
9	高考录取制度与社会公平关系的研究	教育部高校学生司	2007	郑若玲 李立峰
10	高校贷款情况	民盟中央办公厅	2009	邬大光
11	自主招生与大学联考改革研究报告	国家体制改革领导小组办公室	2012	刘海峰
12	高考分省命题还是全国统一命题研究报告	国家体制改革领导小组办公室	2012	刘海峰 李木洲

续表

序号	报告名称	采纳单位	采纳时间	作者
13	保送生制度改革研究报告	国家体制改革领导小组办公室	2012	刘海峰 李木洲
14	大学生家庭所在地城乡比例研究——基于《国家大学生学习情况调查研究》的实证分析	新华通讯社北京分社总编室	2012	史秋衡
15	关于中外合作办学科学引进优质教育资源若干问题的建议	教育部国际合作与交流司	2012	林金辉
16	日本国立大学的财政制度:历史性展望	教育部财务司	2012	陈武元
17	亚洲金融危机时期的高等教育经费政策	教育部财务司	2012	陈武元 薄云
18	高考改革系列文章	教育部(袁贵仁部长批示)	2013	刘海峰
19	教育质量的内涵和评价	教育部科学技术司	2013	史秋衡
20	教育现代化评价科研指标论证	教育部科学技术司	2013	史秋衡
21	《国家中长期改革和发展规划纲要(2010—2020)》发布实施三年来落实情况	教育部;中国高等教育学会	2013	史秋衡
22	中外合作办学法制建设新进展	教育部政策法规司	2013	林金辉 莫玉婉
23	深化中外合作办学领域综合改革的若干建议	教育部社会科学司	2013	林金辉
24	全国“211 工程”高校本科教学质量报告	教育部高等教育教学评估中心	2013	邬大光
25	关于进一步规范高等学校涉外办学的若干建议	教育部国际合作与交流司	2014	林金辉等
26	关于制定示范性中外合作办学评价标准,开展示范性建设的若干建议	教育部国际合作与交流司	2014	林金辉等

续表

序号	报告名称	采纳单位	采纳时间	作者
27	高等教育第三方评估报告	教育部(林蕙青副部长批示)	2015	邬大光 李国强
28	联合国教科文组织项目研究报告	联合国教科文组织	2015	邬大光 李国强
29	中国高等教育质量报告	教育部高等教育教学评估中心	2015	邬大光等
30	人才需求多样化与高等学校分类问题研究	新华通讯社北京分社总编室	2015	史秋衡
31	县校合作案例研究	新华通讯社北京分社总编室	2015	史秋衡
32	教育部发展规划司智库型研究咨询	教育部发展规划司	2015	史秋衡等
33	关于承担“高等学校分类体系及其设置标准研究”课题任务的通知	教育部发展规划司	2015	史秋衡等
34	关于“高等学校分类体系及其设置标准研究”课题咨询报告的证明	教育部发展规划司	2015	史秋衡等
35	国家2011计划教育部咨询报告第1号	教育部科学技术司	2015	史秋衡等
36	国家2011计划教育部咨询报告第2号、第3号	教育部科学技术司	2015	史秋衡等
37	“十三五”时期我国研究生教育发展思路	教育部研究生司	2015	别敦荣
38	高校分类发展与分类管理问题研究	教育部政策法规司	2015	李国强
39	教育混合所有制问题解答	教育部政策法规司	2015	李国强

续表

序号	报告名称	采纳单位	采纳时间	作者
40	建议在13个省区设立教育部直属高校	国家教育咨询委员会 教育部综合改革司 刘延东副总理批示	2016	刘海峰
41	中国教育现代化2030	国家教育咨询委员会	2016	史秋衡
42	我国高等学校分类体系研究咨询报告	教育部发展规划司	2016	史秋衡等
43	残疾人考试招生政策的理论与实践研究	教育部基础教育二司	2017	张亚群
44	高等学校分类体系及其设置标准研究	教育部发展规划司	2018	史秋衡
45	关于上海浙江高考科目改革试点的分析	教育部综合改革司	2018	刘海峰
46	关于推进粤港澳大湾区合作办学高水平发展的若干建议	教育部港澳台事务办公室	2019	林金辉
47	将综合素质评价纳入高校招生录取的对策建议	教育部社会科学司	2019	刘海峰
48	高等教育法实施情况评估报告——基于高校分类人才培养提质增效视角	全国人大教科文卫委教育室;杜玉波批示	2019	史秋衡
49	完善教育财政拨款机制保障高校科研育人和科技创新全面发展	教育部科学技术委员会	2019	覃红霞 陈兴德 李政
50	福建省民办高校办学条例	福建省教育厅办公室	2002	邬大光
51	福建省十五教育发展规划	福建省教育厅办公室	2002	邬大光
52	信息技术对我省教育事业发展的影响及对策研究	福建省教育厅	2003	史秋衡等

续表

序号	报告名称	采纳单位	采纳时间	作者
53	非营利性民办高校管理的制度框架设计	福建省教育厅	2012	陈武元
54	完善非营利性民办高校法人治理结构若干规定	福建省教育厅	2012	陈武元
55	闽台高等教育体系、结构、模式比较研究	福建省教育厅	2014	覃红霞 程伟
56	福建省中外合作办学发展规划(2016—2020)	福建省教育厅	2016	林金辉
57	福建省教育经费发展报告(2017)	福建省教育厅	2019	陈武元

资料来源:(1)刘海峰,郑冰冰:《厦门大学教育研究院40周年》(内部资料),厦门大学教育研究院,2018年,第57～58页;(2)教育研究院相关资料统计。

大事记

1921 年

1 月，厦门大学筹设师范学部，分文理两部。

3 月，师范学部订定预科课程，分文理两科，各二年毕业。

4 月 6 日，厦门大学成立，师范学部开学。

8 月，厦门大学评议会议决，改师范学部为教育学部。

1922 年

9 月，欧元怀教授到校，受聘任教育学部主任。

教育学部订定本科课程，分心理学、教育学说、教育史、教育行政、中等教育、小学教育、乡村教育七组。

教育学部预科生 81 名升为本科第一年级学生。

1923 年

4 月，教育学部改称教育科。

11 月，孙贵定教授、陈懿祝教授到校。中华教育改进社邀请美国德尔曼来厦门测验厦门各校儿童，教育科全体师生襄助其事。

1924 年

2 月，教育科成立心理实验室。

6 月，学校将教育科并入文科，改称教育学系；孙贵定任教育学系主任。

1925 年

9 月 1 日，附设模范小学开学。

10 月，陈懿祝教授偕同教育测验班学生 30 人，赴厦鼓及集美各种小学校，测验儿童智力及学力。

1926 年

1 月，厦门大学董事会决定，教育学系恢复为教育科。

4 月 14 日，教育科资送首届毕业生考察团赴江浙考察教育，为厦门大学之创举。刘湛恩博士为名誉指导员，陈芝美教授任指导员。历时 41 天，考察大中小各校 38 所。编辑出版《考察团报告》，蔡元培题写书名。

6 月，孙贵定任教育科主任。教育科分为教育学系、心理学系。

教育科首届学生 28 人毕业。

9 月，庄泽宣教授、萧恩承教授到校。

10 月，陈芝美教授偕同第二届四年级学生 9 人，赴厦门同文书院、十三中学、双十中学及模范小学等校，参观及实习教学。

1927 年

4 月，林东海教授到校。

5 月，教育科师生调查南洋各埠华侨教育。

6 月 9 日，教育科资送第二届毕业生赴宁沪一带考察教育，庄泽宣博士任指导员。

教育学科第二届学生 9 人毕业。

9 月，邱椿教授、陆士寅教授等到校。

10 月 17 日，教育科同学会发起，在思明教育会举行厦门中学生国语竞进会。

10 月，陆士寅教授偕同教育测验班学生，赴附设模范小学测验全体学生智力。

1928 年

2 月，唐守谦教授、陈华庚教授到校。

5 月 10 日，教育科主任孙贵定代表福建出席全国教育会议，偕同第三届毕业生赴宁沪等处参观教育，上海浦东中学校长姜伯韩任指导员。

9 月，朱君毅教授、杜佐周教授、王书凯教授到校。

10 月 10 日，教育科同学会开办平民夜校。

10 月，陈懿祝教授偕同教育测验班学生 30 人，赴厦鼓及集美各种小学校，测验儿童之握力、色盲及色的偏爱等。

11 月，王书凯教授偕同第四届毕业生 7 人，赴集美中学、英华书院、毓德女子中学、同文书院、十三中学、双十中学、大同中学、华侨女子中学等校，参观及实习教学。

12 月 10 日，教育科同学会请福建省教育厅长程伯庐演讲。

1929 年

2 月，雷通群教授等到校。

4 月，教育科同学会举行教育论文比赛。

5 月 10 日，教育科主任孙贵定代表厦门大学赴南京参与孙中山总理奉安典礼，并偕同助教薛天汉及第四届毕业生赴江浙一带考察教育。

8 月，附设模范小学改名实验小学。

11 月，教育科改为教育学院，孙贵定任院长。教育学院设教育原理、教育心理、教育行政、教育方法等四学系。

1930 年

7 月 11 日，厦门大学第一次举办暑期学校。

10 月，中央训练部指定厦门大学教育学院为资助升学党员投考学校之一。

1931 年

8 月 31 日，李相勗教授到校。自当年 8 月起，中华教育文化基金会补助厦门大学理学院及教育学院每年三万元，以三年为限。

9 月 7 日，钟鲁斋教授到校。

9 月 21 日，李相勗教授演讲《大学教育之目的》；杜佐周教授演讲《个人的黄金时期》。

1932 年

3 月 21 日，雷通群教授演讲《教育今后之新出路》。

1933 年

《厦门大学教育学院研究丛刊》创刊，至 1936 年 4 月共出版 5 种。

3 月，教育原理学系、教育方法学系合并为教育学系。

5 月 17 日，厦门大学组织高等教育问题讨论委员会，请孙贵定（主席）、毛常、张希陆、沈家诒、王世富、杜佐周、朱君毅、陈振骅、薛永黍诸教授为委员。

7 月 15 日，孙贵定教授出席上海高等教育问题讨论会。

8 月 8 日，姜琦教授出席职业教育社社员大会。

1934 年

3 月，教育学院部分同学组织厦大心理学会。

4 月，出版《心理论文集》第一集。

6 月，裁并教育行政学系，附设高级中学，薛永黍为高中部主任。

7 月 5 日，举办中等学校理科教员暑期讲习班。

1935 年

5 月，学校举办第二届中等学校教员暑期讲习班。

7 月 15 日，学校举办第二届中等学校历史英语生物教员暑期讲习班。

1936 年

9 月，教育学院并入文学院，改称教育学系，李相勗任系主任。

1937 年

6 月，教育学系第十二届学生 17 人毕业；心理学系学生 7 人毕业。

李培囿代理教育系主任。

12 月 24 日，教职员学生开始分组赴长汀，次年 1 月 12 日完成迁校。教育学系开始在长汀办学。

1938 年

李培囿任系主任，兼任本年度嘉庚奖学金及免费生审查委员会委员。

4 月 10 日，教育学会筹办的民众教育训练班开课。

教育学系学生叶淑仁获学校越野赛女子组第一名，余丽华获女子组第五名。

12 月 7 日，教育系教育学会拟定学会宗旨："联络感情、研究教育学术及努力教育事业"。

1939 年

2 月 25 日，教育学会附设民众学校，假兴华职业学校举行开学典礼。

教育学会举行学术报告，王衍康教授演讲《中国教育之新趋势》。

8 月，阮康成教授入职。

1940 年

2 月，教育学系学生叶淑仁获学校女子组登高赛第二名、越野赛第二名，黄美德获女子组登高赛第四名。

7 月 7 日，教育学系学生詹建平、叶淑仁、林芝崖获厦门大学服务奖。

教育学系学生林绍贤、余丽华作为厦门大学代表，分别参加第一届全国专科以上学校学业竞试乙类、丙类竞试，取得优异成绩。

11 月 9 日，校主陈嘉庚一行抵达长汀并发表演讲，倡议将教育学系扩充为师范学院。

1941 年

教育学系聘任张文昌、刘天予教授。

2 月 18 日，李培囿主任为新生介绍教育系概况，作修学指导。

4 月 1 日至 15 日，福建省教育厅召集全省公私立中等学校现任校长在永安讲习，特邀厦门大学萨本栋校长演讲《科学教育》，李培囿主任演讲《中学教学法之改造及升学就业指导》，张文昌教授演讲《学校行政、中学课程的研究及中学教育新趋势》。

7 月 11 日至 9 月 10 日，学校开办暑期进修班，李培囿被聘为七位英文指导教师之一。

8 月，全国第二届专业以上学校学业竞试，厦门大学再获总成绩第一。其中，教育系学生林绍贤参加丙竞试，获得优异成绩。

本年度，彭传珍、刘天予、李培囿、阮康成等担任社会教育推行委员会委员。

1942 年

3 月 6 日，社教推行委员会附设民众学校开学，教育学系 13 名学生担任教员，民校设在校内集思堂。

8 月，教育系学生郑锡光、陈祖泽获福建省政府奖学金。

李培囿翻译杜威的《经验与教育》由中正书局出版。

陈景磐博士到校，任教育学系教授。

1943 年

李培囿在复刊后的《厦大学报》第 1 期发表《现代教育哲学综览》。

1944 年

2 月，教育学系聘任倪其崧教授。

3 月，英国纽凯索大学英国文学系教授雷立克氏来长汀专访厦门大学，做五次演讲，其中一次受教育学会之邀，演讲《儿童的心理》。

4 月，教育系李培囿、阮康成、张文昌教授合译的《教学视导原则》一书，获得教育部奖励。

5 月，陈景磐教授发表《教育视导思想的演变》(《厦大学报》1944 年第 3 期)。

1945 年

李培囿发表《国家应如何培育青年领袖人才》(《福建青年》第 1 卷第 5 期)、

教育学系聘任吴学信教授。

8 月 15 日,厦门大学成立复员委员会,分长汀和鼓浪屿两地办学。

暑期,李培囿、陈景磐和郭一岑教授等赴台湾讲学。

11 月 7 日,教育学系学生陈可贞获得本年度嘉庚奖学金。

12 月 24 日,新生院在英华中学举行开学典礼。教育系新生在鼓浪屿就读。

1946 年

教育部批厦门大学恢复附属实验小学,更名为"国立厦门大学附属小学",聘教育学系助教潘懋元兼任校长。

12 月 13 日晚,教育学会邀请汪西林作《群众心理与宣传》演讲,听讲同学盛况空前。

12 月 23 日,厦大附属小学开学上课。

1947 年

1 月,郭一岑入职厦门大学,任教育学系心理学教授,筹建心理实验室。

4 月 23 日,教育系学生何耀如获得现代文化奖金,全校共 10 人获此奖。

5 月 12 日,教育学会青年指导组举行座谈会,讨论中学生升学与就业问题。

10 月 13 日,举行新生开学典礼,教育系录取新生 30 人。

10 月,教育学会选出新干事,会员超百人。

12 月,教育系四年级学生李启桢获嘉庚奖学金、中国现代文化奖学金;梁文通获本栋奖学金。

本年度,教育学系新聘林励儒教授。

1948 年

3 月 8 日,教育系召开心理学研究会成立大会,通过会章、工作计划大纲及会员公约等重要议案。

社会教育服务处在校本部设立平民夜校一所。

4 月 24 日,林励儒教授在厦门市教育会做《中国国民教育之前途》的演讲。

6 月,教育学系副教授汪养仁兼任附属小学校长。

8 月 15 日,教育系成立教育问题研究会。

1949 年

1 月,新聘教育学系兼任教授周彧文、心理学教授敦福堂。

2 月 24 日,朱家骅来校参观,李培囿教授等陪同。

10 月 17 日,厦门解放,厦门市军管会接管厦门大学。

教育系重建,李培囿教授任系主任。

1950 年

教育系聘任专职教师 9 名,其中教授 3 名:李培囿、汪西林、段铮;副教授 2 名:汪养仁、陈汝惠。

暑期,教育系招收新生 38 人,转学生 14 人。

8 月,厦门大学教学改革,教育系成立教育学教研组。

1951 年

春季,教育系制定新的教学计划与教学大纲。

5 月,教育系学生向市民宣传抗美援朝活动。

暑期,教育系招收新生 18 人,转学生 2 人。

8 月,潘懋元赴中国人民大学教育学教研室研究生班进修;1952 年 2 月至 6 月,中国人民大学教育学教研室调整归北京师范大学,潘懋元转入北京师范大学研究生班学习。

此后,杨尔衢、潘协和分别赴北京师范大学、北京教育行政学院进修。

10 月,教育系师生随文法学院师生赴厦门市郊区禾山参加土改。

1952 年

重新聘任杜佐周教授,熊文敏任教育系心理学教授。

暑期,教育系招收新生 23 人。

9 月,潘懋元返校任教学改革委员会秘书科科长,协助王亚南校长开展教学改革工作。

12 月,潘懋元任教育学教学研究指导组主任。

1953 年

教育学系停止招收新生。

1954 年

7 月,教育学系调整至福建师范学院,厦门大学保留教育学教研室作为直属单位,继续开展教育科学的教学和研究,陈汝惠任教育学教研组主任。

1955 年

暑期,厦门大学院系调整中调出的本科生郑登云、孙培青、刘素云,考入华东师范大学首届教育史研究班。

1956 年

11 月 15 日，潘懋元受任为学校教务处教学研究科科长。

教育学教研室开始在学校试开“高等学校教育学”课程，并筹划编写《高等学校教育学讲义》。

1957 年

7 月，教育学教研组完成《高等学校教育学讲义》初稿，由厦门大学教材科印刷发行，分送全国综合大学和师范院校进行交流。

8 月，潘懋元在厦门大学《学术论坛》第 3 期发表《高等专业教育问题在教育学上的重要地位》。

1958 年

2 月，潘懋元被任命为学校教学科学研究处副处长。

1962 年

3 月，潘懋元任厦门大学校务委员会委员。4 月，潘懋元任教务处代处长兼教育学教研组主任。7 月 13 日潘懋元任教务处处长。

1964 年

1 月，潘懋元被教育部借调到北京，参加写作组。10 月，编写任务结束。潘懋元被调入中央教育科学研究所教育史研究组，任马克思主义教育研究小组组长。

潘懋元、王增炳合作发表《少而精教学原则初探》(《厦门大学学报》社科版第 2 期)，中国人民大学剪报资料《高等教育》转载。

“文革”前夕，厦门大学直属教育学教研室被撤销。

1978 年

5 月 17 日，厦门大学党委决定成立高等教育问题研究室(高等学校教育研究室)，任命潘懋元为室主任，陈汝惠为副主任。5 月 27 日，高等学校教育研究室正式成立。

8 月 3 日，高等教育问题研究室召开第一次工作会议，潘懋元、陈汝惠、王增炳、张曼因、罗杞秀出席，讨论工作规划，确定以研究当前教育改革与编著《高等教育学》为主要目标。会议决定，研究室定名为“厦门大学高等教育科学研究室”。

10 月，厦门大学高等教育科学研究室创办“文革”后第一份外国高等教育研究刊物——《外国高等教育资料》，后改名为《国际高等教育研究》。

潘懋元发表《开展高等教育理论的研究》(载《光明日报》12 月 7 日)、《必须开展高等教育理论的研究——建立高等学校教育学刍议》(载《厦门大学学报》社会科学版 1978 年第 4 期),倡议建立高等教育学学科和成立高等教育研究会。

12 月 30 日,王铁研究员应邀在研究室做《十八年来教育科学的情况和经验教训》的学术报告。

潘懋元被任命为厦门大学党委常委、副校长。

1979 年

1 月,研究室讨论决定发展一批兼职研究人员,正式送发兼职聘书。

4 月,潘懋元当选中国教育学会第一届理事会理事。厦门大学高等教育科学研究室被建议列为全国高等教育重点研究基地。

陈汝惠当选全国教育学研究会理事。

5 月 6 日,厦门大学党委书记兼校长曾鸣听取高等教育科学研究室工作汇报,提出各部门应大力支持本室工作,增调专职研究人员,建立兼职研究队伍。

7 月 16 日至 18 日,华东师范大学高等教育研究会黄震、郑启明一行来访,商讨发起组织全国高等教育研究会。

8 月 24 日,研究室与华东师范大学高等教育研究会联合倡议成立全国高等教育研究会。

8 月 31 日—9 月 6 日,潘懋元、吴丽卿赴兰州参加全国教育学研究会年会,潘懋元与部分高校代表座谈,讨论发起组织全国高等教育研究会。

9 月 9 日,潘懋元应陕西省高教局邀请,为西安各高等学校书记、校长做《关于高等教育理论研究》的报告。

9 月 20 日,研究室承担厦门大学校史编写任务,组织中文、历史等系六名教师,讨论校史编写问题。

10 月 15 日—17 日,厦门大学高教室和华东师范大学高教室发起的全国高等教育学会第一次筹备会在上海召开,决定在厦门大学高教室设全国高等教育学会筹备联络组。

11 月 19 日—12 月 13 日,潘懋元作为中国教育代表团成员访问泰国、尼泊尔、科威特,考察朱拉隆功大学、特里普文大学、科威特大学等高等院校。

1980 年

1 月 21 日,研究室开会讨论《厦门大学校史》《陈嘉庚兴学记》《王亚南与教育》等书编写工作。

1 月 31 日，研究室发出全国高等教育学会筹备会第一期简报。

5 月 12 日，研究室讨论潘懋元拟稿的《高等教育学》编写大纲。

8 月 25 日—29 日，研究室主持召开中国高等教育学会第二次筹备会。

9 月 8 日，研究室决定，1981 年由潘懋元与华东师范大学刘佛年合作，招收高等教育学专业硕士研究生。

10 月 14 日—17 日，美国社会学博士、教育学家胡素珊来访，举行座谈会。

11 月 8 日—20 日，潘懋元赴湖南大学为一机部所属院校长教育学研究班做"高等教育学"讲座，首次提出"教育内外部关系规律"的学说。

1981 年

1 月 5 日，学校任命王增炳为研究室副主任。

2 月 16 日，研究室铅印《高等教育学大纲》600 份，分发各地征求意见。

3 月 9 日，王增炳与余纲合编的《陈嘉庚兴学记》出版。

4 月 6—7 日，原教育系校友举行校庆座谈会。

4 月 14—20 日，在福州召开的全国教育学研究会年会上，潘懋元提交《高等教育学大纲》，征求意见。

8 月 1—9 日，潘懋元赴京为教育部和共青团中央联合举办的杨贤江逝世五十周年纪念大会做筹备工作，起草大会报告。

潘懋元率团访问英国高校。

9 月 2 日，罗杞秀被推选为厦门市家庭教育研究会理事长。

10 月下旬，潘懋元为华东高等学校干部进修班讲授《高等教育学导论》。

1982 年

1 月 4 日，研究室邀请北京工业大学高等教育研究室张树森、上海高教局杨德广、华东师范大学科研处薛天祥、河北大学教育系汪培栋等，参编《高等教育学》。

1 月 6—12 日，罗杞秀出席在北京召开的中国心理学会第三次会员代表大会暨纪念建会六十周年学术会议。

1 月 11 日，研究室讨论"研究生培养计划"。

2 月，研究室招收的全国第一名高等教育学硕士研究生魏贻通入学。

3 月，潘懋元任厦门大学学位评定委员会副主席。

3月16—29日，潘懋元赴京研究制订中央教育行政学院高等学校领导干部培训班教学计划。

4月，潘懋元赴武汉为华中高等学校干部培训班讲学。

5月11日—6月3日，美国俄亥俄大学教授唐寅伯来访，做美国大学教育、大学教学、科研管理等专题报告。

6月，研究室复印美国大使馆赠阅的高等学校资料，向全校师生开放。

9月，1982级硕士研究生胡建华、陈列、张国才入学。

11月9—23日，潘懋元率领中国教育代表团访问菲律宾。

12月，研究室打印《高等教育学》(上册)作为试用教材，征求意见。

陈汝惠编《建国三十三年高等教育大事记》内部印发。

潘懋元被选为国务院学科评议组成员。

12月24日—26日，全国教育研究会在厦大召开。

1983年

1月4—12日，华东地区高校干部进修班第三期一行到访、听课。

1月22日，学校党委听取研究室汇报，确定“立足本校、面向全国”的工作方针。

1月31日，研究室开始为教育部委托经济学院举办的“高等学校统计进修班”讲授《高等教育学》课程。

加拿大罗伯逊教授来访，向本室研究人员介绍“合作教育”。

2月17日—3月6日，潘懋元受中国教科文委员会委派，赴曼谷参加联合国教科文亚太地区高等教育合作计划国际讨论会，会前赴菲律宾、泰国进行高等教育考察。

5月6—25日，潘懋元参加厦门市访英代表团，访问伦敦、南威尔士等地及加德夫大学学院。

5月28—30日，中国高等教育学会在北京成立，潘懋元、吴丽卿分别当选常务理事和理事。

7月4—5日，研究室兼职教授、教育部计划司原司长尚志做《关于教育事业现况与高等教育问题》的报告。

英国知名学者伯顿·克拉克来访，报告英国传播教育。

8月，潘懋元著《高等教育学讲座》由人民教育出版社出版。这是国内首部正式出版的高等教育学专著。

9月，潘懋元、宋恩荣、罗杞秀等著《马克思主义教育理论家杨贤江》出版。

1983级硕士研究生乔明宏、章达友、郝晓峰入学。

10月13日，研究室讨论制订本科高等教育专业教学计划。

10月17—22日，王珊珊赴京参加中央教科所主办的全国教育情报人员讲习班，介绍了资料室工作情况，研究室受到表扬。

11月14—19日，教育部委托华中工学院朱九思院长，在武汉主持召开潘懋元主编的《高等教育学》教材听取意见座谈会，教育部党组成员张健、武汉大学校长刘道玉、国内专家和本书编写者三十人出席。

潘懋元与中央教育科学研究所合编的《杨贤江教育文集》由教育科学出版社出版。

12月20—23日，福建省高等教育科学讨论会暨福建省高等教育学会成立大会在福州举行，潘懋元当选副会长，陈汝惠、刘正坤、王增炳、吴丽卿被选为理事，王增炳被聘任副秘书长。

1984年

1月13日，国务院学位委员会批准厦门大学高等教育学专业为硕士学位授予点。这是中国第一个高等教育学硕士的学位授权单位。

2月27日，教育部批准研究室更名为“厦门大学高等教育科学研究所”，下达20个专职科研人员编制。

3月，潘懋元任《福建高教研究》主编、福建省高等教育自学考试指导委员会副会长及《福建自学考试》编委会主任。

4月25日，管理心理学家俞文钊来高教所讲学。

王增炳与余纲编写的《王亚南治学之路》出版。

5月12—19日，高教所与哲学系合办综合大学心理学教学经验交流会和《心理学原理》大纲讨论会，全国14所综合大学和2所教育科学研究所的心理学教师代表出席。

5月14—16日，美国外语教授史太利夫妇来所介绍美国高等教育实况。

5月22—23日，上海教育出版社召开多卷本《中国近代教育史资料汇编》第一次编辑会，潘懋元、刘海峰承担主编“高等教育”卷。该书1993年出版，2007年修订再版。

6月14—18日，学校第十届科学讨论会教育分组会在高教所举行，会后选编部分论文出版《新技术革命与高等教育对策》。

6月23日，北京市高等教育代表团王润一行来访。

7月，潘懋元主编的《高等教育学》上册，由人民教育出版社、福建教育出版社出版，1985年出版下册。这标志着高等教育学学科在中国的创立。

8月，王珊珊被选为福建省图书馆学会厦门分会第一届理事。

9月5日，潘懋元当选杨贤江教育思想研究会理事长，被聘为杨贤江基金会主席。

9月18—22日，中央教育科学研究所张渭城、北京师范大学外国教育研究所迟恩莲一行来访、座谈。

11月15—20日，全国教育史研究会第二届理事会在高教所召开。

11月20日，潘懋元被聘为全国高等教育管理研究会第一届理事会顾问，王增炳当选理事。

12月29日，厦门大学任命潘懋元为高教所所长(兼)，吴丽卿、陈炳三为副所长。

1985年

2月1日，中共高等教育科学研究所党支部建立，陈炳三任书记。

2月16日，潘懋元被被聘为国务院学位委员会第二届学科评议组(教育学、心理学)成员，担任教育学科评议组召集人。

3月9日，高教所决定建立各研究室，宣布机构负责人。

4月6日，高教所提交12篇论文参加学校召开的高等教育对外开放学术研讨会。会后编印为论文集《对外开放与高等教育》。

4月26日，建立部门工会，杨广云任委员。

5月，建立高教所团支部，刘海峰任团支部书记。

7月—10月，首届高等教育硕士研究生魏贻通、胡建华、陈列、张国才，通过硕士学位论文答辩。这是国内授予的首批高等教育学硕士。

9月9日，全所人员参加全校首次庆祝教师节大会，学校光荣榜公布潘懋元、陈汝惠从教45年以上的事迹；王珊珊被评为学校先进教育工作者。

10月16—17日，中央教育科学研究所副研究员、全国比较教育学会秘书长金世柏来所做苏联和日本高等教育比较学术报告。

潘懋元被聘为全国高等学校师资管理研究会顾问。

11月，潘懋元著《高等教育学讲座》(增订本)再版。

1986年

2月15—20日，潘懋元、林钟敏参加在华侨大学召开的“国家教委直属高等工业学校第一次高等工程教育理论讨论会”，会后全体代表来所座谈。

2月25—27日，北京师范大学副校长、全国比较教育研究会副理事长顾明远教授来所做苏联高等教育学术报告。

3月7日，高教所承担文科博士基金点科研项目“高等学校教学改革的理论研究”获得教育部立项。

4月8日，高教所邀请原教育系地下党老校友召开座谈会，进行革命传统教育。

4月12日，日本同立教育研究所研究员大冢丰来访。

5月21日，美国斯坦福大学顾问纳尔逊教授来所演讲，与师生座谈。

7月28日，国务院学位委员会批准厦门大学高等教育科学研究所为高等教育学专业博士点。这是国内第一个高等教育学博士学位授予单位，潘懋元为中国第一位高等教育学博士生导师。

王仁欣、罗杞秀参编的全国综合大学哲学系通用教材《心理学原理》(车文博主编)出版。

8月31日，林钟敏赴美国加州大学做访问学者。1987年11月获加州大学博士后学位证书。

9月20日，高教所研究生会成立，秦国柱任主席。林晓枫任高教所团支部书记。

英国加德夫大学学院院长贝文夫妇来访，与师生座谈。

10月，罗杞秀获福建省政府授予的“儿童少年先进工作者”称号。

11月18—23日，日本广岛大学高等教育研究中心喜多村和之教授来访，作《日本高等教育与改革》的演讲。

12月2日，原厦大党委代书记、上海教育发展战略研究组副组长吴立奇率团来访、座谈。

12月7—12日，日本东京大学寺崎昌男教授来访，做日本高等教育发展史的报告。

1987 年

1月25日—2月3日,潘懋元赴日本广岛、东京,参加亚洲第三届国际高等教育研讨会、联合国教科文在日本广岛大学召开的“亚洲高等学校——公立与私立制度”学术研讨会。

3月,潘懋元任全国高等教育自学考试研究委员会主任。

3月7日,厦门大学任命潘懋元为高教所所长,陈炳三、刘海峰为副所长。

3月16—24日,张国才赴日本广岛大学高等教育研究中心访问。

3月21日,厦门大学党委决定成立中共高教所直属支部,陈炳三任书记。

3月,高教所研究生获全校研究生首届男子篮球队对抗赛第一名。

罗杞秀、王廷芳、林金辉等参加编写的《心理学150问》出版。

3月29日—4月2日,华中工学院院长朱九思率研究生来访并做学术报告。

4月,潘懋元主编的《高等教育学》(上、下册)获福建省政府颁发的哲学社会科学“六五”规划科研项目优秀奖。

高教所兼职副教授王仁欣被选为厦门市心理学会第四届理事长,罗杞秀为副理事长兼秘书长。

高教所第一位博士生(全国首位高等教育学博士生)王伟廉入学。

5月31日,王伟廉当选厦门大学研究生会主席。

5月—6月,1985级研究生分别在福州大学、福建师大、福建医大、厦门大学进行教学管理实习。

6月8日,潘懋元被聘为全国教育科学规划领导小组成员兼高等教育学科规划组组长。

6月17日,老校友侯国光女士向高教所捐资设立“厦门大学国光高等教育科学研究奖”。

6月25—29日,全国教育史研究会代表大会暨学术讨论会在武昌召开,潘懋元连任第三届理事。

7月5—30日,高教所举办《高等教育理论研讨班》,全国各高等教育研究单位学员60人参加学习。

7月10—14日,高教所与北京师范大学、华中理工学院合作项目“高等学校教学原理与方法”被全国教育科学规划领导小组评为“七五”国家重点项目;潘懋元与张厚粲等主持的“高等教育自学考试的考试科学研究”项目被评为国家教委级“七五”重点项目。

7月15日，潘懋元被国家教育发展与政策研究中心聘为兼职研究员。

8月14日，中国高等教育学会第二次学术年会暨第二届代表大会在京召开，潘懋元、吴丽卿分别连任常务理事和理事。

8月24—9月13日，潘懋元教授赴新疆主持全国高等教育自学考试研究会，并赴石河子、喀什等地做学术报告。

1987年8月—1988年10月，黄建如赴美国爱默雷大学访学，进修比较高等教育学。

9月，校工会批准成立高教所部门工会，杨广云当选主席。

9月22日—11月中旬，菲律宾雅典耀大学心理学系主任布拉陶教授作为交换学者来所讲授临床心理学。

10月，博士生王伟廉当选厦门市第十届人大代表。

潘懋元罗杞秀、宋恩荣合著的《马克思主义的教育理论家杨贤江》及潘懋元主编的《杨贤江教育文集》，均获1986年“杨贤江基金会”荣誉奖。

潘懋元主编的《高等教育学》获“吴玉章基金”教育学优秀奖。

11月，王仁欣、王廷芳、罗杞秀编著的《青年心理学》出版。

12月12—14日，陈炳三、王增炳率四位研究生赴福州参加福建省首届教学经验论文报告会。

潘懋元连任福建高教学会副会长，吴丽卿、王增炳、陈天择等任理事，王增炳连任副秘书长。

1988年

1月，潘懋元主编的《高等教育学》获国家教委高等学校优秀教材一等奖。

1月、6月，高教所举办三期“学校管理心理学”研讨班。

3月，潘懋元主编的《东南亚教育》出版。

4月，潘懋元主持在武汉召开的“全国第二届大学生能力培养研讨会”的审稿会。

4月11—15日，高教所与云南教育出版社在西双版纳联合举办《当代教育名著译丛》和《中国教育丛书》编辑会议。

5月，中国科教文委员会秘书长贾学谦来访、座谈。联合国教科文统计局长纳西·蒙托到所访问。

5 月 17—21 日，高教所主持召开全国第二届大学生能力培养研讨会，与会代表 85 人。

6 月，高教所被首届高等教育情报网联络站会议指定为综合大学网副组长单位。

6 月 21—26 日，潘懋元出席国家教育与发展政策研究中心在北京召开的“当代高等教育政策国际学术研讨会”，提交《民办高等教育体制探讨》的报告。

7 月，香港中文大学教育学院院长杜祖贻讲座教授来所做学术报告。

高教所高等教育学科被国家教委批准为全国唯一的高等教育学国家重点学科。

9 月 1—3 日，1988 级博士生魏贻通、樊安群等 11 名研究生入学。

9 月 22—24 日，高教所举办建所十周年纪念大会暨中国高等教育研究的进展及展望座谈会。潘懋元在工作报告中首次提出从建所到 2000 年三个战略阶段的总体战略部署。大会颁发首届“厦门大学国光高等教育科学研究奖”。

1988 年 10 月—1994 年 1 月，杨广云赴苏联莫斯科大学攻读副博士学位。

11 月 1 日，潘懋元被全国大学学习委员会聘为顾问。

11 月 16—21 日，日本广岛大学高等教育研究中心金子元久副教授来所讲学。

12 月 17 日，厦门大学召开高等教育学重点学科点规划论证会，杭州大学王承绪教授、南京大学袁相碗副校长等出席。

1989 年

6 月 24 日至 1990 年 5 月，张国才赴菲律宾雅典耀大学研究东南亚高等教育。

7 月 30—8 月 3 日，张燮赴南斯拉夫参加第十二届国际学校管理心理学学术会议，做《非正常儿童参照系问题》的论文报告。

7 月，菲律宾华侨蔡清洁先生向高教所设立“蔡清洁高等教育科学研究基金”。

10 月 18—21 日，高教所与北京大学高教所联合发起、在厦门大学召开首届全国高等教育科学研究所(室)工作研讨会。

本年度，香港著名企业家颜彬声先生向高教所捐资设立“厦门大学彬声高等教育科学研究奖”。

1990 年

10 月 3—10 日，日本广岛大学高教研究中心关正夫教授高教所讲学。

10 月 10—20 日，菲律宾雅典耀大学玛丽娅・拉莫斯来高教所讲学。

12 月，高教所首届高等教育学博士生王伟廉、邬大光通过论文答辩。这是国内第一批高等教育学博士。

1991 年

3 月 20 日，加拿大比较教育学专家露丝・海霍博士来所做学术报告。

6 月，潘懋元参加国家教委组织的高等教育代表团赴莫斯科参加中苏高教研讨会。

7 月，潘懋元被评为国家突出贡献专家，获国务院政府特殊津贴。

11 月，高教所主持"闽南地区高等教育与企业家"座谈会。

1992 年

3 月 4 日—4 月 2 日，陈炳三、林金辉代表高教所赴 7 个城市的 20 个单位看望已毕业的 7 届研究生，并进行追踪调查；调查报告提交全国高等教育学科研究生培养首届工作研讨会。

4 月 14 日，美国费正清研究所崔大伟教授来所做报告。

4 月 18—20 日，由高教所倡议并与北大高教所共同主持的"全国高等教育学科研究生培养首届工作研讨会"在北京大学召开。

4 月 20 日，潘懋元被国务院学位委员会聘为第三届学科评议组（教育学评议组）成员，再度担任教育学科评审组召集人。

5 月 24—27 日，高教所主持召开全国首届比较高等教育研讨会，主题为"比较高等教育学科的建设"。潘懋元宣读《比较高等教育的产生、发展与问题》的论文。美国阿尔特巴赫教授来所讲学；中央教科所副所长、全国比较教育学会秘书长周南照等做学术报告。

12 月 19—21 日，中国高教学会、福建省高教学会、厦大高教所联合主办的全国首届高等教育学科建设研讨会在厦门大学召开。

12 月 21 日，潘懋元被高等学校毕业生管理专业委员会聘为首届理事会顾问。

1993 年

2 月，潘懋元被国家教育委员会聘为专业技术职务任职资格评审委员会委员。

2—8 月，刘海峰赴英国伦敦大学做访问学者，研究高等教育史。

4 月，潘懋元当选中国高等教育学会副会长。

厦门大学党委任命潘懋元为高等教育科学研究所名誉所长、高等教育科学研究所学术委员会主任，魏贻通任高等教育科学研究所所长，刘海峰任副所长。

6 月 18—19 日，香港浸会大学校外进修学院院长尹叶芊芊来所做报告。

7 月，高教所成立“蔡清洁高等教育系列丛书”编辑委员会。

10 月 19—22 日，潘懋元当选全国高等教育学研究会第一届理事会理事长。该研究会秘书处设在高教所。

10 月 28—11 月 13 日，潘懋元赴台湾参加 21 世纪海峡两岸高等教育研讨会。

11 月，潘懋元、方晓赴香港参加继续教育发展国际研讨会。

1994 年

4—6 月，菲律宾克里斯蒂娜·J.蒙迪尔博士来所讲学。

5 月，潘懋元赴美国参加院校研究会第 34 届年会。

5 月 17—22 日，林钟敏赴西班牙参加国际应用心理学学术会议。

9 月 10 日，菲律宾著名企业家蔡清洁先生来所与师生共度第 10 个教师节。

10 月，高教所聘请美国卡内基基金会主席 E.L.博耶为名誉教授，聘任仪式在北京国家教委举行，林祖赓校长致送聘书，潘懋元简介博耶的学术成就。博耶发表答谢辞。国家教委副主任韦钰、国家教育发展研究中心主任郝克明等出席。

10 月 11—15 日，高教所主持召开的首届全国高等教育史学术讨论会。

11 月，学校任命李泽彧为高教所副所长。

12 月，刘海峰的专著《唐代教育与选举制度综论》获全国第一届青年社会科学优秀成果奖优秀奖。

1995 年

3—8 月，魏贻通赴日本开放大学做访问学者。

1995 年 3 月—1996 年 9 月，史秋衡赴香港浸会大学做访问学者。

3 月 28—31 日，全国高等教育学研究会第三届学术研讨会在汕头大学召开，潘懋元主持会议。

4 月 16—17 日，美国学校心理学访问团来访，与师生座谈。

5 月，英国 Sheffield 大学成人继续教育学院 Hampton 教授夫妇、美国俄亥俄大学副校长 Janis C.Bryant 博士夫妇、香港浸会大学校外进修学院院长尹叶芊芊博士来访、讲学。

6 月 12 日，国家教委专职委员、高教司司长周远清来所做报告，召开高教理论座谈会。

7 月，张夔赴新加坡参加心理咨询国家研讨会。

7 月 18 日，潘懋元被全国民办高等教育委员会聘为高级顾问。

8 月 22—25 日，英国社会心理学家约翰・瑞文应邀来所讲学。

10 月 31 日—11 月 3 日，受联合国教科文亚太地区办事处委托，本所在厦门大学主持召开“亚太地区私立高等教育国际研讨会”。

1995 年 10 月—1996 年 1 月，王伟廉赴美国俄勒冈大学做访问学者。

11 月，日本国立博物馆馆长岛古率文部访问团来访，与师生座谈。

美国宾夕法尼亚州立爱丁堡大学教授李绍昆博士等来访、座谈。

12 月 28 日，国家教委副主任韦钰视察高教所。

华中理工大学校长杨叔子来所做报告。

1996 年

4 月 6—9 日，高教所主持的中美高等教育财政问题研讨会在厦门大学召开，美国卡内基教学促进基金会代主席查尔斯・E.格拉西克博士率团参加会议。

5 月，王伟廉、赵叶珠在广东和福建对高教所毕业研究生进行第二次追踪调查；调查报告提交全国第二次高教学科研究生培养工作研讨会。

6 月，学校任命刘海峰为高教所所长，王伟廉、李泽彧任副所长，李泽彧任高教所直属党支部书记。

厦门大学高等教育学科被评为全国唯一的高等教育学国家“211 工程”重点建设项目。

11 月，黄建如赴香港参加大学推行高等教育国际化策略国际研讨会。

11 月 28—30 日，高教所主持召开第二届全国高等教育学科研究生培养工作研讨会。

12 月 6—8 日，加拿大多伦多大学教授、香港教育学院院长露丝・海霍来访，与师生座谈。

刘海峰担任全国教育考试暨自学考试研究委员会委员。

1997年

4月14日—6月3日,菲律宾Lota A. Teh博士来所讲学。

4月27—29日,全国高等教育学研究会第四届学术研讨会在天津举行,潘懋元主持会议。

5月25日—6月3日,英国拉夫堡大学教育系主任伊凡·里德教授来所讲学。

6月,厦门大学高等教育学科被批准为国家“211工程”重点建设项目。

10月,陈武元赴日本做访问学者。

10月30日,高教所主持召开福建省高教学会“高教论坛”学术研讨会。

英国Hull大学副校长R.Harris来所访问并参加研讨会。

11月,潘懋元被全国大学学习科学研究会聘为第三届研究会总顾问。

12月,潘懋元邀请并陪同教育部副部长周远清到汕头大学高教所考察,与师生座谈。

湖南师范大学校长张楚廷、华南师范大学校长颜泽贤等8位师范大学校长来访、座谈。

1998年

1月15—20日,厦门大学以高教所为依托,主持召开“两岸大学教育学术研讨会”。台湾学者林清江、华中理工大学校长杨叔子等20余位专家来高教所参观、座谈。

2月,高教所成立考试研究中心和民办高等教育研究中心。

3月24—26日,潘懋元作为特邀代表参加教育部召开的全国第一次高等教育教学工作会议,作“关键·核心·先导”的专题发言。

5月21—28日,刘海峰赴台湾参加中华青年交流协会主办的“两岸青年学者论坛——跨世纪两岸青年教科文研讨会”。

6月14—25日,潘懋元、黄福涛赴日本参加亚太地区21世纪高等教育国际学术研讨会,并在东京大学高教中心做关于中国高等教育研究的报告。

9月24日,高教所主办“厦门大学高等教育研究所建所20周年庆祝大会”,与会嘉宾观看专题片《走向新世纪》。

11月28日至12月6日,刘海峰作为团长率领大陆青年学者代表团参加台湾比较教育学会举办的“两岸青年学者论坛——二十一世纪大学的管理与发展”。

12 月 18 日，潘懋元被全国高等学校教学研究会聘请为顾问。

1999 年

2 月，英国 Hull 大学授予潘懋元荣誉博士学位，该校校长迪尔克思教授称潘懋元先生是一位“对中国教育作出了重大贡献的学者”，英国副首相普雷斯科特专门发来贺信。

4 月，潘懋元被国家教育发展研究中心聘为咨询委员会委员。

6 月，潘懋元被聘请为国家教育发展研究中心专家咨询委员会委员。

刘海峰获教育部优秀青年教师资助计划资助。

2000 年

1 月，依托厦门大学高等教育科学研究所，成立厦门大学高等教育发展研究中心；同时成立厦门大学高等教育发展研究中心学术委员会，潘懋元任名誉主任，顾明远任副主任。

高教所获教育经济与管理硕士学位授权。

潘懋元赴日本广岛大学大学教育研究中心兼任客座研究员，为研究生讲授“高等教育学专题”课程。

3—9 月，刘海峰赴日本创价大学教育学部做访问教授。

8 月，厦门大学高教所第一届博士生班开班。

9 月，教育部批准厦门大学高等教育发展研究中心为教育部人文社会科学重点研究基地。这是全国唯一一家以高等教育为研究领域的教育部重点研究基地。刘海峰任基地主任，邬大光、谢作栩任副主任。

9 月 24 日，高教所举办“中国高等教育百年”学术研讨会，隆重庆祝潘懋元教授从教 65 周年暨 80 华诞。

10 月，邬大光入选教育部跨世纪人才培养计划。

12 月，高教所教师获福建省第四届社会科学优秀成果奖一等奖 1 项、二等奖 3 项、三等奖 6 项。

2001 年

1 月，邬大光获教育部优秀青年教师奖。

潘懋元主编的《多学科观点的高等教育研究》由上海教育出版社出版。

潘懋元主持的“高等教学学科建设，人才培养与教学改革咨询”项目，获国家优秀教学成果一等奖。

刘海峰在《中国社会科学》2001年第5期发表《科举制对西方考试制度影响新探》。

12月，史秋衡赴香港公开大学、香港大学等高校调研。

2002年

刘海峰获教育部高等学校青年教师奖，并被评为福建省优秀青年社会科学工作者。

9月28日—10月5日，武毅英赴台湾参加"海峡两岸加入WTO后之教育兴革研讨会"。

2002年10月—2003年7月，邬大光赴美国加利福尼亚大学伯克利分校做高级访问学者。

10月，潘懋元赴香港中文大学教育学院访问教授工作室工作。

2003年

高教所获批教育学一级学科博士后科研流动站。

10月，张亚群赴台湾参加"两岸青年学者论坛"。

11月，高教所教师获福建省第五届社会科学优秀成果奖一等奖2项、二等奖3项、三等奖6项。

12月，刘海峰主持的教育部哲学社会科学研究重大课题攻关项目"高校招生考试制度改革的理论与实践研究"获立项。

2004年

4月6日，厦门大学高等教育科学研究所更名为"厦门大学教育研究院"，潘懋元任名誉院长，刘海峰任院长。

11月，潘懋元赴台湾参加海峡两岸学术交流会议。

12月，经教育部批准，厦门大学教育研究院建立"中国特色高等教育体系"哲学社会科学创新Ⅰ类基地，成为全国唯一的高等教育研究"985工程"基地。潘懋元任该基地名誉主任，刘海峰任基地主任。

2005年

刘海峰与季羡林、金庸、刘心武等12位知名人士被新浪网评选入围"2005年度文化人物"。

挪威阿里·谢沃（Arild Tjeldvoll）教授出版英文著作 *Pan Maoyuan: a*

founding father of Chinese higher education research；2006年10月，高等教育出版社出版中译本《潘懋元——一位中国高等教育学的创始人》（高晓杰、赖铮等译）。

9月2—4日，厦门大学高等教育发展研究中心与北京大学中国古代史研究中心在厦门大学联合举办“科举制与科举学国际学术研讨会”，纪念废科举100周年。

10月，潘懋元率领教育研究院10名师生赴挪威科技大学主持“第三届高等教育质量国际学术研讨会”，并举行 *Pan Maoyuan: a founding father of Chinese higher education research* 一书的首发式。

11月，教育研究院教师获福建省第六届社会科学优秀成果奖一等奖1项、二等奖1项、三等奖5项。

2006年

教育研究院获教育史二级学科博士学位授权、教育经济与管理博士学位授权、教育学硕士学位一级学科授权。

1月，刘海峰被聘为闽江学者特聘教授；邬大光被聘为闽江学者特聘教授；史秋衡入选福建省第七批百千万人才工程。

2月，史秋衡入选教育部新世纪优秀人才支持计划。

1—2月，张亚群赴澳大利亚 University of the Sunshine Coast 参加短期海外研修项目。

3月，潘懋元为厦门大学教育发展基金和厦门大学潘懋元高等教育研究基金会捐款25万元人民币。

9月，史秋衡赴欧洲做学术访问。

10月，张亚群入选福建省新世纪优秀人才支持计划。

林金辉入选教育部新世纪优秀人才支持计划。

2007年

1—2月，王洪才教授赴澳大利亚皇家默尔本理工大学参加短期海外研修项目。

国际著名学术期刊《中国教育与社会》出版“潘懋元与中国高等教育”专辑。

陈武元入选福建省新世纪优秀人才支持计划。

10月，潘懋元率教育研究院7名师生赴俄罗斯、立陶宛维尔纽斯大学、卡拉斯科技大学参加“第五届大学质量发展：变革中的大学文化”国际学术研讨会（UNIQUAL5）。

邬大光教授指导的胡赤弟博士学位论文《教育产权与大学制度构建的相关性研究》获国家百篇优秀博士学位论文奖。

12 月，教育部批准厦门大学设立全国首家教育部研究生教育创新计划（高等教育学）研究生访学基地。

教育研究院教师获福建省第七届社会科学优秀成果奖一等奖 1 项、二等奖 2 项、三等奖 3 项。

2008 年

1 月 5 日，由张亚群承担学术设计，潘懋元、刘海峰为顾问参与论证的“中华教育园”竣工，厦门市政府和厦门大学举行开园仪式及“中华教育传统座谈会”。

1 月 27 日，学校任命刘海峰担任厦门大学教育研究院院长，杨广云、史秋衡担任副院长。学校任命谢作栩任厦门大学高等教育发展研究中心主任。

4 月，潘懋元向厦门大学潘懋元高等教育研究基金会捐款 20 万元。

5 月 17—19 日，教育研究院主办“厦门大学教育研究院 30 周年庆典暨大学教育质量的理论与实践研究”国际学术研讨会。

5 月 19 日，教育研究院与英国伦敦大学教育学院签订合作协议。

5 月—6 月，刘海峰赴台湾政治大学教育行政与政策研究所作访问研究。

6 月 10 日，与台湾政治大学教育学院签订合作协议。

12 月 26 日，教育研究院召开教育硕士专家组实地考察汇报会。

邬大光被腾讯网站评为中国民办教育发展 30 年“群英谱”首位人物。

2009 年

1 月，潘懋元被评为“改革开放 30 年中国教育风云人物”。

教育研究院与俄罗斯贝加尔师范大学签订合作协议。

7 月，教育研究院被批准为全国首批教育博士专业学位授权试点单位。这是厦门大学首个专业博士学位授权专业。

8 月 26 日—9 月 4 日，刘海峰、张亚群赴日本北海道大学参加第五届科举制与科举学国际学术研讨会。

9 月，由潘懋元、刘海峰、谢作栩、史秋衡、杨广云等人完成的“学术沙龙：情理交融中的人才培养实践”获第六届高等教育国家级教学成果奖二等奖。

刘海峰被国务院学位委员会和教育部聘为全国教育专业学位教育指导委员会委员暨教育博士分委员会召集人。

教育研究院教师获教育部第五届高等学校科学研究优秀成果奖(人文社会科学)一等奖、二等奖、三等奖各1项。

史秋衡参加美国托莱多大学教育学院主办的 US－Sino Symposium on Higher Education Research。

12月,中国高等教育研究数据库英文版网站开通。

教育研究院教师获福建省第八届社会科学优秀成果奖荣誉奖1项、一等奖2项、二等奖5项、三等奖3项。

2010年

本年度,教育研究院获批准为教育学一级学科博士学位授权单位。

1月,王洪才入选2009年度教育部新世纪优秀人才支持计划。

4月,教育研究院与哥伦比亚大学师范学院签订合作协议;与香港大学中国教育研究中心联办厦门大学中外合作办学研究中心。

5月,厦门大学高等教育发展研究中心获得教育部社科司"高校人文社会科学重点研究基地第二次评估""优秀"等级。

8月,教育研究院与香港教育学院签订合作协议。

9月,广东高等教育出版社出版《潘懋元文集》8卷10册。

10月,教育研究院与台湾暨南大学教育学院签订合作协议。

王洪才和郑若玲教授获福建省第六届优秀青年社会科学专家称号。

10月9—10日,教育研究院主办"潘懋元教授从教75周年庆典暨高等教育研究的社会责任"学术研讨会。

潘懋元先生获中国高等教育学会授予的"高等教育科学研究特别贡献奖"。

11月,刘海峰受聘为"国家教育咨询委员会"首届委员。

12月,邬大光主持的教育部哲学社会科学研究重大课题攻关项目"我国本科人才培养质量研究"获立项。

2011年

1月,邬大光受聘为第三届教育部学科发展与专业设置专家委员会委员。

2011年1月—2014年12月,谢作栩任南非斯坦陵布什大学孔子学院中方院长。

1 月至 2 月，史秋衡参访伦敦大学教育学院等，签订合作协议。

3 月，教育研究院获批为教育学一级学科博士学位授权单位。

郑若玲获教育部新世纪优秀人才支持计划。

5 月 4—9 日，王洪才赴加拿大多伦大学参加 Education and Global Cultural Dialogue Conference：A Tribute to Ruth Hayhoe。

7 月 11—20 日，王洪才赴德国柏林、汉堡和奥地利维也纳参加“第四届中德高教论坛”和“中奥学者沙龙”。

10 月，刘海峰续聘、林金辉新聘担任第六届全国高等学校设置评议委员会专家。

10 月 23 日，美国著名比较教育家、波士顿学院国际高等教育研究中心主任阿尔特巴赫教授应聘为厦大客座教授。

12 月，教育研究院教师获福建省第九届社会科学优秀成果奖一等奖 1 项、二等奖 2 项、三等奖 2 项。

中国校友会网大学研究团队发布《2011 中国杰出人文社会科学家研究报告》，潘懋元、刘海峰、邬大光入选“2011(第三届)中国杰出人文社会科学家”。

2012 年

刘海峰被聘为“长江学者”特聘教授。

3—4 月，史秋衡参访美国哥伦比亚大学师范学院等，出席国际学术会议。

3 月 27 日—4 月 2 日，张亚群赴美国参加核心文本与课程协会第十八届年会。

5 月，刘海峰主持的三项咨询报告被国家教育体制改革领导小组办公室采用。

7 月，潘懋元获教育部颁发的“全国教育科学研究突出贡献奖”。

刘海峰受聘为国家教育考试指导委员会首届委员。

教育研究院与台湾师范大学教育研究与评鉴中心签订双方合作协议。

9 月，潘懋元获福建省委省政府授予“福建省第三届杰出人民教师”荣誉称号。

赵叶珠受厦门大学组织部委派作为“中组部”第七批援疆干部，赴新疆自治区乌鲁木齐市教研中心担任副主任。

9 月 5—6 日，邬大光赴金门大学参加两岸清华大学百年研讨会。

9月15—16日,潘懋元、刘海峰、张亚群出席首届“西北联大与中国高等教育发展论坛”。

10月,刘海峰等著《高校招生考试制度改革研究》获第六届吴玉章人文社会科学奖一等奖。

9—10月,史秋衡参访美国哥伦比亚大学师范学院等校。

11月,教育研究院主办第六届“两岸四地”教育史论坛。

12月30日,厦大党委任命刘海峰任厦门大学教育研究院院长,史秋衡、别敦荣任副院长。

学校任命别敦荣任厦门大学高等教育发展研究中心主任。

2013年

1月31日,厦大党委任命郑冰冰任教育研究院总支部委员会书记;4月,郑冰冰改任中共厦门大学教育研究院委员会书记;陈文改任中共厦门大学教育研究院委员会副书记。

刘海峰入选福建省高校领军人才。

刘海峰教授指导的刘希伟博士学位论文《清代科举冒籍研究》获国家百篇优秀博士学位论文奖。

3月,张亚群教授指导的虞宁宁博士学位论文《中国近代教会大学招生考试研究》获台湾“思源人文社会科学博士论文奖”心理与教育学门首奖。

4月,教育研究院“心心相连”心理健康教育志愿服务项目获学校“优秀项目奖”。

6月,刘海峰在《光明日报》专栏发表有关高考改革系列文章,得到教育部袁贵仁部长的批示。

6月30日—7月1日,潘懋元、邬大光、别敦荣出席“教授治学与大学治理”两岸高端论坛;潘懋元受聘湛江师范学院荣誉教授。

7月16日,刘海峰、史秋衡和陈武元参加教育部社科司在北京召开的“贯彻落实高校智库建设座谈会精神,为教育改革发展贡献智慧”座谈会。

7月18日,刘海峰在教育部参加制订高考改革方案座谈会。

潘懋元、刘海峰入选2012年度福建省高校领军人才。

8月25日至9月3日,王洪才赴日本京都同志社大学参加“第九届中日高教论坛”。

9月，潘懋元被评为厦门大学首届“我最喜爱的十位教师”。

9月5—17日，潘懋元、史秋衡参加贵州师范大学承办的“中国-东盟教育和人才可持续发展研讨会”。

9月17日，刘海峰赴台湾成功大学参加“科举制度在台湾学术研讨会”。

10月，潘懋元获上海电机学院第二届“杰出贡献奖”。

10月11—13日，别敦荣率部分教育博士生赴重庆参加首届全国教育博士论坛。

10月27—28日，王洪才参加中国高等教育学会高等教育学专业委员会成立20周年庆典。

11月1—3日，教育研究院承办中国高等教育学会召开的高等教育国际论坛博士生分论坛。

别敦荣参加“世界高等教育研究机构负责人圆桌会议”。

11月8日，潘懋元参加嘉应学院承办的“‘两岸四地’教师教育发展”学术研讨会。

11月16—18日，刘海峰赴台湾参加政治大学教育学院举办的“第一届海峡两岸教育领导人论坛”。

史秋衡、别敦荣、王洪才、武毅英率部分博士生参加台湾中山大学、广州中山大学和厦门大学联合举办的“山海论坛”。

11月24日—12月1日，别敦荣赴南非参加“中国-南非高等教育发展论坛”。

11月29日，潘懋元先生带领25名博士生赴泉州理工职业技术学院调研，参加民办高校战略发展研讨会。

教育研究院教师获福建省第十届社会科学优秀成果奖二等奖3项、三等奖4项。

2014年

刘海峰入选福建省哲学社会科学领军人才。

3月13日，刘海峰赴美国威斯康辛(麦迪逊)大学教育学院作“University Entrance Examination in China：In the Shadow of Imperial Civil Service Exam”的演讲。

3月21—24日，刘海峰赴香港大学文学院参加“科举与辞赋：国际赋学研讨会”。

6—9 月，史秋衡受聘德国哥廷根大学社会学院教育系客座教授，赴德访学。

7 月 1 日，教育研究院选举产生首届妇委会。

别敦荣受聘德国哥廷根大学客座教授，出席孔子学院成立庆典。

7 月 30 日，刘海峰在“首届全球华人国学大典”开讲，纵论“千年科举与中国传统文化”。

8 月，赵叶珠被中共新疆自治区党委、自治区人民政府授予“第七批中央和国家机关、中央企业优秀援疆干部人才”称号，记二等功；并获乌鲁木齐市委、市政府授予的“乌鲁木齐市优秀援疆干部”荣誉称号。

9 月，潘懋元获教育部授予的“全国教书育人楷模”荣誉称号，出席在人民大会堂举行的全国教育系统先进集体和先进个人表彰大会，受到习近平总书记的亲切接见。

邬大光等申报的“三学期制的十年探索”获国家级教学成果二等奖。

史秋衡主持的教育部哲学社会科学研究重大课题攻关项目“高等学校分类体系及其设置标准研究”获立项。

10 月 22—24 日，别敦荣、史秋衡、王洪才和武毅英赴台湾参加第四届山海论坛。

10 月 23—27 日，张亚群赴美国哥伦比亚大学师范学院参加“郭秉文与中国近现代高等教育和中美教育交流——纪念郭秉文哥伦比亚大学博士毕业 100 周年国际研讨会”。

11 月 2 日，潘懋元、刘海峰、张亚群参加厦门大学承办的中国高等教育学会校史研究分会第 13 届年会。

11 月 12 日，王洪才参加第七届中德应用型高等教育研究与发展研讨会暨中国长三角地区应用型本科高校联盟成立大会。

11 月 16—19 日，厦门大学高等教育发展研究中心、厦门大学教师发展中心、高等教育质量建设协同创新中心在厦门大学主办“两岸四地”大学教学文化与教师发展学术研讨会。

11 月 18 日，“高等教育质量建设协同创新中心”揭牌仪式在校颂恩楼 215 会议室举行。

11 月 29—30 日，刘海峰、张亚群、郑若玲等赴澳门大学参加第八届“两岸四地”教育史研究论坛。

12月11日，厦门大学考试研究中心与江苏省教育考试院签订科研合作协议。

2015年

1月，张亚群赴新加坡参加南洋孔教会举办的“生命如斯精彩——纪念林文庆先贤国际研讨会”，并做大会学术报告。

3月4日，教育研究院获评为中国高教学会“第四届全国优秀高等教育研究机构”。

6月13日，教育研究院在济南大学主办“潘懋元高等教育思想研讨会暨从教80周年庆祝会”，会上播放《高教泰斗 学界楷模——潘懋元从教80周年》纪实片。

9月，吴薇入选福建省高校杰出青年科研人才培育计划。

厦门大学教育研究院、厦门大学考试研究中心主办的“第十三届科举制与科举学国家学术研讨会”在厦门大学召开。

10月，教育研究院作为创始成员加入“光明教育研究联盟”。

11月7日，教育研究院荣获“厦门大学第50届学生田径运动会体育道德风尚奖”和“2014～2015年度厦门大学体育组织进步奖”。

11月23—25日，教育研究院与中华炎黄文化研究会科举文化专业委员会联合主办第十二届科举制与科举学国际学术研讨会。

11月，教育研究院通过福建省教育厅的省级重点学科验收。

12月15日，教育学博士后流动站通过2015年度全国博士后科研流动站评估，评估结果为良好。

12月，教育研究院教师获第七届高等学校科学研究优秀成果奖（人文社会科学）3项，其中一、二、三等奖各1项。

《潘懋元文选》英文版由荷兰博睿出版社出版。该书是迄今中国高等教育研究领域唯一一本由博睿出版社出版的专书。

邬大光完成《高等教育第三方评估报告》，得到教育部副部长林蕙青的批示。

2016年

刘海峰的咨询报告《建议在13个省区设立教育部直属高校》获国务委员刘延东的重要批示。

4 月 9 日，史秋衡参加由厦门市教育学会、厦门市台湾同胞联谊会和两岸现代化职业教育协会主办的“厦门-台湾现代化职业教育论坛”。

4 月 28 日—5 月 6 日，王洪才赴美国莱蒙大学和蒙大拿大学参加第十届生态文明国际学术研讨会。

5 月 6—7 日，教育研究院承办“一流大学本科教学高峰论坛”。

5 月 18 日，吴薇入选福建省新世纪人才计划；郭建鹏入选福建省高校杰出青年科研人才计划。

6 月 12 日，史秋衡、林金辉入选福建省哲学社会科学领军人才计划。

教育研究院教师获福建省第十一届社会科学优秀成果奖二等奖 2 项、三等奖 2 项。

7 月—8 月，史秋衡受聘印度浦那大学教育学部客座教授，赴印参访。

9 月 28—30 日，刘海峰参加金门大学举行的“科举制度在金门”学术研讨会。

10 月 16 日，教育部陈宝生部长来教育研究院考察调研，听取了刘海峰院长汇报，与潘懋元先生等教师代表座谈，并为研究院题词。

11 月，潘懋元出席在武汉举办的“第十六届全国大学教育思想研讨会”。

11 月 10—12 日，教育研究院主办“第七届全国中外合作办学年会”。

11 月 23—27 日，郑若玲赴奥地利格拉茨大学孔子学院参加“第三届中国论坛”。

林金辉当选中国高等教育学会中外合作办学研究分会理事长。

12 月 5 日，教育研究院与厦门筼筜书院联合主办“首届中华书院教育发展论坛暨第三届中国书院学会年会”。

12 月 20—21 日，教育研究院主办第十四届科举制与科举学国际学术研讨会。

刘海峰主编的“高考改革研究丛书”由华中师范大学出版社出版。

2017 年

1 月，赵叶珠赴新西兰惠灵顿维多利亚大学担任孔子学院中方院长。

3 月 27 日，朱崇实校长、李建发副校长、杨斌副校长、邬大光副校长一行到教育研究院做“双一流”建设的专题调研。

4 月，刘海峰入选教育部“统筹推进世界一流大学与一流学科专家委员会”

委员。

史秋衡受聘为教育部第七届全国高等学校设置评议委员会评委。

王洪才入选福建省哲学社会科学领军人才计划。

邬大光主持的“高等教育内部质量保障优秀原则和创新实践——厦门大学联合教科文组织 IQA 项目建设”获福建省教学成果特等奖。

教育研究院入选 2017 年度“中国智库综合评价核心智库榜单”。

5 月 26—27 日，教育研究院举办“恢复高考 40 周年暨高考改革学术研讨会”。

教育研究院召开首届“国际高等职业技术教育研讨会”。

6 月 2 日，潘懋元参加“全国高等教育重点研究机构座谈会”。

6 月 10 日，邬大光参加第八届“教育与中国未来 30 人论坛”。

6 月 28—30 日，郑若玲教授赴香港大学参加主题为“为了乡村的教育：反思社会流动与城市化观念”讨论会。

7 月 3—5 日，潘懋元、邬大光、别敦荣及部分博士生参加中国高等教育学会学术年会暨高等教育国际论坛；潘懋元被授予“中国高等教育学会杰出学会工作者”的荣誉称号，教育部副部长林蕙青颁奖。

10 月，潘懋元获中国教育发展战略学会特别贡献奖。

软科发布 2017“中国最好学科排名”，厦门大学教育研究院教育学位列第五。

11 月，潘懋元入选“当代教育名家”。

美国著名比较教育学家阿尔特巴赫教授来教育研究院做学术报告。

教育研究院主办“面向 2030 年的高等教育发展：理念与行动国际学术研讨会”。

教育研究院与中国智库网、中国教育智库联盟、中国教育智库联盟教育智库发展研究中心等联合主办“高校分类设置与综合改革设计研讨会”。

12 月 16 日，史秋衡受聘为中国教育智库联盟顾问委员会副主任，入选“教育智库与教育治理 50 人圆桌论坛”成员。

12 月，刘海峰主编的“高考制度变革与实践研究丛书”由浙江教育出版社出版。

2018 年

1 月 19 日，学校党委任命傅伯奇任教育研究院党委副书记。

刘海峰英文著作 The Examination Culture in Imperial China 由英国 Paths International Ltd.出版。

2 月，高等教育质量与评估研究所获评全校文科校级优秀科研机构。

3 月 20—22 日，邬大光赴英国参加剑桥大学圣约翰学院和英中发展中心联合举办的 2018 年中英国际教育峰会。

3 月 28 日，教育部高等教育司司长吴岩一行来访，与师生座谈。

3 月 29 日，刘海峰被聘为国家教育考试指导委员会第二届委员会委员。

4 月 2 日，美国核心文本与课程协会执行董事约瑟夫·斯科特·李教授来访，并做报告。

5 月 17—18 日，教育研究院主办“厦门大学教育研究院 40 周年院庆暨新时代高等教育研究与高等教育内涵式发展学术研讨会”。

5 月 28 日，学校党委任命郑冰冰为教育研究院党委书记，傅伯奇任副书记。

6 月 1 日，学校任命别敦荣任教育研究院院长，王洪才、覃红霞任副院长；别敦荣任教育研究院党委副书记。

6 月，王洪才入选福建省哲学社会科学领军人才计划。

7 月 11—13 日，张亚群教授赴美国加州参加美国核心文本与课程协会等举办的“全球通识教育与亚洲文本”国际学术研讨会。

邬大光被选为教育部高等学校专业设置与教学指导委员会副主任。

别敦荣当选中国学位与研究生教育学会研究生教育专业委员会副理事长、中国高教学会院校研究会副理事长。

8 月，史秋衡挂职担任贵州师范大学校长助理、特聘教授。

9 月 23 日，教育研究院主办“大学教学改革 40 年与新时代展望学术研讨会”。

11 月 5 日，郭建鹏当选教育研究院新一届工会主席。

11 月 17—18 日，教育研究院举办第十二届海峡两岸暨港澳地区教育史论坛。

郑若玲主持的教育部哲学社会科学研究重大课题攻关项目“高考综合改革

试点完善措施研究”获立项。

教育研究院与美国麻省大学波士顿分校国际与比较教育研究院签订学术合作交流协议。

12 月 4 日，潘懋元出席“2018 年第二期中国高校校友工作干部培训会”。

12 月 15—16 日，教育研究院举办 2018 年首届全国高校高等教育学研究生学术论坛。

12 月 20—23 日，教育研究院举办“高校学情与分类综改模型研究”国际研讨会。

邬大光、别敦荣获聘山东省高等教育专家咨询委员会委员。

厦门大学高等教育发展研究中心入选 2018“中国智库索引”(CTTI)高校智库百强榜，被评为“A＋”类智库。

别敦荣牵头的“现代大学制度”团队入选 2018 年福建省研究生导师团队。

教育研究院教师获福建省第十二届社会科学优秀成果奖二等奖 3 项、三等奖 2 项。

2019 年

1 月 20—21 日，教育部国际司副司长、港澳台办常务副主任徐永吉一行来访厦门大学中外合作办学研究中心。

3 月，潘懋元入选改革开放 40 年“教育人物 40 名”名单。

潘懋元出演电影《当我们海阔天空》，出席《当我们海阔天空》首映礼。

4 月 28—29 日，教育研究院承办第二届厦门大学“一带一路”发展论坛教育分论坛。

5 月 17—19 日，举办教育研究院 41 周年院庆学术周暨学术论坛。林蕙青博士受聘为厦门大学兼职教授。

邬大光赴美国参加芝加哥大学举办的“过去与现在——纪念杜威访华 100 周年教育论坛”。

别敦荣被选为教育部本科教学评估专家委员会委员、全国教育专业学位研究生教学指导委员会委员。

7 月 4—6 日，教育研究院举办首届闽台高等教育研究学术论坛。

7 月 29 日，美国维克森林大学副校长兼副教务长 Kline Harrison 教授、国际学生研究中心主任 Nelson Brunsting 博士来访。

8 月 11—13 日，刘海峰赴美国旧金山参加科举与江南社会国际学术研讨会。

8 月 14—15 日，张亚群赴越南河内参加越南社会科学翰林院主办的越南儒学科举百年回顾国际研讨会。

10 月 8 日，教育研究院聘任教育部高等教育教学评估中心专业认证处原处长刘振天为高等教育学学科特聘教授。

11 月，教育研究院获批教育学博士入学申请—审核制招生办法。

11 月 2—3 日，教育研究院举办“大学教学创新与一流本科教育国际学术研讨会”。

11 月 5 日，别敦荣当选全国专业学位研究生教育指导委员会委员。

12 月 6—8 日，教育研究院举办“第七届全国教育博士论坛”。

邬大光当选全国高等教育质量联盟理事长。

厦大学位评定委员会通过教育研究院设置目录外二级学科教育发展与治理。

本院教师获福建省第十三届社会科学优秀成果奖二等奖 2 项、三等奖 4 项。

2020 年

1 月，学校任命刘振天为厦门大学高等教育发展研究中心主任。

2 月，郑若玲赴英国南安普敦大学担任孔子学院中方院长。

3 月，史秋衡主持的国家社科基金国家重大项目“构建服务全民终身学习的教育体系研究”获立项。

6 月 7 日，潘懋元先生百岁之际“云”开讲，以《高等学校内涵式发展的内涵与样板》为题，做“师说课改”公益讲坛的首场报告，与全国四万余名师生通过网络互动交流。

8 月 4—5 日，厦门大学高等教育发展研究中心、教育研究院在学校科艺中心隆重举行“潘懋元教授从教 85 周年暨新时代中国高等教育改革与发展高峰论坛”。开幕式上播放了纪录片《先生》，举行《潘懋元文集》(修订版)首发式；潘先生再次向厦门大学设立的“潘懋元高等教育基金”捐献人民币 100 万元。

9 月，史秋衡获福建省优秀教师荣誉称号。

11 月 23 日，厦门大学党委任命刘振天为教育研究院党委书记，姚有新任副书记。

11 月 27 日，厦门南洋职业学院主办、厦门大学教育研究院协办首届潘懋元教育思想研讨会，成立潘懋元教育思想研究所。

12 月 19 日，教育研究院举办厦门大学高等教育发展研究中心暨智库建设发展战略研讨会。

教育研究院教师获第八届高等学校科学研究优秀成果奖(人文社会科学)5 项，其中，一等奖 1 项，二等奖 4 项，获奖数居全校第一。

后 记

厦门大学教育学科源远流长，根深叶茂，与学校发展紧密相连，形成了诸多优良教育传统。自创办以来，不同时期厦门大学教育学科共培养教育专门人才1970多名，其中本科毕业生810多人，硕士毕业生824名，博士毕业生332名，为国家教育事业发展做出了重要贡献。

百年校庆之际，厦门大学组织编写院系史丛书，为各学科发展历程留下了珍贵记录。《厦门大学教育研究院院史》作为其中一部著作，按照学校的统一要求和院系史编写的一般原则，参考相关内容范围，在厦门大学百年校庆系列出版物编委会和教育研究院的领导下组织编撰。本书名采用广义院史的范畴，内容以厦门大学高等教育科学研究所(教育研究院)的办学活动为重点，溯源本校教育学科的创立、演变、发展过程，总结办学成就，弘扬优良教育传统。

2019年2月25日，教育研究院党政办公会通报了迎接厦门大学百年校庆有关工作进展，研究布置教育研究院院史编纂工作。接到教育研究院党政领导分配的任务，本人负责院史编撰，诚惶诚恐，勉力而为。经与研究院领导、相关老师商讨，由教育史研究所、院办、院资料室老师及研究生组成调研团队和编写组。

感谢潘懋元先生的悉心指导帮助和作序。作为百年院史见证人和教育系毕业生的杰出代表，潘先生百忙之中接受编撰团队的访谈，答疑解难，确立编写重点；两次审阅院史书稿，提出了宝贵的修改意见。感谢厦门大学百年校庆系列出版物编委会领导和院系史编纂组执行主编朱水涌教授的帮助和指导。各位领导和专家多次审阅书稿，提出了修改指导意见。感谢教育研究院党政领导的支持和审定。前期调研工作得到了郑冰冰书记的支持帮助。院史初稿提交后，在教育研究院党政联席会议上，刘振天书记、别敦荣院长、王洪才副院长、覃红霞副院长、姚有新副书记、院办主任吴晓君审议书稿，为修改完善书稿出谋划策，别敦荣院长提出了具体的修改意见。经编撰组反复修改和专家审稿，终于完成了本册院史编撰工作。

本书编撰采取分工合作的方式，由本册编纂负责人拟定编撰计划和书稿大纲，调研团队成员庞瑶、罗菊芳、许露、李安迪、孙士茹等博硕研究生分别查阅、搜集、整理资料，编撰组撰写初稿，最后由主编修改、统稿。撰稿分工如下：第一章：张亚群；第二章：张亚群、罗菊芳、许露；第三章：庞瑶；第四章：罗菊芳、孙士茹；第五章：张亚群、罗菊芳、孙士茹；第六章：张亚群、罗菊芳。大事记：张亚群、许露、庞瑶、罗菊芳。附录由院办和资料室各位老师提供资料，罗菊芳等整理、制作表格，吴晓君修订。庞瑶、罗菊芳参与校稿。

本书插图由编写者和院办初选，经院党政会议审定，照片选自厦门大学校刊、相关著作、校友提供的照片，以及《厦门大学教育研究院 40 周年》画册（潘懋元审稿，刘海峰、郑冰冰主编，2018 年）、《潘懋元先生画册》（杨广云、陈斌主编，2020 年 7 月）。

在编撰过程中，吴晓君老师做了大量的组织协调和资料核对工作，贡献良多；魏艳、冯波、肖娟群、王玉梅、吕铖、郑雯倩、陈若凝等多位老师提供了相关资料；编撰团队克服种种困难，查阅、整理了大量文献档案资料。调研期间，编撰组得到了厦门大学图书馆特藏部刘心舜主任，厦门大学档案馆石慧霞馆长、林秀莲副馆长，福建师范大学图书馆方宝川教授，福建师范大学档案馆林丛馆长，以及国家图书馆、福建省档案馆等单位工作人员的热情帮助。厦门大学出版社领导和曾妍妍编辑等为本书编校、出版付出了辛勤劳动。在此一并致谢！

需要说明的是，百年院史资料丰富，受出版篇幅所限，按照本丛书编写要求，只收入省部级及以上级别的科研项目、获奖、荣誉、学术兼职等内容，市级及以下成果一般未列入，尚希谅解。另一方面，百年学科演变，头绪纷杂；年代久远，资料搜寻不易，厘清发展脉络，需不断补充完善。

院史编写工作量巨大，耗时费力颇多。两年多来，尽管编撰团队努力调研，数易其稿，但限于水平，加之时间紧迫，本书疏漏、不当之处在所难免，恳请各位校友和广大读者惠正。

编者
2021 年 4 月